本书由高水平学科（社会学）资助出版，并获江西省2011"客家文化传承与发展"协同创新中心经费资助

客家与民俗研究丛书

主编：林晓平 万建中

先秦民俗典籍与客家民俗文化

林晓平／著

中国社会科学出版社

图书在版编目(CIP)数据

先秦民俗典籍与客家民俗文化/林晓平著.—北京：中国社会科学出版社，2016.11

（客家与民俗研究丛书）

ISBN 978 - 7 - 5161 - 8695 - 4

Ⅰ.①先… Ⅱ.①林… Ⅲ.①民俗学－中国－先秦时代－文集②客家人－风俗习惯－中国－先秦时代－文集 Ⅳ.①K892－53②K892.311－53

中国版本图书馆 CIP 数据核字（2016）第 182673 号

出 版 人	赵剑英	
责任编辑	宫京蕾	
特约编辑	李海涛	
责任校对	董晓月	
责任印制	何 艳	

出 版	中国社会科学出版社
社 址	北京鼓楼西大街甲 158 号
邮 编	100720
网 址	http：//www.csspw.cn
发 行 部	010 - 84083685
门 市 部	010 - 84029450
经 销	新华书店及其他书店

印刷装订	北京市兴怀印刷厂
版 次	2016 年 11 月第 1 版
印 次	2016 年 11 月第 1 次印刷

开 本	710×1000 1/16
印 张	18.75
插 页	2
字 数	267 千字
定 价	68.00 元

总 序 一

俗话说"一方水上养一方人"，在学术界也有一种现象，就是一方水土养一方学问和学者。譬如，蒙古族养育出了江格尔学和一批江格尔学的学者，藏民族养育出了格萨尔学和格萨尔的一批研究者，彝族养育出了彝学和一批彝学学者，这种学术境况极为普遍。在我国56个民族中，55个少数民族的学者在从事本民族历史文化的研究中，或多或少带有族群的情结。族群身份定位常常决定着少数民族学者的学术面貌和课题指向，这基于不同的民族文化具有不同的学术理念和研究视域。同样，在客家人聚居区，形成了客家学，一批客籍客家学学者脱颖而出，以其独特的学术风貌活跃在中国乃至世界的学术舞台。

赣南师范大学地处客家祖祖辈辈生活的中心，研究客家可谓近水楼台，得天独厚，自然成为客家学研究的一个重镇。民俗学学科能够成为江西省"重中之重"学科，与客家研究的优势环境不无关联。而且在这个学科点，不断涌现出客家学学术才俊。这套丛书中《文化传播视野下的客家民间信仰研究》的作者邹春生，《县志编纂与地方社会：明清〈瑞金县志〉研究》的作者李晓方，《客家孝道的历史人类学研究》的作者王天鹏，《闽西南"福佬客"与明清国家：平和九峰与诏安二都比较研究》的作者朱忠飞都十分年轻，他们作为客家的后代，将客家人的血脉情缘与学术造诣结合起来，承继和发扬了客家学一贯的学术传统，是客家学的未来和希望。

客家既是一个族群概念，也是一个开放性的学术门类，为学术研究提供了无限广阔的视域，每位客家学学者都能从中获取属于自己的一亩三分地。诸如《先秦民俗典籍与客家民俗文化》作者林晓平的客家文化研究、邹春生的客家民间信仰、王天鹏的客家孝道、朱忠飞的客家社会制度、李晓方的客家地方方志研究等，他们皆经营着自己独特的学术领地。他们以富有情感和前沿意识的学术实践，不断推动客家研究向前发展。

《客家与民俗》丛书中6部属于客家方面的著述，作者的客籍身份为其客家研究建立了立场保障，也让研究有了身份优势，诸如局内人、自我和主位立场等，例如，万幼楠的《赣南客家古建筑研究》就是客家内部话语的生动表述。这6部著述资料之详实，论据之充分，定位之明确，探究之执着，唯有身为客家的学者方能达至这等学术境界。人类学强调异文化的研究，这其实是西方中心主义标榜的学术准则，因为其考察的地域只能选择第三世界国家。而中国则是民俗学研究的乐园，家乡民俗学更能体现中国民俗学的学科特点。客籍学者大多生长于客家生活领地，熟悉客家的方言和文化传统，能够用主位的立场理解和叙述一个地方的客家历史与现实。方言、生活方式、性格特征和思维习惯等无不浸润了客家传统，客籍学者的学术研究自然充溢着旺盛的思想活力，自觉地将客家身份转化为学术动机。6部专著选题不一，学术追求各有侧重，但客家身份的学术意识均极为鲜明和突出。这是我读后的最为强烈的感受。

立足客家，面向民俗研究的其他更为广阔的领域，这是丛书《客家与民俗》编纂的基本方针。另外4部书是余悦的《民俗研究的多重文化审视》、徐赣丽《文化遗产在当代中国——来自田野的民俗学研究》、黄清喜的《石邮傩的生活世界——基于宗族与历史的双重视角》、万建中的《民间年画的技艺表现与民俗志书写——以朱仙镇为调查点》，它们似乎与客家没有关联，但据我所知，这4本书的作者也都为江西籍，且或多或少与客家有联系，然而，赣南师范大学民俗学学科点的教师和特聘教师不可能所有的研究都局限在客家的范围内，否则，学科点学者的视域就相对逼仄，难以在更为宽广的平台形成学术对话。客家研究大都在客家圈内展开，出现了学术自我消化的局面，其影响主要在客家学术圈内。丛书的选题不拘泥于客家，大概是出于这方面的考虑。

相对于前6部书的学术"专一"，后4部书大多采取了"扇面"

的多向度的学术结构：一是涉及方方面面的民俗领域，点多而面广，尽管书名及研究对象不一致，但大都采用的是"多重文化审视"的维度；一是研究方法和手段更为多样，有田野案例的解读、三重证据与多重文化的民俗学研究、民俗志书写范式的尝试、傩文化民间记忆的重现等，学术追求更为前沿和深刻。如果说，前6部专著以题材的地域性特色和资料之扎实见长的话，后4部则是以研究手段和角度之丰富体现出学术品格。不过，在方法论层面，这十部书具有明显的相通之处，即都是运用历史主义的方法观照传统民俗，在历史与民俗契合点上寻求学术意义和理论归属。

总体而言，这十部专著展示了赣南师范大学民俗学学科的整体实力，是近几年来学科学术研究成效的一次全面的检验。可以肯定，这套丛书的面世，将有助于扩大赣南师范大学民俗学学科点在全国的影响。祝愿学科点在民俗学理论和实践方面都取得更大的成绩。

朝戈金

2016 年 3 月

[作者系中国社会科学院学部委员，民族文学研究所长、研究员，博士生导师，国际哲学与人文科学理事会（CIPSH）主席、中国民俗学会会长]

总 序 二

客家（英文：Hakka）是我国汉民族的一支民系，它是在大约宋元时期，由中原汉族南迁的民众与当地土著相融合而形成。该民系的发祥地与主要聚居区是赣闽粤毗邻地区，其居民播迁至世界各地。

从 20 世纪 80 年代末 90 年代初至今，客家研究出现了如火如荼的局面，俨然成为了一门"显学"。与此同时，对客家研究利弊得失的反思也在进行，其中一个引起许多学者思索的问题是：客家作为一个汉族的大民系，研究的内容似乎可以包罗万象，但我们关注的重点应该是什么？这个问题也许永远没有标准答案——还是应了中国的一句老话："仁者见仁，智者见智"，正因为如此，我们就可以很坦然地提出我们所认为的重点，这就是：客家民俗文化。

我们关注客家民俗文化，不仅是因为它的丰富性，还因为它的特色鲜明，阿娜多姿，同时，它保持得相对比较完整，且有着大量"原生态"的"事象"。

《客家与民俗》丛书共 10 本，内容分为两大部分，第一部分以客家民俗文化为主要研究对象，涉及客家民间信仰、客家孝道、客家茶文化、客家宗族文化、客家方志的编撰书写以及客家古建筑研究，等等。第二部分的内容包括乡村民俗、傩文化、福佬客文化、民俗问题的多重文化审视、先秦要籍的民俗学解读，等等。这部分的主要内容是更大视阈下的民俗文化，它与第一部分客家文化有着内在的逻辑关系：

从纵的方向视之，探索了客家民俗文化的源流。客家民俗文化之源在何处？与中国传统文化关系怎样？是一个引起争论的问题。丛书对先秦诸子著作以及《周易》中所描述的民俗事象、民俗文化以及民俗思想进行了解读和探析，这就能使人们更深刻地认识到，客家民俗文化之源在于中国传统文化，也佐证了所谓客家文化"根在中原"的观点。从横的方向视之，在民俗文化方面具有文化比较研究的意义。例如，客家傩文化是非常丰富的，而南丰傩其实与客家文化有着千丝万缕的联系，丛书中对南丰傩文化的研究可作为客家傩文化研究的延伸；对于福佬客文化的论述，本身就是一种客家文化与其他民系文化比较研究的绝佳视角；《民俗研究的多重文化审视》、《文化遗产在当代中国——来自田野的民俗学研究》等著作都从一个开阔的视野来探讨民俗文化，这对于客家民俗文化的研究有着一定的启迪意义。

希望这部前后历时6年的丛书，能对民俗文化尤其是客家民俗文化的研究起着一定的推进作用。

本丛书在编著、出版过程中得到赣南师范大学党政领导以及学科处、社会科学处等部门的支持和指导，江西省社会学"高水平学科"、江西省2011"客家文化传承与发展"协同创新中心给予了经费上的资助，中国社会科学院学部委员、民族文学研究所所长、中国民俗学会会长朝戈金研究员亲自为本丛书作序，中国社会科学出版社宫京蕾副编审不辞劳苦，多次与作者深入交谈并进行指导，为丛书的顺利出版耗费了大量的心血，在此一并表示衷心的感谢。

编　者

2016年3月

绪　言

我在大学的第一学历和最后学历都是历史学专业，因而研究中国古代尤其是先秦的历史文化可谓是顺理成章，多年来这方面的研究成果有《先秦诸子与史学》、《中国史学思想通史·先秦及导论卷》（合著）、《中国古代杰出帝王》等著作以及一些相关论文。后来，由于工作需要兼之个人兴趣所致，对民俗文化尤其是客家民俗文化的研究产生了较浓的兴趣（这方面出版的著作有《客家祠堂与文化》、《客家民间信仰与民俗文化》、《婚丧寿喜》等），有人善意地嘲笑说这是"不务正业"，作者则自讽是"误入歧途"。但是随着研究的深入，我愈加体会到《周易》"百虑而一致"、"殊途而同归"的哲理和智慧：先秦历史文化与客家民俗文化研究的路径看似不同，其实也是相关、相连和相通的。

这是因为：先秦文化是中国传统文化之根，中国的历史学、文学、哲学、美学以及民俗文化等都是从这里发源，其中，《周易》更是中国文化的源头活水，因此，民俗学不追溯到先秦典籍，很多东西是说不清、道不明的。尽管一两百年来，对什么是客家人、什么是客家文化一直存在着分歧与误解，但有一点却获得越来越多人们的共识，即客家是汉族的一个民系或分支，而不是什么"非汉种"，客家文化"根在中原"，是中国传统文化的一部分——颇有特色的一部分。正因为如此，客家文化必须向传统文化、先秦文化、《周易》寻根。

本书是作者近些年在先秦民俗典籍与客家民俗文化方面的研究成果，其中，有的是新近的研究成果，也有的是已经发表或在学术会议上交流的文章，其内容由两大部分组成，一是对《周易》等先秦民俗典籍及其与民俗的关系展开探讨；二是对客家文化尤其是客家民俗进行解读。

　　本书第一部分亦即第 1 章为《周易及民俗史研究》。本章讨论了《周易》与中国哲学、史学尤其是民俗的关系，梳理、分析了《周易》一书中丰富的先秦生产民俗、生活民俗以及民间信仰等方面的丰富资料，对《周易》于我国后世民俗包括客家民俗文化的深远影响，进行了探讨和阐述。对于老庄著作、先秦儒家著作与我国民俗史的关系，在本章的《老庄与民俗》、《先秦儒家诸子著作中的民俗史资料》两篇文章中也进行了较为系统的论述。

　　本书第二部分亦即 2—5 章是对客家文化进行研究的论述，分别为：第 2 章《客家学与客家文化基本问题》、第 3 章《客家宗族及人物研究》、第 4 章《客家民俗文化与旅游发展构想》、第 5 章《客家民俗文化田野调查个案》。其中，有从宏观上、整体上对客家文化及客家基本理论问题的思考（第 2 章），有从中观上对客家民俗文化具体问题的论述（第 3—4 章），也有从微观上对客家民俗文化进行田野调查的案例（第 5 章）。第 1 章与 2—5 章可谓是源与流的关系。

　　作者近些年的研究主要集中在两个方向展开，一是对先秦文化（包括先秦史学、先秦诸子及民俗典籍等）进行研究；二是对客家民俗文化进行探析。这两方面的探讨难度都不小，可谓是任重道远，一直"在路上"；而兹将这些"路上"的阶段性成果汇于一册，的确有对内自我小结、以利再战；对外期颐引起同仁对这两个研究领域之重视的双重目的。

目　录

第一章　《周易》及民俗史研究 ……………………………………（1）

一　《周易》与民俗 …………………………………………………（1）

二　先秦史官与《周易》 ……………………………………………（18）

三　《周易》的人生智慧 ……………………………………………（28）

四　《周易》"自强不息"说析略 …………………………………（36）

五　老庄与民俗 ………………………………………………………（41）

六　先秦儒家诸子著作中的民俗史资料 …………………………（56）

第二章　客家学与客家文化基本问题 …………………………………（69）

一　关于客家学基本概念的思考 …………………………………（69）

二　客家研究的回顾与前瞻 ………………………………………（73）

三　客家文化特质探析 ……………………………………………（88）

四　冷静反思客家文化 ……………………………………………（99）

五　客家文化研究成果评析 ………………………………………（106）

六　论客家传统教育向近代教育的转型 …………………………（110）

第三章　客家宗族及人物研究 …………………………………………（125）

一　赣南客家的宗族制度：历史与现实的思考 …………………（125）

二　客家家法族规再思考 …………………………………………（146）

三　客家祠堂与客家文化 …………………………………………（153）

四　客家祠堂楹联的文化内涵探析 ………………………………（167）

五　戚继光祖居地及远祖新证 ……………………………………（173）

六　苏东坡与赣南客家文化 ………………………………………（177）

第四章　客家民俗文化与旅游发展构想 ………………………………（185）

一　略论客家茶文化的特色 ………………………………………（185）

二　客家民间禁忌功能分析与文化解读 …………………………（190）

三　客家地区的"风水先生"群体研究 ……………………（201）

四　赣县田村客家花灯的文化内涵 …………………………（217）

五　发展富有特色的赣州旅游散论 …………………………（223）

六　赣南旅游事业的发展前景与战略构想 …………………（225）

第五章　客家田野调查个案 …………………………………（234）

一　南岭卢氏源流与火龙节 …………………………………（234）

二　赣县夏府村的宗族社会与客家民俗 ……………………（243）

后　记 …………………………………………………………（284）

第一章 《周易》及民俗史研究

一 《周易》与民俗

《周易》作为中国文化的源头活水与"智慧之书",它与我国民俗学的关系如何?这是一个颇为值得探究的问题。以往虽有学者对此有所谈及但至今仍无专文论述。

郭沫若先生说:"让《易经》自己来讲《易经》,揭去后人所加的一切神秘的衣裳,我们可以看出那是怎样一个原始人在作裸体跳舞。"[①] 这段意味深长的话实际上提供了一条从《周易》文本来探索远古民俗文化的新路径。遗憾的是,数十年来,沿着这条路径继续探索的学者以及这方面的成果并不多见。

本文拟对《周易》与我国古老民俗的关系进行探究,并阐述《周易》对于后世乃至当今民俗的深刻影响。探析《周易》中的民俗事象、民俗思想及其对后世的影响,对于了解我国当代民俗(包括客家民俗等)的来龙去脉,研究我国民俗在历史长河中的传承变迁,以便更深刻地理解中国的民俗学具有一定的意义。

(一)《周易》所反映的先秦生产民俗

《周易》一书中,不乏反映先秦生产民俗的记载。

1. 田猎

在古代尤其是先秦时期,狩猎是人们重要的生产活动,并由此产生了相关的民俗,因而它既是生产活动,也是民俗活动。

在《周易》一书中,有着许多关于当时狩猎活动的记载,例如:

---

① 郭沫若:《中国古代社会研究》,中国华侨出版社 2008 年版,第 25 页。

"南狩得其大首。"①（《周易·明夷·九三》）（以下引《周易》省略书名）

"田有禽。"（《师·六五》）

"田无禽。"（《恒·九四》）

——记载了当时的狩猎活动，有时收获颇丰，即"田有禽"，而有时也空手而归，即"田无禽"。

先秦时期人们狩猎的方式也非常丰富，其中包括如下数种。

（1）设置陷阱

例如："旧井无禽。"（《井·初六》）

这里的"井"，即阱，据《说文解字》："阱，大陷也，从阜从井，井亦声。"阱在此为陷阱，捕获禽兽用，又据《鲁语》："鸟兽成，于是乎设穽鄂，以实庙庖。"② 旧井无禽，是指陷兽之阱已不能捕到禽兽，不可用了。

（2）猎射飞禽

据《解·上六》："公用射隼于高墉之上，获之，无不利。"意为，王公贵族在高高的城墙上射中一只鹰，并抓住了，这没有什么不吉利的。又据《旅·六五》："射雉一矢亡"，亦记载古时猎射飞禽之事。

（3）张网捕猎

《小过·上六》："飞鸟离之。""离"在这里是"罹"的意思，而"罹"是"罟"的意思③。

《解·九四》："解而拇，朋至斯孚。""拇"，在这里释为捕鱼或鸟兽的网。

（4）直接入巢穴捕获鸟类

"公弋取彼在穴。"（《小过·六五》）

"入于左腹获明夷。"（《明夷·六四》）

---

① 俞樾、高亨皆释"大首"为"大道"，参见高亨《周易古经今注》，中华书局1984年版，第265页。

② 在此，"穽"同阱。

③ 杨雄《方言·卷七》："罗谓之离，离谓之罗。"《说文》："罗，以丝罟鸟也。"《尔雅·释器》："鸟罟谓之罗。"

在这里，"弋"是指射鸟，"明夷"亦鸟类，"穴"、"腹"皆为鸟之巢，两例所述，都是人们探其巢而获鸟的情况。

（5）射鱼

据《井·九二》："井谷射鲋，瓮敝漏。"

"鲋"，《说文》："鲋，鱼名"，《太平御览·九三七引王肃注》："鲋，小鱼也。"

由上可见，《周易》中所载田猎之方式，可谓是丰富多彩。

2. 农耕

在《周易》一书中，叙述农耕的材料虽不多，但有的却很重要。

例如，《无妄·六二》："不耕获，不菑畬，则利用攸往。"

在这里，《周易》提出了几个重要的名词概念：耕，即耕田；获，收获；菑，据《说文解字》："菑，不耕田也"，亦即荒田；畬，《说文解字》曰："畬，三岁治田也"，亦即轮耕的熟田。

此句大意是，不耕种就要收获，不开垦荒地就想耕种熟地。其意义为：一是将耕获、菑畬并称，说明耕种与收获的关系，以及荒地与熟田的关系；二是叙述了当时耕田在生产中的普遍程度及其在农业中的意义；三是表明当时既有许多的熟田，也还有着大量待开垦的荒田，揭示出当时从原始农业趋于更为普遍而成熟的农业的一种状况，透露出当时农业民俗的信息。

3. 畜牧

在先秦时期，畜牧业及其民俗也趋于发达，这从《周易》一书的有关叙述中可以看出。

（1）马

《周易》关于马的记载较多。

"元亨。利牝马之贞。"（《坤·卦辞》）

"九三，良马逐，利艰贞，曰闲舆卫，利有攸往。"（《大畜·九三》）

"康侯用锡马蕃庶，昼日三接。"（《晋·卦辞》）

"明夷夷于左股，用拯马壮。吉。"（《明夷·六二》）

"用拯马，壮吉。"（《涣·六二》）

"丧马勿逐自复。"（《睽·初九》）

"月几望，马匹亡，无咎。"（《中孚·六四》）

据此略作分析：第一，《周易》中频繁地提及马，可见马在当时的普遍性，与此相关，也表明了当时马的生产繁殖的程度；第二，《周易》中有"良马"之称，说明当时对马进行了甄别与分类，既有"良马"，亦当有"劣马"等；第三，当时的马也被作为礼物赠送；第四，从"丧马"、"马匹亡"等叙述可知，抢掠或偷盗马的，在当时并不鲜见；第五，《周易》中有所谓的"拯马"，即"去势"的马，可知，当时对马进行阉割去势也是蓄养壮马的一种重要方式；第六，当时重视马的繁殖，《周易》中不仅有能直接生育的"牝马"，也出现了用以配种的种马，"康侯用锡马蕃庶，昼日三接"，此句的一种解释为：康侯用周成王赐予他的良种马来繁殖马匹，一天配种多次。

由上可见，在当时，马是与人们的生产及民俗生活密切相关的牲畜。

（2）牛

《周易》中有不少与牛有关情况的记载。

童牛："童牛之牿，元吉。"（《大畜·六四》）

牝牛："利贞。亨。畜牝牛吉。"（《离·卦辞》）

牛拉车："见舆曳，其牛掣，其人天且劓，无初有终。"（《睽·六三》）

架木于牛角："姤其角，吝，无咎。"①（《姤·上九》）

黄牛之革："初九，巩用黄牛之革。"（《革·初九》）

丧牛："鸟焚其巢，旅人先笑后号啕。丧牛于易，凶。"（《旅·上九》）

杀牛："东邻杀牛，不如西邻之礿祭，实受其福。"（《既济·九五》）

由这些材料可知，在《周易》的时代，牛已是重要的牲畜，其功

---

① 在此，姤为"觏"，"觏其角"，即架木于牛角之上，《说文》："牛触人，角著横木，所以告人也"，即此。

用除了"见舆曳，其牛掣"，即用来拉车之外，还用来作为皮革之用。此外，牛的一个重要功能是用作祭祀，"东邻杀牛，不如西邻之禴祭"一句，将杀牛与"禴祭"作为相对的现象，禴祭是一种祭品简约的祭祀，而杀牛自古以来都是隆重的祭祀所必备的，可见在《周易》的时代就已是如此了。既然在生产生活的祭祀中是如此之重要，牛也就成为古代人想方设法获取的珍贵物品，因而，一方面，"丧牛"之类的事情有时不可避免地会发生；另一方面，"畜牝牛"，即饲养母牛以繁殖生产，顺理成章地成为一种吉祥之事。

（3）猪

《周易》关于猪的记载主要有如下几则。

"豶豕之牙，吉。"（《大畜·六五》）①

"睽孤见豕负涂，载鬼一车，先张之弧，后说之弧，匪寇，婚媾。往遇雨则吉。"（《睽·上九》）②

"系于金柅，贞吉。有攸往，见凶，羸豕孚蹢躅。"③（《姤·初六》）

尤其值得注意的是，《周易》专设一卦即第三十三卦"遯卦"。"遯"是"豚"，即小猪④，在该卦的爻辞中，有"遯尾"、"好遯"、"肥遯"、"嘉遯"和"系遯"等，从《周易》对于猪的丰富的表述，可见，猪在当时已经是很常见的重要的家畜。

（4）羊

《周易》也有一些关于羊的记载。

"小人用壮，君子用罔，贞厉。羝羊触藩，羸其角。"（《大壮·九三》）

"丧羊于易，无悔。"（《大壮·六五》）

"牵羊悔亡。"《夬·九四》

---

① 豕去势曰豶。

② 负，在此通伏，即猪伏于道上。

③ 羸，索的意思，"羸豕"是以索系猪之意。

④ 《说文》："豚，小豕也"；《方言·八》："猪，其子谓之豚。"

"羝羊触藩,不能退,不能遂,无攸利,艰则吉。"(《大壮·上六》)

"苋陆①夬夬中行,无咎。"(《夬·九五》)

由此,羊也应该是常见的牲畜。

4. 钱币及货物交流

《周易》还披露了当时流通领域的某些情况及民俗。

据《周易·坤》卦辞:"元亨。利牝马之贞。君子有攸往,先迷,后得主,利。西南得朋,东北丧朋。安贞吉。"

"西南得朋"之"朋",可释为朋贝。②

"大蹇朋来。"(《蹇·九五》)

"或益之十朋之龟。"(《损·六五》)

"或益之十朋之龟,弗克违。永贞吉。王用享于帝,吉。"(《益·六二》)

"震来厉,亿丧贝,跻于九陵,勿逐,七日得。"(《震·六二》)

"怀其资。"(《旅·六二》)

可见,当时以"朋""贝"等作为货币来从事交换。我们可以想见,当时古朴的人们肩负着各种采于大自然的货物以及农、副、猎产品,"怀其资",捧着朋、贝等原始货币从事交易的盛况。当时交流的地点,有偏僻的野外,也有"日中为市"(《周易·系辞》)的临时市场,交换的方式有货物交换,也有了货币交换。

(二)《周易》所记述的古代生活民俗

《周易》篇幅虽不长,但却为我们展现了丰富多彩的先秦民俗生活。

1. 吃喝

《周易》对饮食情有独钟,在《渐·六二》曰:"饮食衎衎",直接用"饮食"一词,这应该是我国"饮食"一词在文献中的最早出

---

① 高亨先生释"苋"为山羊,"陆"为跃驰。

② 另有一释为"朋友"。

现。《周易》一书中，从多方面描述了当时的饮食习俗。

（1）吃鱼的食俗

"疱无鱼，起凶。"（《姤·九四》）疱即厨房，这里将鱼与疱联系在一起，可见，鱼在当时人们食俗中的重要性；又，"起"，释为"祀"，即祭祀，在祭祀中没有鱼也是不合礼俗的，故断之为"凶"。而"疱有鱼"则"无咎"。（《姤·九二》）

（2）吃肉的食俗

据《周易》："噬肤灭鼻，无咎。"（《噬嗑·六二》）

"噬腊肉遇毒，小吝，无咎。"（《噬嗑·六三》）

"噬干胏，得金矢。利艰贞，吉。"（《噬嗑·九四》）

"噬干肉，得黄金。贞厉，无咎。"（《噬嗑·六五》）

《周易》"噬肤"，据《仪礼》，"肤"为"鲜鱼鲜腊"①，印证了《周易》关于吃肉的食俗是言之有据的。且说明当时的人们不仅吃鱼，也吃腊肉、干肉。

（3）喝水的习俗

水是生命之源，在《周易》的时代，人们也很重视饮用水的质量，而井是人们当时饮用水的重要来源。《周易》六十四卦特辟一《井》卦，《井》卦贯穿着清洁水源的观念。

《井·卦辞》："改邑不改井，无丧无得。往来井井。汔至，亦未繘井，羸其瓶，凶。"

《井·初六》："井泥不食。旧井无禽。"

《井·九二》："井谷射鲋，瓮敝漏。"

《井·九三》："井渫不食，为我心测，可用汲，王明并受其福。"

《井·六四》："井甃，无咎。"

《井·九五》："井洌，寒泉食。"

《井·上六》："井收勿幕，有孚元吉。"

《周易》强调"井泥不食"，即淤泥多而水不洁的井水不能饮用；又说，"井甃，无咎"。甃，《说文》："甃，井壁也"，亦引申为建造

---

① 《仪礼·聘礼》："肤，鲜鱼鲜腊。"

井壁。此句意为，建造井壁则水可长清，以此饮用，自然无咎。"井洌，寒泉食"，《说文》："洌，水清也"，《广雅·训诂》："洌，清也"，此句意为：水清泉寒可食。"井收勿幕，有孚元吉。"幕，《集解》引虞翻曰："幕，盖也"，孚为罚意。当时人在井汲水完毕而盖其井，以保水之清洁，故不盖则当罚。"井渫不食，为我心恻，可用汲，王明并受其福。"渫，《集解》引荀爽曰："渫，去污浊，清洁之意也。"此句强调去污之清洁水可用。

据此可知，《周易》突出地强调了保证水质、饮用清洁水的理念。

（4）喝酒的习俗

《周易》一书暴露了一个值得探讨的问题，即在《周易》的成书时代周初，周王朝统治者多次下达禁酒令，而在该书中，恰恰对于酒的记载、陈述特别的多，屡屡涉及酒这一敏感话题。例如：

《需·六四》："需于酒食，贞吉。"

《泰·九三》："无平不陂，无往不复。艰贞无咎。勿恤其孚，于食有福。"①

《损·初九》："已事遄往，无咎。酌损之。"②

《困·九二》："困于酒食，朱绂方来。利用享祀。征凶，无咎。"

《中孚·九二》："鸣鹤在阴，其子和之。我有好爵，吾与尔靡之。"

《未济·上九》："有孚于饮酒，无咎。濡其首，有孚失是。"

据上所述，"需于酒食""困于酒食"，酒食两字连用，可见酒与食在当时是民俗生活中所必不可少的。至于"我有好爵，吾与尔靡之"，则仿佛可见共饮好酒者的眉飞色舞；"有孚于饮酒，无咎。濡其首，有孚失是。"陈述了当时饮酒过量而遭处罚之事。

在篇幅很短的《周易》中，却有着大量的关于酒、酒具、饮酒的

---

① 此福字，据高亨先生的解释，为酒的意思。

② 酌：《说文》："盛酒行觞也，祭祀所献之酒也曰酌"；《礼记·曲礼》："酒曰清酌。"

内容，这向人们昭示了当时的酒风之盛。《周易》大约成书于周初①，可知，一方面，周初统治者以殷为鉴，下达了禁酒令②；另一方面，我们从《周易》上述大量的关于酒和酒具的描述，以及与此相印证的 2012 年陕西宝鸡出土的一批"禁"、"尊"、"爵"等周初酒器的现象中，可以推论，周初禁酒令并未能得到全面、彻底的实施。于此引发的思考是民俗的确具有顽强的生命力。作为一种长期形成的民俗，岂是一纸禁令可以遏制的？

2. 穿戴

（1）衣服："繻有衣袽，终日戒。"（《既济·六四》）

（2）鞋子："素履往，无咎。"（《履·初九》）："夬履，贞厉。"（《履·九五》）

（3）首饰："妇丧其茀，勿逐，七日得。"（《既济·六二》）

3. 床具

《周易》《剥卦》中有一些关于床的记载。

《剥·初六》："剥床以足，蔑贞凶。"

《剥·六二》："剥床以辨，蔑贞凶。"

《剥·六四》："剥床以肤，凶。"

这些爻辞，从床足、床权写到床上的席子。

4. 用具

（1）车

在先秦时期，车的发明给人们的生产及生活带来了许多的便利，《周易》一书中对这种工具似乎也"情有独钟"，"车"或"舆"成为书中常见的内容。

《师·六三》："师或舆尸，凶。"

《大有·九二》："大车以载，有攸往，无咎。"

《贲·初九》："贲其趾，舍车而徒。"

《剥·上九》："硕果不食，君子得舆，小人剥庐。"

---

① 该书的起源在此之前，渐渐积累，非出于一时一人之手。

② 如《尚书》中之《酒诰》等。

《大畜·九二》：“舆说輹。”

《大畜·九三》：“良马逐，利艰贞，曰闲舆卫，利有攸往。”

《睽·六三》：“见舆曳，其牛掣，其人天且劓，无初有终。”

《睽·上九》：“睽孤见豕负涂，载鬼一车，先张之弧，后说之弧，匪寇，婚媾。往遇雨则吉。”

《解·六三》：“负且乘，致寇至，贞吝。”

《既济·初九》：“曳其轮，濡其尾，无咎。”

《大壮·九四》：“贞吉，悔亡。藩决不羸，壮于大舆之輹。”

从这些引文中可知，“车”或“舆”在先秦时的使用是很频繁的。其作用包括如下几点。

一是用于赏赐。《周易·剥·上九》：“硕果不食，君子得舆，小人剥庐。”君子得舆，是指获得车的赏赐。①

二是载人载物。《解·六三》：“负且乘，致寇至，贞吝。”负，人携物，乘，车载物，而且数量较大，因而“致寇至”，招致了匪盗。

三是用以参与民俗活动。《师·六三》：“师或舆尸，凶”，是记载车载尸体，参与丧事；《睽·六三》：“睽孤见豕负涂，载鬼一车，先张之弧，后说之弧，匪寇，婚媾。往遇雨则吉。”显然，这里的“载鬼”，所载的是求婚的队伍。可见，当时的车载尸，又载求婚的队伍，即红白喜事都介入，车在当时的广泛用途及其与当时民俗生活的密切关系可见一斑。

同时，《周易》还记载了当时车的其他一些情况，如，“良马逐，利艰贞，曰闲舆卫，利有攸往”，“见舆曳，其牛掣”等，可知，当时的车，或以马驾，或以牛牵。另外，《周易》还叙述了当时车的一些结构、部件，如“轮”、“舆说輹”、“大舆之輹”等。

（2）器皿

在《周易》中，出现最多的器皿是鼎。

---

① 在《诗经》中有不少将车作为赠品的记载，例如《诗经·渭阳》曰：“王遗申伯，路车乘马”，《诗经·韩奕》曰：“其赠维何，乘马路车”，可以佐证。

《周易》专有一卦即鼎卦。

《鼎·初六》:"鼎颠趾,利出否,得妾以其子,无咎。"

《鼎·九二》:"鼎有实,我仇有疾,不我能即,吉。"

《鼎·九三》:"鼎耳革,其行塞,雉膏不食,方雨亏悔,终吉。"

《鼎·九四》:"鼎折足,覆公𫗧,其形渥,凶。"

《鼎·六五》:"鼎黄耳金铉,利贞。"

《鼎·上九》:"鼎玉铉,大吉,无不利。"

由此,可知当时的鼎是很实用的器皿,"鼎有实",指鼎盛有物品,其中有肥美的鸡肉即"雉膏"等,还有丰富的菜肴"𫗧"。鼎的状况,有足,有耳,有金铉、玉铉等。

《周易》中还记载有"缶"。

《比·初六》:"有孚比之,无咎。有孚盈缶,终来有它,吉。"

《坎·六四》:"樽酒簋贰用缶,纳约自牖,终无咎。"

《离·九三》"鼓缶而歌"。

可知,缶不仅用来盛酒饭,还用来作为乐器。

(3)皮革

《周易》设有《革》卦。《说文》:"革,兽皮治去其毛革更之",后也引申为革去等。在《周易》的时代,已经拥有了革兽皮的工艺及其产品,如《革·初九》:"巩用黄牛之革",巩,是用以束物的,此指巩是黄牛皮之革制品。

(4)玉器

《周易》中也多次提及玉器,如:《鼎·上九》:"鼎玉铉,大吉,无不利",《益·六三》:"益之用凶事,无咎。有孚。中行告公用圭"等。

5. 歌乐

从《周易》之"鼓缶而歌"[1]我们可知,以缶等器乐伴奏而歌唱

---

[1] 《易·离·九三》:"日昃之离,不鼓缶而歌,则大耋之嗟,凶。"

是当时的一种音乐形式。①

6. 婚姻

《周易》对当时婚姻民俗的情况有所反映，并记载了其几个特征。

一是"归妹"。《周易》设有《归妹》一卦，《归妹·初九》："归妹以娣"，归，嫁也，妹，少女之称；娣，《说文》："娣，女弟也。""归妹以娣"是指"嫁女以其娣为媵也"②，"嫁女以其娣为媵"，是为当时嫁女的一种习俗。

二是纳征之俗。据《贲·六五》："贲于丘园，束帛戋戋，吝，终吉。"据高亨先生的观点，这是记载当时婚俗中的"纳征"之礼，描述女家结彩以装饰其门。

三是"老少配"。据《大过·九二》："枯杨生稊，老夫得其女妻，无不利。"《大过·九五》："枯杨生华，老妇得其士夫，无咎无誉。"这里，"女妻"是指年轻的妻子，"士夫"是指年轻的丈夫，叙述了当时存在的"老夫少妻"以及"少夫老妻"的婚姻习俗。

四是记载古代抢掠婚之俗。

《屯·六二》："屯如邅如，乘马班如。匪寇，婚媾。女子贞不字，十年乃字。"

意为，六二：想前进又难于前进，乘着马车在原地回旋。这不是强盗前来抢劫，而是来求婚。占卜的结果是这个女子不能怀孕，十年之后才能生育。

类似的描述有：

《屯·六四》："乘马班如，求婚媾。往吉，无不利。"

《贲·六四》："贲如皤如，白马翰如。匪寇，婚媾。"

---

① 《说文》："缶，瓦器，所以盛酒浆，秦人鼓之以节歌。"又据《史记·廉颇蔺相如列传》："'寡人窃闻赵王好音，请奏瑟。'赵王鼓瑟，秦御史前书曰：'某年月日，秦王与赵王会饮，令赵王鼓瑟。'蔺相如前曰：'赵王窃闻秦王善为秦声，请奉盆缶秦王，以相娱乐。'秦王怒，不许。于是相如前进缶，因跪请秦王……于是秦王不怿，为一击缶；相如顾召赵御史书曰：'某年月日，秦王为赵王击缶。'"这些叙事恰恰成为《周易》之记载的一种有力佐证。

② 又如《诗经·韩奕》所载："韩侯取妻……诸娣从之。"

《睽·上九》："睽孤见豕负涂，载鬼一车，先张之弧，后说之弧，匪寇，婚媾。往遇雨则吉。"

7. 丧事

《周易》对当时的丧事情况也有所反映，据《萃·上六》："齑咨涕洟，无咎。"意为，带着嗟叹与眼泪鼻涕去吊丧。

（三）《周易》与我国古代的祭祀和民间信仰

1. 祭祀

《周易》有关祭祀的记载贯穿整部书的始终，其中包括祭祀情况的多个方面。

（1）祭祀种类，有大型的祭祀，也有较为简单的、祭品较少的"礿祭"。

（2）祭祀地点，有"用享西山"之祭，也有"王假有庙"的庙祭，"同人于宗"，则是在宗庙举行祭祀的写照。

（3）祭祀品物，有用于隆重祭祀的牛，也有在礿祭、薄祭中出现的豚鱼，等等。

（4）祭祀对象，有祖先、神灵，还有"天帝"等等。

2. 民间信仰

《周易》中还有不少民间信仰的记载。

（1）羊俗

《夬·九四》："臀无肤，其行次且，牵羊悔亡，闻言不信。"

在古代习俗中，羊是吉祥物，牵羊而行可以解厄消灾，该句的"臀无肤"者，即臀部受杖之人，他牵羊缓缓而行，以期消灾，反映出当时的这种民间信仰。

（2）犬号

《夬·上六》："无号终有凶。"高亨先生释"无"为"犬"，犬号，为不吉之兆。据《墨子·非攻》："昔者三苗大乱，龙生于庙，犬哭于市。"可见，犬号为凶是古代遗俗。

（3）魅

《丰·九三》："丰其沛，日中见沫，折其右肱，无咎。"

此句的"沬"，高亨先生释为"魅"，《说文》释魅："老精物也"，《广雅·释天》："物神谓之魅。""日中见沬"犹言白日见鬼。据《周易》的记载，人们当时具有这一鬼神信仰，有人并因此而吓得"折其右肱"。

（4）巫

《巽·九二》："巽在床下，用史巫纷若吉，无咎。"

"巽"，在此为"伏"之意①，"纷"，释为"乱"，《周易》在此记载了当时施行巫术之事，并披露了当时史巫不分的情形。

（5）鸡

《中孚·上九》："翰音登于天，贞凶。"

"翰音"在此为鸡之意②，鸡本行于地，而突然高飞于天，在当时人看来，这是一种妖孽，因此断为凶兆。《周易》所记表现出当时人们的这种观念。

（6）山神

《周易》有《离》卦，"离"，据《说文》："离，山神禽也"，可见，"离"在古代是一种被视为"山神"的禽兽。由此可知，《周易》实际上反映出上古时期人们的一种山神信仰。

（四）《周易》对我国后世民俗的影响

《周易》成书早，影响大，是中国文化的源头活水，它不仅记载了上古诸多的民俗事象，而且，它对后世乃至今天的民俗留下了深刻的影响。兹举数例如下。

1. 龙

《周易》六十四卦的第一卦是乾卦，也可以说就是"龙"卦，该卦的各爻辞如下。

"初九：潜龙，勿用。"

---

① 《周易·杂卦》；"巽，伏也。"
② 《礼记·曲礼下》："鸡曰翰音。"

　　"九二：见龙在田，利见大人。"

　　"九三：君子终日乾乾，夕惕若。厉无咎。"

　　"九四：或跃在渊，无咎。"

　　"九五：飞龙在天，利见大人。"

　　"上九：亢龙，有悔。"

　　"用九：见群龙无首，吉。"

　　——在《周易》一书的《乾》卦中，以龙为象征，演绎了整个乾卦的意蕴。

　　《周易》是儒家"五经"之首，乾卦又是《周易》六十四卦之首，特别是在该卦中，叙述了"终日乾乾"、"自强不息"的民族精神，因此，对后世影响很大。在历史长河的进程中，龙成为了中华民族的象征，乃至出现"中国龙"这样把中国与龙连在一起、融为一体的专有名词。在民间，与龙有关的民俗也十分丰富多彩。在中国传统社会，如果严格地按照封建等级制度及其相关的礼仪制度，龙是帝王的专用图案与标记，但由于人们对龙的酷爱，在一些地方，尤其是"天高皇帝远"的偏僻山区，人们往往会在一些民俗生活中掺入"龙"的元素。例如，在客家的一些节日中，举行"舞龙"、"竹篙火龙"、"香火龙"、"赛龙舟"等活动，而这些活动因为有"龙"的元素而尤其得到人们的喜爱，往往成为节日的亮点。

　　2. 黄色

　　《周易》一书中对黄色情有独钟。

　　《坤·六五》："黄裳元吉。"

　　《离·六二》："黄离元吉。"

　　《离·初九》："履错然①，敬之，无咎。"

　　《姤·初六》："系于金柅，贞吉。有攸往，见凶，羸豕孚蹢躅。"

　　《革·初九》："巩用黄牛之革。"

　　《鼎·六五》："鼎黄耳金铉，利贞。"

----

　① 错然：黄金色貌，《说文》："错，金涂也。""金涂"，即以金涂物，其色黄。

黄色，与中国文化密切关联，如中华民族的母亲河黄河、黄土高坡、在国人心目中最为尊贵的财富黄金，乃至中国人的黄皮肤等。由于《周易》的推崇，黄色在中国民间更成为吉祥色，乃至在国家礼仪制度中，其地位也是至高无上的，例如，皇帝的"龙袍"就是黄色。

3. 高升

在《周易》设有一卦曰"升卦"，表现出"升"的意识。《周易·升·象》曰："地中生木，升，君子以顺德，积小以高大。"揭示出"升"的发展以及"德"的内涵。

《升·初六》："允升，大吉。"

《升·九三》："升虚邑。"

《升·六五》："贞吉，升阶。"

《升·上六》："冥升，利于不息之贞。"

《周易》在该卦中特别强调了"升"的意义。在我国民间，"升"、"高升"，即事业亨通、职务、学历及社会地位晋升，这不仅成为人们的一种思想观念，一种意愿和企盼，同时，也外化为民俗。例如，在民间酒宴的敬酒辞，以及贺岁拜年的言语文辞中，"祝步步高升"是出现频率很高的词语。在客家地区，人们建新房上梁时，往往会举行一个仪式，在仪式中，人们要大声喊道："高升、高升！"

4. 节俭

在《周易》六十四卦中有一卦为《节》卦，在这里，不仅表现出"节，亨"的观念，还表现出"安节"、"甘节"、"苦节"的思想。我国历来就有节俭、勤俭的民风民俗，客家民俗中尤重勤俭持家之风，对此，从思想层面的影响来分析，《周易》是一个重要的思想基础。

5. 唯心主义观念

《周易》在唯心主义观念方面对后世的影响是不可忽视的。几千年来，占卜、算命、阴阳八卦、风水堪舆等具有唯心主义观念色彩的民俗事象，追根究底，其思想根源在于《周易》。

总之，《周易》对我国后世民俗的影响是十分广泛和深刻的，《易传》的作者对此专有一段概述：

古者包牺氏之王天下也，仰则观象于天，俯则观法于地，观鸟兽之文，与地之宜，近取诸身，远取诸物，于是始作八卦，以通神明之德，以类万物之情。作结绳而为罔罟，以佃以渔，盖取诸《离》。包牺氏没，神农氏作，斫木为耜，揉木为耒，耒耨之利，以教天下，盖取诸《益》。日中为市，致天下之民，聚天下之货，交易而退，各得其所，盖取诸《噬嗑》。神农氏没，黄帝、尧、舜氏作，通其变，使民不倦，神而化之，使民宜之。《易》穷则变，变则通，通则久。是以自天祐之，吉无不利。黄帝、尧、舜垂衣裳而天下治，盖取诸《乾》《坤》。刳木为舟，剡木为楫，舟楫之利，以济不通，致远以利天下，盖取诸《涣》。服牛乘马，引重致远，以利天下，盖取诸《随》。重门击柝，以待暴客，盖取诸《豫》。断木为杵，掘地为臼，臼杵之利，万民以济，盖取诸《小过》。弦木为弧，剡木为矢，弧矢之利，以威天下，盖取诸《睽》。上古穴居而野处，后世圣人易之以宫室，上栋下宇，以待风雨，盖取诸《大壮》。古之葬者，厚衣之以薪，葬之中野，不封不树，丧期无数，后世圣人易之以棺椁，盖取诸《大过》。上古结绳而治，后世圣人易之以书契，百官以治，万民以察，盖取诸《夬》。

这段内容，从渔业、农业、商贸、舟楫、弓箭、居住、丧葬、文字等方面叙述了《周易》对后世我国民俗多方面的深刻影响，值得我们认真思考。

据上所述，我们可知，一方面，《周易》对于我国远古时期的生产、生活民俗以及祭祀、民间信仰等方面的民俗有着丰富而具体的记载，为我们研究上古民俗史提供了重要的原始资料；另一方面，《周易》对于我国后世民俗所产生的影响也是不可低估的。

《周易》对于客家民俗的影响尤为深刻，作为最具特色的客家民俗之一的风水民俗，不仅其理论基础出自《周易》，其操作的基本手法，乃至其最基本的工具罗盘等都与《周易》密切相关，可以说，没有《周易》就没有客家风水民俗。此外，客家的许多生产民俗、生活民俗及民间信仰等，都可发现与《周易》有着直接或间接的关联。

二　先秦史官与《周易》

在先秦，史官与《周易》结下不解之缘，他们精通《周易》、执掌《周易》，并且，根据《周易》来占筮论事，预测历史前途。研究先秦时期史官的执掌及其活动特点，对于我们认识中国史学的产生和以后史学的走向，具有重要的意义。

（一）先秦时期史官职责与《易》筮时尚

我国现知最早的文字是商代中后期的甲骨文，而在那时的甲骨文中已有"史"字（甲5536、拾7·6、后下20·10等），对这个字，一般的解释为手持簿书的人，亦即史官，可见，我国古代的史官一职在商代中后期就出现了。

从史官的出现至春秋战国时期，史官承担着怎样的职责呢？这是一个值得认真探究的问题。先秦史官的职责广泛而复杂，并非"记言"、"记事"两词所能涵盖的。据《周礼》等先秦文献，涉及"史"的职官相当多，当时有"史"、"大史"、"小史"、"内史"、"外史"、"御史"、"左史"、"右史"、"侍史"、"大史令"、"守藏史"、"董史大史"等十几种。① 有的仅是官职名称，有一部分执掌与后来通常说的史官一致。分析先秦资料，可知当时史官的职责有：1. 记言记事，2. 卜筮祭祀，3. 掌天文历法，4. 保管文献档案，5. 草拟诏令等。对以上职责进行归纳，又可以分为两大类：一是人事方面，二是宗教方面。以往，人们比较注重并强调史官在记言记事等人事方面的职责。其实，在先秦，史官执掌常与宗教方面有关，先秦史官的宗教职责是极其重要的，也是其最原始的职责。

史官的出现，就打上了宗教的烙印。从某种角度来说，甲骨文是

① 参见林晓平《春秋战国时期史官职责与史学传统》，《史学理论研究》2003年第1期。

当时宗教活动的产物。在殷商时期，统治者深信"帝"、上天支配人事，因此，殷商君王大至军国要事，小至生病，旅行、打猎等，都要禀告并请示"上帝"。在占卜活动中，史官是重要参与者，并且，他还要将整个过程记录下来，刻写在龟甲或兽骨上，这就成了甲骨文。因这种文字主要为占卜的记录，故又被称为"卜辞"。参加并记录占卜活动，是先秦史官的最初职责。

除占卜外，先秦史官还兼掌祭祀，如："丁酉史其告（于）南室？"[1] "神居莘六月，虢公使祝应、宗区、史嚚享焉。"[2]

在先秦，往往是史祝、史巫并称，如："祝史陈信于鬼神。"[3] "日有食之，祝史请所用币。"[4] "用史巫，纷若，吉！"[5]

再稽之以《周礼》，据《周礼·春官宗伯》："大史，掌建邦之六典……大祭祀，与执事卜曰"、"小史，掌邦国之志……大祭祀，读礼法，史以书叙昭穆之俎篡"、"御史，掌邦国都鄙及万民之治令……大祭祀，鸣铃以应"、"占人，掌占龟……凡卜筮，君占体，大夫占色，史占墨，卜人占坼，凡卜筮，既事，则系币，以比其命，岁终则计其占之中否"（郑玄注：谓既卜筮，史必书其命龟之事及兆于策，系其礼神之币之而合藏焉）、"大祝，掌六祝之辞，以事鬼神示……祭祀，凡大禋祀，肆享祭示，则执明水火以号祝"、"司巫，掌群巫之政令……祭祀，则共匰主及道布及蒩馆"。可知，第一，宗教方面的工作是史官的重要职责；第二，先秦史官与占人、卜人、祝、巫等共同参与宗教活动，关系较为密切，这就是先秦文献常将他们相提并称的原因。

史官的宗教职能自殷商至春秋时期都显得非常的突出，但从具体方式上看，随着时代的不同，又有所变化，其变化的显著特征之一就是《易》筮的兴起。

---

① 罗振玉：《殷墟书契续编》卷二、页六、片三。

② 《左传·庄公三十二年》。

③ 《左传·襄公二十七》。

④ 《左传·昭公十七年》。

⑤ 《易·巽·九二》。

在殷商时期，龟卜是用以判断吉凶、预测未来的主要手段，占筮也是求告上天、预断吉凶的方式之一，但相比之下，龟卜之盛有已出土的 15 万片甲骨卜辞作铁证，而记载其他占测方法的资料却微乎其微。这一时期，龟卜成为各种占测方式中的最常用方式。西周之后，情况出现了变化。

《易》筮的渐兴，有其深刻的原因。朱伯崑先生认为，从殷人的龟卜到周人的占筮，反映了我国奴隶制时代社会生产和生活的发展过程。殷部族的祖先长期从事渔牧业生产，所以殷统治者将龟甲和兽骨作为向天神卜问吉凶的工具。而周部族是以农业生产起家的，其迷信蓍草，实际上出于对农作物的崇拜。（《易学哲学史》）生产力的发展是由畜牧业向农业迈进的，《易》筮的兴起，从某种意义上来说，也是与农业相关的《易》筮方式对代表畜牧业生产水平的龟卜方式的挑战。《易》筮之兴，又与当时人们观念的某些变化有关。龟卜的钻龟取象，其裂纹是在烧灼后自然形成的，且一旦形成就不可改变，卜者即此可断吉凶，被人称为"鬼谋"，而《易》筮就不一样了，卦成之后，要经过筮者对卦象的种种分析，乃至逻辑上的推衍，在此基础上预测未来，其间有较多的人为的因素，故又被称为"人谋"。西周之后，随着生产力水平的提高，人们的信心增强了，人神观念也起了变化，人的因素上升，神的地位相对下降，作为"人谋"的《易》筮之兴，与此是相一致的。

西周之后，《易》经开始流行，《易》筮渐兴，至春秋时期，占卜方式的垄断地位已经被打破，《易》筮已成为基本上可与龟卜平分秋色的占测方式。在当时，人们据《易》筮占吉凶，预测未来，或引《易》议事论物，评判是非，已成为一种社会时尚。据《国语》、《左传》等文献的记载可知，在春秋时期，人们以《易》占筮及据《易》议事，涉及的内容非常广泛，有娶妻、嫁女、生子、死人、立君、夺国、致仕、出兵、作战、求医、判断事物等方面。这些材料，分别出自鲁国、晋国、卫国、秦国、齐国、郑国、陈国、魏国、赵国及周。据《易》筮占或议论的人物有史官、卜人、国君、政客、军官等。从材料之多、涉及内容之丰富、地域之广泛以及据《易》筮、论者成分之复杂，都可知当时《周易》及《易》筮流行的盛况。

在《周易》及《易》筮的流行中，先秦史官是其中最活跃的分子，充当了主要的角色。在这方面，先秦文献中多有记载，如《国语·晋语》、《左传》庄公二十二年、僖公十五年、成公十六年、襄公二十五年、昭公七年、昭公二十九年、昭公三十二年等。在历史上有记载的以《易》占筮论事的各种人物中，史官的人数是最多的。并且，当时还出现了"筮史"这样的名称，这就更清楚地表明了史官与《易》筮的特殊关系。先秦史官与《周易》及《易》筮的关系十分密切，这是因为，宗教方面的职能是先秦史官的传统，这本身就要求史官通《易》占筮，以履行其职责；史官又是掌握和保存典籍的文化人，精通并能运用《周易》来占筮议事，应是其基本职能；时代的发展，形势的变化又要求史官对历史前途进行预测，因而，据《易》占筮预测就成为他们责无旁贷的重要任务。

（二）《周易》的变化观与先秦史官对历史前途的预测

先秦史官以《易》占筮、预测及议事的一个显著特点，是体现出变化发展的思想，而这个思想主要是受《周易》的影响。

首先，前人称"易"有三义，即变易、简易、不易等。不少先哲认为："易"之精义实为"变易"。《说文解字》引《秘书》："日月为易，象阴阳也。"这是从字形来释"易"，"易"为象形字，上日下月，日为阳，月为阴，阴阳交合变化成宇宙间万事万物，阴阳者，变化也。

《易·系辞》："生生之谓易"，生生，即变化无穷的意思。司马迁说："《易》著天地阴阳四时五行，故长于变。"[1] 孔颖达说："夫易者，变化之总名，改换之殊称。"[2] 程颐说："易，变易也，随时变易以从道也。""易之为书，尽变化之道也。"[3] 朱熹说："易，书名也，其卦本伏羲所画，有变易之义，故谓之易。"[4]

---

① 《史记·太史公自序》。
② 孔颖达：《周易正义》。
③ 《周易程氏传》。
④ 朱熹：《周易本义》。

这些对于《周易》名称及其意蕴的阐释，是古代文字学家、史学家、经学家、理学家们基于对《周易》的深刻认识而得出的正确论断。

其次，从《易》经文的变化思想来看。

1. 爻与卦的组合变化

《易经》的爻只有两种，即阳爻和阴爻，分别以符号"▬▬"、"▬▬ ▬▬"来表示。以三根爻任意上下排列组合，就生成了乾（☰）、坤（☷）、震（☳）、巽（☴）、坎（☵）、离（☲）、艮（☶）、兑（☱）八卦，分别象征天、地、雷、风、水、火、山、泽八种事物，这八卦又被称为八经卦。将这八经卦中的相同或不同的两卦任意上下排列，共可得64卦，这64卦被称为别卦，分别代表宇宙间的万事万物。这里有两点思想要引起注意：其一，阴、阳的组合变化可化生成万事万物；其二，无论是经卦还是别卦，只要其中任一爻发生了变化，事物的性质就要随之起变化。例如：乾卦（☰）上爻变成阴爻，即成（☱），是为兑卦；中爻变成阴爻，即成"☲"，是为离卦；下爻变成阴爻，即成"☴"，是为巽卦。其他卦的变化亦同此理。

2. 爻位的变化与事物的变化

在《易经》的64卦中，每卦处于不同的爻位时，事物的性质也要随之起变化，兹以乾卦为例来说明这个问题，当处于乾卦的第一爻位时，其爻辞为："初九，潜龙，勿用"①，朱熹的解释是："潜藏也，龙，阳物也，初阳在下，未可施用。"处于乾卦的第二爻位时，其爻辞为："九二，见龙在田，利用大人。"②朱熹解释说："刚健中正，出潜离隐，泽及与物，物所利用。"处于乾卦的第三爻位时，其爻辞为："九三，君子终日乾乾，夕惕若，厉无咎。"③朱熹解释说："九，阳爻，三，阳位，重刚不中，居下之上，乃危地也，然性体刚健，有能乾乾惕厉之象……能忧惧如是，则虽处危地而无咎也。"处于乾卦

---

① 《易·乾·初九》。

② 《易·乾·九二》。

③ 《易·乾·九三》。

第四爻位时，其爻辞为："九四，或跃在渊，无咎。"① 朱熹解释说："九阳四阴，居上之下，改革之际，进退未定之时也，故其象如此，其占能随时进退则无咎也。"处于乾卦第五爻位时，其爻辞为："九五，飞龙在天，利见大人。"② 朱熹解释说："刚健中正以居尊位，如以圣人之德居圣人之位。"当处于乾卦第六爻位亦即最上位时，其爻辞为："上九，亢龙有悔。"③ 朱熹解释说："上者最上一爻之名，亢者过于上而不能下之意也，阳，极于上，动必有悔。"可见，即使是在同一卦中，当爻位发生了变化时，事物的性质、特点等都会跟着发生变化，因而处事策略也应随之调整。

3. 从 64 卦的排列来看

《周易》的 64 卦依乾、坤、屯、蒙、需、讼、师、比、小畜、履、泰、否、同人、大有、谦、豫、随、蛊、临、观、噬嗑、贲、剥、复、无妄、大畜、颐、大过、坎、离、咸、恒、遯、大壮、晋、明夷、家人、睽、蹇、解、损、益、夬、姤、萃、升、困、井、革、鼎、震、艮、渐、归妹、丰、旅、巽、兑、涣、节、中孚、小过、既济、未济顺序排列④，这种顺序，反映出《周易》变化的思想。例如，据《序卦》解释睽、蹇、解、损、益、夬的顺序："睽者，乖也。乖必有难，故受之以蹇。蹇者，难也，物不可以终难，故受之以解。解者，缓也，缓必有失，故受之以损。损而不已必益，故受之以益。益而不已必决，故受之以夬，夬者，决也。"说明事物不是一成不变的，而是运动变化不止的。从变化的方向来看，有的是向前发展，有的则是向反面转化，将"未济"列在 64 卦之末，也是寓意深刻的，说明事物的发展不是在一个封闭的系统内，而是处于一个开放的、永无止境的过程。

再次，从易传的变化思想来看。易传是人们对易经的注解、论

① 《易·乾·九四》。

② 《易·乾·九五》。

③ 《易·乾·上九》。

④ 《易·序卦》。

述，分为 10 篇，故又称为"十翼"，它们是：《象》（上、下）、《彖》（上、下）、《文言》（上、下）、《系辞》（上、下）及《序卦》和《杂卦》。易传阐释、继承并进一步发挥了易经的变化思想。

1. 阐叙易经的变化思想："爻者，言乎变者也。"① "十有八变而成卦。"② "变化者，进退之象也。"③

2. 叙自然之变化："在天成象，在地成形，变化见矣。"④ "一阖一辟谓之变。"⑤ "变通莫大于四时。"⑥

3. 论社会之变化："通变之谓事。"⑦ "通其变，使民不倦。"⑧ "汤武革命，顺乎天而应乎人，革之时，大矣哉。"⑨

《周易》的变化思想给予先秦史官以深刻的影响，他们常以《周易》的变化观，《易》的变化观来对事物进行分析。兹举两例析之。

赵简子问于史墨曰："季氏出其君，而民服焉，诸侯与之，君死于外，而莫之或罪。"

> 对曰："物生有两，有三，有五，有陪贰。故天有三辰，地有五行，体有左右，各有妃耦。王有公，诸侯有卿，皆有贰也。天生季氏，以贰鲁侯，为日久矣。民之服焉，不亦宜乎？鲁君世从其失，季氏世修其勤，民忘君矣，虽死于外，其谁矜之？社稷无常奉，君臣无常位，自古以然。故《诗》曰：高岸为谷，深谷为陵，三后之姓，于今为庶，主所知也。在《易》卦雷乘《乾》曰《大壮》䷡，天之道也。"⑩

---

① 《易·系辞》。
② 同上。
③ 同上。
④ 同上。
⑤ 同上。
⑥ 同上。
⑦ 同上。
⑧ 同上。
⑨ 《易·革·象》。
⑩ 《左传·昭公三十二年》。

史墨在与赵简子的对话中，提出了"社稷无常奉，君臣无常位"的观点，这是一个史学家在俯瞰了历史长河，并受《周易》变化观启发后所得出的精辟结论。特别须引起注意的是，史墨在论述历史变化之道时，专门引用了《周易》中《大壮》的卦象作为其论据。《大壮》卦由乾、震两卦组成，乾为天为君，震为雷为臣，按一般人的想法，应是天在雷之上，君在臣之上，而大壮卦的图像却恰恰相反，是震卦在乾卦之上，君与臣的位置也因此变化、颠倒了。史墨认为，这种变化是"天之道也"，不真正领会《周易》变化观的精髓是无法作出这样深刻的论断的。又，《左传·庄公二十二年》：

　　　　周史有以《周易》见陈侯者，陈侯使筮之，遇《观》☷☴之《否》☷☰，曰："是谓'观国之光，利用宾于王'。此其代陈有国乎？不在此，其在异国；非此其身，在其子孙，光远而自他有耀者也……若在异国，必姜姓也。姜，大岳之后也。山岳则配天，物莫能两大。陈衰，此其昌乎。"及陈之初亡也，陈桓子始大于齐，其后亡也，陈子得政。

　　周史运用《周易》为陈国占筮，得出了两个结论，一是陈侯的后代将在齐国昌盛并执掌大权；二是陈国将在那时衰败。从表面上看，这些结论是周史占筮的结果，其实，周史对陈、齐等国的历史和现状已有了一定的了解，在此基础上，再依据《周易》关于事物变化的原理去推测，就得出这些结论。

　　综上可知，《周易》的变化思想非常的丰富，它是《周易》的一个突出特点。《周易》的变化观予先秦史官以深刻的影响，他们在预测历史发展前途时，往往根据"先人事而后说卦"的原则，即对历史和现实有了了解，在此基础上，运用《周易》的变化观对事物的未来进行推断，知道了这个道理，就明白了先秦史官的《易》筮，有时竟能基本准确地预测历史发展前途的奥秘。

（三）先秦史官以《易》占筮的局限性

先秦史官以《易》占筮，一方面，他们有时能以《周易》的变化观作为指导来预测历史发展前途，较好地把握社会历史盛衰变化的特点；另一方面，以《易》占筮又表现出其明显的局限性。

首先，以《易》占筮，从方法论、认识论的角度来说是错误的，以蓍草这类植物去推断活生生的、千变万化的人事，从根本上来说不能不是牵强附会的。尽管有时占筮者在推断中也会结合对现实的了解，但这类占筮法总体上都是笼罩在神秘主义的气氛之中，虽然可能言而有中，但臆测的预言不是科学的论断。

其次，先秦史官的以《易》占筮，从具体操作上具有很大的主观随意性。

1. 在占筮之后，往往依据符合自己意愿的方面解释

以蓍而筮，结果出来后，根据什么来解释，有较大的灵活性。根据《左传》、《国语》的记载，春秋时期人们讲《周易》要讲下列八项，即本卦卦象、之卦卦象、本卦卦名、之卦卦名、本卦卦辞、之卦卦辞、本卦变爻爻辞、之卦变爻爻辞。然而，在每次占筮时，绝不会八项内容都讲，因为甲项与乙项的结论很可能不一致，甚至是对立的。选择哪项或哪几项来讲，先秦史官往往依据自己的意图来定。据《左传》：

> 齐棠公之妻东郭偃之姊也。东郭偃臣崔武子。棠公死，偃御武子以吊焉，见棠姜而美之，使偃取之。偃曰："男女辨姓，今君出自丁，臣出自桓，不可。"武子筮之，遇《困》䷮之《大过》䷛。史皆曰："吉。"示陈文子。文子曰："夫从风，风陨妻，不可娶也。且其繇曰：'困于石，据于蒺藜，入于其官，不见其妻，凶。'困于石，往不济也；据于蒺藜，所恃伤也；入乎其官，不见其妻，凶，无所归也。"崔子曰："嫠也何害，先夫当之矣。"遂取之。①

①《左传·襄公二十五年》。

筮占而遇《困》之《大过》，若据之卦《大过》的卦象，是上兑下巽，兑为少女为妻，巽为风，两者组合，是风陨妻的凶象，又，据《困》卦《六三》的爻卦，也是"入于其宫，不见其妻"的凶兆。但史官不谈之卦卦象，无论本卦变爻爻辞，而仅依据本卦卦象来解释。《困》卦是上兑下坎，依《说卦》："兑为少女，坎为中男"，少女是妻，中男是夫，呈夫妻相配之象，自然为"吉"。

又据《左传·襄公九年》：

> 穆姜薨于东宫。始往而筮之，遇《艮》之八䷳，史曰："是谓《艮》之《随》䷐。《随》，其出也，君必速出。"姜曰："亡！是于《周易》曰：'《随》，元亨利贞，无咎。'元，体之长也，亨，嘉之会也，利，义之和也，贞，事之干也。体仁足以长人，嘉德足以合礼，利物足以和义，贞固足以干事，然，故不可诬也。是以虽《随》无咎。"

筮占而得《艮》之《随》，可从多方面来进行解释，可据本卦《艮》、之卦《随》的卦象来释之，也可依这两卦的卦辞来解释。《艮》卦的卦辞是："艮其背不获其身，行其庭不见其人，无咎。"《随》卦的卦辞是："元亨，利贞，无咎。"还可以根据八卦或之卦的卦名来释卦，《艮》卦卦名之义为"止也"，即如山岳般静止不动，《随》卦卦名之义为"无故也"，无故，即没有故处，当然要走出故处，必须出走，与《艮》的"止"相反。史官采取的是以之卦卦名之义来释卦的方式，因而得出"君必速出"的推论。

占筮的结果，可以依据多方面来对它进行解释，而各方面的结论往往又不一样，占筮者于是根据自己的意愿选择其中的一种或几种来作论断，可见，其客观性、正确性都是大有问题的。

2. 牵强附会的解释

这里，再以《左传·庄公二十二年》的材料为例：

> 陈厉公……生敬仲。其少也，周史有以《周易》见陈侯者，

陈侯使筮之，遇《观》▤▤之《否》▤▤，曰："是谓'观国之光，利用宾于王'，此其代陈有国乎？不在此，其在异国；非此其身，在其子孙。光远而自他有耀者也。坤，土也，巽，风也，乾，天也。风为天于土上，山也。有山之材而照之以天光，于是乎居土上，故曰：'观国之光，利用宾于王。'庭实旅百，奉之以玉帛，天地之美具焉，故曰：'利用宾于王。'犹有观焉，故曰其在后乎！风行而著于土，故曰其在异国乎！若在异国，必姜姓也。姜大岳之后也。山岳则配天。物莫能两大，陈衰，此其昌乎！"

此例中，"物莫能两大"及变化的思想是值得肯定的，但具体解说中，仔细推敲，就可发现许多是生拉硬扯的。如"犹有观焉，故曰其在后乎！"观，有观看、察看等意思，可观前、观后，也可左观、右观，为什么一定要解释成观将来，并附会成子孙后代呢？又如："风行而著于土，故曰其在异国乎！"风行土上，若是春风，可滋润万物，若是狂风，会摧残草木，它既可吹到海角天涯，也可在附近小范围的地域中回旋，非得把风行土上解释成将在异国执政，的确是显得太为勉强了。

综上所述，先秦史官与《周易》的关系非常密切，他们运用《周易》的变化观对历史前途进行预测，有时能得出一些富有启发性的结论，对当时的政治产生一定的影响。但先秦史官以《易》占筮，其局限性也十分明显，其唯心的、牵强附会的成分是应引起人们注意的。我们重视《易》中的富有辩证因素的历史变化观，史官的解释有局限性，但也表明他们关心社稷民生、关心历史前途。

三 《周易》的人生智慧

《周易》"事简而意深"，古朴而圆通，是一部充满智慧的著作，尤其是它关于人生方面的论述，更是蕴含着丰富的哲理，散射出启人心扉的睿智之光。

（一）自强不息的人生之道

对大自然的观察、取法是《周易》成书的基础，据《易·系辞》："古者包牺氏之王天下也，仰则观象于天，俯则观法于地，观鸟兽之文与地之宜，近取诸身，远取诸物，于是始作八卦。"不仅八卦的创设是如此，《周易》的诸多内容都与古人对天地万物的观察及其"天人合一"的观念有着密切的关系。在古人看来，人源于自然（天）："人之为人本于天，天亦人之曾祖父也。"① "天地者，万物之本，先祖之所出也。"② 既然人"本于天"，那么，人道就应与"天道"保持一致，亦即《周易》所说的"与天地合其德"。

"天道"如何？《周易》向人们展示了一幅气势恢宏的天道运行图：

"刚柔相摩，八卦相荡，鼓之以雷霆，润之以风雨，日月运行，一寒一暑，乾道成男，坤道成女，乾知大始，坤作成物。"③

"日往则月来，月往则日来，日月相继而明生焉，寒往则暑来，暑往则寒来，寒暑相推而岁成焉！"④

——天道雄健壮烈、生生不息，人道，即人生之道宜怎样呢？《周易》道出了一句千古名言：

"天行健，君子以自强不息！"⑤

"自强不息"作为《周易》所倡导的人生之道，主要包括两层意思。

第一层意思是"刚健"。"刚健"即刚强、雄健，它为《周易》

---

① 《春秋繁露》卷11《为人者天》。
② 《春秋繁露》卷9《观德》。
③ 《易·系辞》。
④ 同上。
⑤ 《易·乾·象》。

所推崇，频繁地出现在《周易》中，如："刚健而文明"①、"刚健而不陷"②、"动而健，刚中而应"③、"健而巽，刚中而志行"④、"刚健笃实，辉光日新"⑤ 等。必须指出的是，《周易》所提倡的"刚健"，并不是指那种毫无限度的刚强，根据《周易》"极则反"的思想，刚强过分了就会断折而成脆弱，因而，《周易》认为，"刚健"又应是适度的、恰到好处的，这就是它所强调的"刚中"、"刚健中正"。

第二层意思是奋斗不已。《周易》认为，天地万物是生生不息、变化不已的，甚至枯杨还可以"生梯"、"生华"⑥。《周易》以 64 卦象征万事万物，而 64 卦的排列顺序却是意味深长的："既济"排在第 63 位，"未济"列在第 64 位，亦即最后一个卦位。它实际上揭示出这样一个道理，自然与社会是一个不断发展变化的、永无止境的开放系统，既如此，人当然应不断地努力。在人生旅途中，人们不可能一帆风顺，有时难免会遭遇困难或挫折，陷入困境，在这种境况下，人们还要不要继续奋斗了呢？《周易》认为，即使在困境中，人们也应该困而发愤、不懈努力。《周易》在《困》卦的论述中将这种思想表述得淋漓尽致。《困》的卦象是上"兑"下"坎"。坎为水，兑为泽，此卦象表示水在泽下，水在泽下即意味着泽中无水，泽中无水，则泽中生物处于困险之境况，所以，这种卦象被取名曰："困。"《易·困·象》曰："泽无水，困，君子以致命遂志。"要求人们在困境中不能丧失信心，应奋斗不已，甚至舍弃生命以实现其志愿。从对宇宙自然的观察中悟出"天道"，从"天道"又推及"人道"，这种观察是敏锐的，这种悟性是颇高的，这种从天道到人道的推及更是明智的、积极的。这充分地显示出了《周易》的大智慧。

---

① 《易·大有·象》。

② 《易·无妄·象》。

③ 同上。

④ 《易·小畜·象》。

⑤ 《易·大畜·象》。

⑥ 《易·大过》。

（二）"明时""变通"的处事法则

人生在世，为人难，处事也不易，《周易》在处事方面提出了"明时"与"变通"这两条重要的处事法则。《周易》认为，做事要"明时"，要考虑到"时"的因素，"时止则止，时行则行，动静不失其时"①，这是不能违背的处事原则。《周易》关于"明时"的观念来源于古人对自然的观察以及生产经验。古人看来，"日往则月来，月往则日来"有个时间的问题，"寒往则暑来，暑往则寒来"也是在时光的流逝中实现交替。春光明媚，夏日炎炎、秋风萧瑟，冬雪飘飞，一年中不同的时节呈现出不同的景象。在农业活动中，时令是其中一个关键性因素，何时应种植什么农作物，何时应收获什么农作物，一定不能含糊，否则，就会造成歉收甚至无收的后果，进而危及人们的生存。《礼记·月令》对"时"与人类活动的关系进行了详细的叙述，在不同的时节，天子应分别住什么地方，乘什么车马，穿何种颜色的衣服，吃什么，用什么，颁布什么政令，从事何种活动以及一般人应从事什么生产劳动，该干什么、不该干什么等，书中都有具体的规定。客观而论，《月令》的这些具体规定，有的缺乏科学依据，但这却突出地反映了古人明时、重时的观念。与《月令》相仿，《周易》对"时"的问题高度重视。"时"的观念在《易》经和《易》传中屡屡被叙及。例如，《乾·九三》曰："与时偕行"、《乾·上九》曰："与时偕极"、《丰·彖》曰："与时消息"、《坤·象》曰："时发"、《贲·彖》曰："时变"、《随·彖》曰："随时"、《无妄·象》曰："对时"、《遯·象》、《豫·象》、《姤·象》、《旅·象》皆曰："时义"、《睽·象》、《蹇·象》皆曰："时用"等。在《周易》一书中"时"被提及有47次之多。

《周易》明时、重时的观念，给了我们多重的启迪。其一，做事要合时宜，这就要求我们要认清现时的时节、形势，即"明时"，识时而行，顺时而为，顺应时代的潮流，做有益且有效之事。否

---

① 《易·艮·彖》。

则，做事不识时务，不合时宜，可能徒劳而无益，甚至贻笑大方。其二，做事要讲时效，讲时效就是要珍惜时间，讲求效率。古人尚且重时，在日新月异的现代社会，我们更应牢牢地树立时效观念。其三，做事要重时机，时机，无论是对国家、对民族或对个人来说都是非常重要的，把握了时机往往就把握了胜利。但时机常与我们擦肩而过，我们要更加重视时机和善于抓住时机，机不可失，时不再来。

　　"变通"是《周易》的重要思想，也是《周易》强调的一种处事方法。《周易》的变通思想基于其变化观。从某种意义上可以说，《周易》就是一部谈变化的书，它表现在如下方面，首先，从其书名之义看，"周"，一般认为是指周朝，至于"易"，孔颖达说："夫易者，变化之总名，改换之殊称。"① 程颐说："易也，随时变易以从道也。"② 朱熹也解释说："易，书名也，其卦本伏羲所画，有变易之义，故谓之易。"③ 可见，其书名之义即为周代的谈论变化的书。其次，从该书的原始功能来看，《周易》初为卜筮之书，后来才逐渐被人们赋予了更为广泛的意义。卜筮即通过一定的方式对国家或个人的未来进行预测，预测的着眼点当然是变化，如果事物不变化，预测就显得毫无意义。再次，从《周易》的爻、卦及其组合来看，整部《周易》就是围绕着64卦来进行论析的，而卦又是由爻组成的，因而爻和卦是《周易》的主要元素。爻分阴、阳两种，分别以符号"▅▅"、"▅"来表示。以三根爻任意上下排列组合，就生成了乾（☰）、坤（☷）、震（☳）、巽（☴）、坎（☵）、离（☲）、艮（☶）、兑（☱）八卦，分别象征天、地、雷、风、水、火、山、泽八种事物，这八卦又被称为八经卦。将八经卦中的相同或不同的两卦任意上下排列，共可得64别卦，这64别卦分别代表宇宙间的万事万物。由此可知，阴、阳爻的组合变化可化生成万事万物，"爻者，言

---

① 孔颖达：《周易正义》。

② 《周易程氏传》。

③ 朱熹：《周易本义》。

乎变者也"。① 另，卦的形成过程也是充满着变化的，"十有八变而成卦"②，成卦之后，很可能还要随着爻的改变而变成新的卦，是为"变卦"。此外，《周易》的传即"十翼"中也有大量的谈论变化的内容。

《周易》的变通思想建立于其变化观的基础上，但也蕴含着新的内容。何谓变通？《易·系辞》解释说："一阖一辟谓之变，往来不穷谓之通。"又说："化而裁之谓之变，推而行之谓之通。"可知，变即变化，变易之义（有时又含变革之义），通即通顺、畅通无阻。《周易》重视变通的功用，《易·系辞》叙述道："神农氏没，黄帝尧舜氏作，通其变，使民不倦。神而化之，使民宜之。易穷则变，变则通，通则久。"认为上古圣人进行一些变革和发明创造，是为了安民以及便利人民的生产和生活，穷尽时则变，变则通畅，通畅了，又可以维持一个长久的局面。《周易》尤其赞成合乎时宜的变通。它认为："变通者，趋时者也。"③"广大配天地，变通配四时。"④ 因此，它对历史上著名的"汤武革命"给予了很高的评价，它说："天地革而四时成，汤武革命，顺乎天而应乎人，《革》之时，大矣哉。"⑤ 在人生旅途上，我们在事业、工作、生活中所采取的某种方式事实证明行不通，此时，我们应"毋必、毋固"⑥，及时进行总结、变通或变革，以达到我们的预期目的，这就是《周易》给予我们的一条重要启示。

（三）寓意隽永的"警世通言"

《周易》于人生既有激励之语，也有警世之言，兹举数例如下。

"亢龙有悔"。据《易·乾》："初九，潜龙，勿用"；"九二，见龙在田，利见大人"；"九三，君子终日乾乾，夕惕若，厉无咎"；

① 《易·系辞》。
② 同上。
③ 同上。
④ 同上。
⑤ 《易·革·彖》。
⑥ 《论语·子罕》。

"九四，或跃在渊，无咎"；"九五，飞龙在天，利见大人"；"上九，亢龙，有悔"。

在这里，《周易》以龙来比喻君子，从初爻到上爻，素描了"龙"从潜伏到现于田、跃于渊、飞于天以至到极高的过程，以此来比喻人的事业由小到大，地位从低到高的过程。值得注意的是，"龙"从潜伏到飞于天，其爻辞或为"无咎"，或为"利"等，没有什么不好，而到了"上九"的位置时，却出现了"有悔"的推断。悔，有过失，不幸的意思，"极高曰亢"。为什么"亢龙有悔"？《易·乾·文言》解释说："子曰，贵而无位，高而无民，贤人在下位而无辅，是以动而有悔也。"又说："亢之为言也，知进而不知退，知存而不知亡，知得而不知丧，其唯圣人乎。知进退存亡而不失其正者，其唯圣人乎。"说明位高易脱离民众、骄躁冒进而产生不好的后果。

《周易》"亢龙有悔"的观点与其"极则反"的思想是一脉相通的。《周易》认为，事物的发展达到极点时，就会向相反的方面转化。例如，"否"处于"上九"的极高位时，就会"倾否，先否后喜"①；又，升而不已必受困，故受之以'困'，困乎上者必反下，故受之以'井'……"②就是说的这个道理。因此，当龙处于极高位而成为"亢龙"时，也将走向相反的方面，出现"悔"的情况。

《周易》"亢龙有悔"的警语给予我们的训诫是：第一，人居高位、高高在上时，易脱离群众，出现"高而无民"的情况，宜戒之；第二，人处高位，要明白"高处不胜寒"的道理，高位，既是权力集中的地方，也往往是矛盾集中的焦点，宜慎之；第三，高位，往往与成功、名气、鲜花相伴而来，此时，最容易产生骄傲自满情绪，稍不注意，就可能出现问题，甚至走向反面，成为"有悔"者。

"履霜，坚冰至"③。这句话的字面意思是，人在履霜之时，（随

---

① 《易·否·上九》。

② 《易·序卦》。

③ 《易·坤·初六》。

着自然气候的逐渐变化）寒冬将临，坚冰将至。然而，这句话表面谈自然，实际上论人生，寓意非常深刻，主要说明人事之吉凶皆由"渐"而来。对此，《易·文言·坤》有进一步的阐释："积善之家，必有余庆，积不善之家，必有余殃。臣弑其君，子弑其父，非一朝一夕之故，其所由来者渐矣。"《易·系辞》也谈道"善不积不足以成名，恶不积不足以灭身"，都是说明善、恶由小可以到大，有一个渐进的积累过程，强调"渐"和"积"这两个概念。

因此，《周易》进而提出了"知几"的观点，《易·系辞》说："其知几乎？几者，动之微，吉凶之先见者也。君子见几而作，不俟终日。……君子知微知彰，知柔知刚，万夫之望。"说明，事物的萌芽尽管很微弱，也透露出未来吉凶的趋向，因此，它要求人们"见几而作"。所谓"见几而作"，其含义是：发现问题的苗头要及时采取措施，缺点、错误要尽早地克服与改正，好的东西当然也要发扬光大。

见微知著，防微杜渐，"莫以善小而不为，莫以恶小而为之"，《周易》在这方面给予人们有益的训迪。

"谦，亨，君子有终。"① 在这里，"谦"是指谦虚，"亨"是指亨通，"终"是好结果的意思，说明，只要谦虚，就能亨通并获得好的结果。《周易》又说："劳谦君子，万民服也"②，即有功劳而谦虚的君子，是万民敬服的人。《周易》还分别从天道、地道、神道、人道来说明"谦"的道理："天道亏盈而益谦，地道变盈而流谦，鬼神害盈而福谦，人道恶盈而好谦。"③ 此外，《周易》还提出"谦谦"、"鸣谦"、"伪谦"等概念。并且，值得一提的是，《周易》"谦"卦六爻中，每爻的爻辞皆为吉与利，这种情况在《周易》64 卦中并不多见，这表现出它对谦虚这种品质的充分肯定和高度评价。翻开历史长卷，商汤、周文王、唐太宗等贤君谦卑谨慎、礼贤下士，或取得天

---

① 《易·谦》。

② 《易·谦·象》。

③ 同上。

下，或赢来了王朝的长治久安；而商纣王、隋炀帝等人，因骄横专断、暴虐臣民，反而使强盛的王朝毁于一旦。在历史上，有多少人谦虚谨慎、奋斗不懈，终成大业，又有多少人骄傲自满、目空一切，毁了前程！在人生道路上，谦虚谨慎、戒骄戒躁、自强不息，定能无往而不胜，这是《周易》给予人们的可贵训谕。

四　《周易》"自强不息"说析略

在中华民族的深层心理中，蕴藏着一种"自强不息"的精神。几千年来，这种精神一直激励着中国人民勤勉奋发、不屈不挠地去生活和斗争，它是中国人民创造出的璀璨的民族文化，并使之奇迹般地世代相传、连绵不断的精神动力。在我国古代的典籍中，最早明确地提出"君子自强不息"（以下简称"自强不息"）这一命题，并赋予它以丰富内涵的是《周易》。本文拟就《周易》"自强不息"说的立论依据、主要内容和深远影响略予分析和叙述。

（一）"自强不息"说的立论依据

《周易》的"自强不息"说是建立在"天人合一"的理论基础之上的。所谓"天人合一"，是我国古代哲学中对天人关系的一种重要观点，它强调"天道"和"人道"的合一，"天性"与"人性"的合一，"自然"和"人为"的合一，并主张人对"天"的积极效法。"天人合一"的思想在我国古代萌发得很早，有关"天人合一"的议论，散见于我国先秦的诸种典籍之中。《诗经》曰："天生蒸民，有物有则，民之秉彝，好是爵德。"① 这其中含有人们的善良德行来自天赋的意思；郑国大臣子产说："夫礼，天之经也，地之义也，民之行也。"② 这是从伦理道德的角度来讲天人关系，认为天地已具备了人伦道德的根据，天地人事间有相通、相同之处。孟子说："尽其心

---

① 《诗经·蒸民》。
② 《左传·昭公二十五年》。

者，知其性也，知其性则知天矣。"① 这里，"性"指人之本性，"天"指天之禀性，知道人的本性即知道天的禀性，可见，人性与天性是同样的东西。此外，《吕氏春秋》、《礼记·月令》等也有关于"天人合一"方面的议论。但一般说来，先秦典籍中有关"天人合一"方面的议论，显得零散，有的观点也不明朗。相比之下，《周易》对"天人合一"的叙述，内容较为丰富，观点也较为明朗。第一，《周易》提出了"天垂象，圣人则之"的思想，认为人们应该效法天地自然现象及其变化："是故天生神物，圣人则之，天地变化，圣人效之，天垂象，见吉凶，圣人象之，河出图，洛出书，圣人则之。"② 这样，就能做到"与天地相似，故不违"。③ 使得人事与天象保持一致。《易·系辞》还列举了包牺氏、神农氏、黄帝、尧舜等圣人观天象、观卦象而制器以利济天下万民的功绩，来说明"天人合一"的意义。第二，《周易》还明确地提出了"与天地合德"的思想，强调人们在"德"方面要与天地保持一致。它说："夫大人者，与天地合其德，与日月合其明，与四时合其序，与鬼神合其吉凶。"④ "德"在这里是品行、性质之意，可见，《周易》不仅要求人们在外部，即人事方面要与天合一，还要求人们在内部，即"德"的方面与天保持一致。

那么，天的"德"，亦"天道"、"天性"究竟是什么呢？古人所看到的天是春夏秋冬，周而复始，日月星辰，去而复来，循环往复、生生不已、运转不息的天："日往则月来，月往则日来，日月相推而明生焉，寒往则暑来，暑往则寒来，寒暑相推而岁成焉"⑤，同时，古人所看到的天又是雄健豪放，气势非凡的天："鼓之以雷霆，润之以风雨，日月运行，一寒一暑，乾道成男，坤道成女，乾知大始，坤作成物……"⑥ 因此，《周易》的作者提炼出一个字来概括"天道"，

---

① 《孟子·尽心上》。
② 《周易·系辞》。
③ 同上。
④ 《周易·文言》。
⑤ 《周易·系辞》。
⑥ 同上。

这就是"健"。既然"道"是"健",根据"天人合一"的观点,《周易》的作者就自然而然地推断出"人道",这就是"自强不息"。这样,就产生了一句千古箴言:"天行健,君子以自强不息。"①(天行,天道也)天德人德,天性人性、天道人道遂合为一体了。

(二)"自强不息"说的主要内容

怎样才能效法天道,做到"自强不息"呢?《周易》提出了"自强不息"所包含的几个方面的内容。

其一是刚论。《周易》常常将"健"与"刚"并称,例如:"大哉乾乎,刚健中正"②,"刚健而不陷"③等。何谓"刚"?《说文》曰:"刚,彊断也。"朱熹曰:"刚,坚强不屈之意,最人所难能者。"④可知,"刚"是刚强、坚强不屈之意,它是"自强不息"的核心所在,也是《易传》中出现的频率最多的词之一。《易传》一般被认为是战国时期儒家后学所作,我们不妨再来看看儒学鼻祖孔子有关"刚"的言论。在整部《论语》中,孔子只在三处提到"刚",而仔细思索,这三处"刚"论都颇具分量、意味深长。一曰:"枨也欲,焉得刚。"⑤意即申枨这个人貌似刚,但他欲望太重,配不上刚的荣称;二曰:"刚毅木讷近仁。"⑥认为刚毅质朴者,已接近于"仁"这个最高道德境界;三曰:"吾未见刚者。"⑦在孔子看来,能真正做到"刚"的人很少,它几乎成了一种可望不可即的崇高美德。毋庸置疑,孔子对"刚"的推崇,予《易传》作者以深刻的影响。值得注意的是,《周易》虽然推崇"刚",但同时又认为,"刚"也要适中,不能太过,否则就不吉利,因而,《周易》常常将"刚"和"中"连

---

① 《易·乾·象》。

② 《周易·系辞》。

③ 《易·需·彖》。

④ 朱熹:《四书集注》。

⑤ 《论语·公治长》。

⑥ 《论语·子路》。

⑦ 《论语·公治长》。

在一起用，例如"刚中而应"、"刚中而志"、"刚中而志行"、"以刚中也"等，此间，受"中庸"思想的影响又显而易见。

其二是勤勉，孔子说："天何言哉？四时行焉，百物生焉！"《易传》也多处描绘天体运行，循环往复而不停息的图景，在古人看来，天是默默无闻、勤勉劳作、生生不息的，因此，要效法天以做到"自强不息"，很重要的一点就是要勤奋努力。《易经》提倡："君子终日乾乾"①，"乾乾"即勤勉努力之意。《易经》对"终日乾乾"这句话作了诠释，《易·乾·象》曰："终日乾乾，反复道也"，认为"终日乾乾"是指君子反复行道而不懈；《易·文言》曰："终日乾乾，行事也"、"终日乾乾，与时偕行"。认为"终日乾乾"是指君子勤奋地从事自己的事业，与时俱进不息。

其三是困而发愤。《周易》认为，人们不仅在顺境中要"自强不息"，在可能遇到的逆境、困境中，仍然应该做到"自强不息"。要做到这一点，《周易》认为，首先，要做到"困而不失其所"。② 尽管处于艰难险恶的环境，但却不能丧失自己的人格，也不能自暴自弃、泯灭自己的志向，应"穷且益坚，不坠青云之志"。《周易》还拿"蠖"这种小动物来作比喻："尺蠖之屈，以求信也。"③（信，伸也）鼓励人们在困境中不气馁，以屈待伸，以屈求伸。在"困而不失其所"的基础上，《周易》进一步要求人们在困境中要发愤遂志。《易·困·象》曰："泽无水，困，君子以致命遂志。""困"的卦象是下"坎"上"兑"，坎为水，兑为泽，此卦象显示水在泽下，水在泽下即意味着泽中无水，泽中无水，则泽中生物处于困险之境，故此卦名为"困"。《周易》认为，君子处于困境时，应其身愈困，其志愈坚，奋斗不息，甚至舍弃生命以实现志愿。

其四是穷则变通。"自强不息"是一种激励人们不断前进和追求的积极精神，但是，当前进的道路壅塞了、行不通了，或者道路已经

①《易·乾·九三》。

②《易·困·象》。

③《易·系辞》。

走到了尽头，又该怎样做到自强不息、前进不已呢？《周易》提出了"穷则变通"的思想，它说："易，穷则变，变则通，通则久。"① 穷尽时则加以变化，变化了道路就通畅，通畅了又可继续前进，事业才可长久。《周易》列举了历史上一些"圣人"和"贤君"变通、变革的实例。"包牺氏没，神农氏作，斫木为耜，揉木为耒，耒耨之利，以教天下，盖取诸《益》。日中为市，致天下之民，聚天下之货，交易而退，各得其所，盖取诸《噬嗑》。神农氏没，黄帝、尧、舜氏作，通其变，使民不倦，神而化之，使民宜之"。② 这是在经济上的创造和变通。"天地革而四时成，汤武革命，顺乎天而应乎人，革之时，大矣哉！"③ 这是在政治上的进步与变革。这些"圣人"和"贤君"，在前进的道路上，勇于兴利除弊、变通变革，扫除了前进道路上的障碍，表现出了他们的"自强不息"精神。

（三）"自强不息"说的深远影响

我国古代人民很早就表现出了一种"自强不息"的精神，而《周易》在我国历史上第一次用文字把这种精神概括出来，并将它的内容叙述出来，这就大大地促进了这种精神的传播、弘扬。尤其是儒学在西汉获得独尊地位之后，随着作为儒家五经之首的《周易》的广泛流传，《周易》提出的"自强不息"精神也日益广泛地传播，逐渐地根植于中华民族的心灵深处，成为中华民族最重要的精神支柱之一。这种精神，在中国人民创造历史的进程中起到了积极的促进作用。

最早提出"自强不息"精神的是儒家，而儒家学派本身也正是在这种精神的激励下，克服万千困难，取得独尊地位的。儒学创于春秋时期，当时，它只是"百家"中的一家，而且，孔子的那一套理论在当时不大受欢迎。孔子一生率领他的门徒周游于列国，以宣传其学

---

① 《易·系辞》。

② 同上。

③ 《易·革·彖》。

说，可谓勤矣，虽四处碰壁、屡遭困厄，然而其志至死不改，可谓"刚"、可谓"致命遂志"矣！孔子死后，他的弟子们继承了他的事业和精神，虽遭"焚书坑儒"灭顶之灾也不退缩，前仆后继，经过数代人的努力，终于使儒学在汉武帝时取得了独尊的地位。我国古代许多优秀文化典籍的创作，也深刻地体现出"自强不息"的精神，司马迁曾十分感慨地说："西伯拘而演《周易》，仲尼厄而作《春秋》；屈原放逐，乃赋《离骚》，左丘失明，厥有《国语》；孙子膑脚，《兵法》修列，不韦迁蜀，世传《吕览》，韩非囚秦，《说难》、《孤愤》。《诗》三百篇，大氐贤圣发愤之所为作也。"① 正是这种世代流传的困而发愤、自强不息的精神，激励着司马迁在遭受宫刑，精神上、肉体上受到巨大的打击和折磨的厄境中，写出了被誉为"史家之绝唱、无韵之《离骚》"的千古不朽的名著——《史记》。

在"自强不息"的精神激励下，中国人民勤奋努力，创造出举世瞩目的中国文明。中国人民刚强不屈，富有斗争精神，几千年来，中国人民反抗腐朽统治的斗争此起彼伏，连绵不断，不惜抛头洒血。"发如韭，割复生，头如鸡，斩复鸣"，形象地表现出中国人民这种奋斗不已、自强不息、视死如归的精神。中华民族之所以能够长期居于世界民族之林，中国文化之所以能够延续几千年而不中断，"自强不息"精神实乃其中的巨大动力。

五 老庄与民俗

作为我国古代杰出思想家的老庄，虽然不是民俗学家，但其著作中还是蕴含了我国先秦时期民俗方面的许多重要信息。它们主要表现在两个方面，一是其著作中记载了不少先秦民俗事象；二是其著作流露出他们对民俗的某些认识，亦即民俗思想。关于老庄与民俗关系方面的研究虽有了一些初步的成果，但总体看来还非常薄弱。本文拟对老庄与民俗的关系进行叙述和探索，以期进一步引起学者对这一问题

---

① 《汉书·司马迁传》。

的重视。

（一）老庄笔下的先秦民俗事象

老庄的笔下呈现出丰富多彩的先秦民俗事象。

1. 生产民俗方面

生产民俗是民俗的重要方面，《庄子》一书反映出先秦时期的一些生产民俗。例如，《庄子》记载了"庖丁解牛"的故事。

庖丁为文惠君解牛，手之所触，肩之所倚，足之所履，膝之所踦，砉然响然，奏刀騞然，莫不中音。合于《桑林》之舞，乃中《经首》之会。文惠君曰："嘻，善哉！技盖至此乎？"庖丁释刀对曰："臣之所好者道也，进乎技矣。始臣之解牛之时，所见无非牛者。三年之后，未尝见全牛也。方今之时，臣以神遇而不以目视，官知止而神欲行。依乎天理，批大郤，道大窾，因其固然。技经肯綮之未尝，而况大軱乎！良庖岁更刀，割也；族庖月更刀，折也。今臣之刀十九年矣，所解数千牛矣，而刀刃若新发于硎。彼节者有间，而刀刃者无厚；以无厚入有间，恢恢乎其于游刃必有余地矣，是以十九年而刀刃若新发于硎。"①

文中描述了庖丁解牛的高超技艺，并且说明了这样一个道理：只要反复实践，掌握了事物的客观规律，在工作和事业中就能得心应手，运用自如，而问题也就能迎刃而解。这其中蕴含的哲理本文不欲展开叙述，而当我们换一个角度来审视该故事时，却发现它反映出当时的一个重要的民俗事象。"庖丁"文中所透露的重要信息是：庖丁十九年"解"数千头牛，年"解"亦数百头，而庖丁并非唯一的解牛者。可以想见：其一，屠宰的牛数量如此之多，可见当时的养牛生产已成习俗；其二，与此相关，宰牛亦成一种行业及习俗；其三，由于养牛及宰牛行业的发展及其技艺的进步，以致出现了像庖丁那样在

① 《庄子·养生主》。

"解"牛时目无全牛、"合于桑林之舞"、出神入化、游刃有余的高手，展现出一种新的生产民俗。

在先秦尤其是在春秋战国时期，有一个很有意思的文化现象，即人们的姓或名往往与当时所发生的社会经济变迁相关联。例如，在春秋时期，牛耕的逐步推广，导致生产力水平的提高，牛耕这一民俗现象遂反映在当时人们的姓名中，例如，在孔子的弟子中，有一位弟子姓冉，名耕字伯牛，还有一名弟子名叫司马耕，字子牛。同样的道理，在《庄子·让王》篇中，出现了一个姓屠羊名说的人，并且，他自己还反复声称"屠羊之肆"、"屠羊之利"等，有了以"屠羊"为姓的人，可见，当时屠羊已经成为了一种职业；而由此反观出在当时的社会上，养羊一事已经蔚然成风成俗。

2. 生活习俗方面

《庄子》一书从多方面反映出当时丰富的生活民俗。

一是衣饰。据《庄子·逍遥游》："宋人资章甫适诸越，越人短发文身，无所用之。"

说的是有个宋国人采购了一批帽子到越国去卖，越人的风俗是剪断长发，身刺花纹，帽子对他们毫无用处。看来很轻松的一句话，却透露出先秦民俗的重要信息。即记载了当时的越人"短（断）发文身"的习俗，

先秦文献中有不少关于越人"短（断）发文身"习俗的记载，例如："大伯端委以治周礼，仲雍嗣之，断发文身，裸以为饰，岂礼也哉。"[1] "东方曰夷，被发文身，有不火食者矣。"[2] "九疑之南，陆事寡而水事众，于是人民断发文身，以象麟虫"[3] 等。

此后，文献中也不乏类似的记载，例如，东汉曹操《善哉行》中就有这样的诗句："太伯仲雍，王德之仁。行施百世，断发文身。"

断发文身是中国古代越族的一种文化习俗，直至近代，这种习俗

---

① 《左传·哀公七年》。

② 《礼记·王制》。

③ 《淮南子·原道训》。

仍旧残存在海南黎族、台湾高山族等民族中。《庄子》的这一记载，恰好印证了古代越族的这一带有神秘色彩的民俗。

二是饮食及中药。据《庄子·齐物论》："民食刍豢。"什么是"刍豢"？"刍，野蔬，豢，家畜。"①《孟子》一书中也有"刍豢之悦我口"的文字，由此可窥见当时食野疏、家畜的饮食民俗。

除饮食外，《庄子》书中还反映了当时的药俗。据《庄子·徐无鬼》："药也，其实堇也，桔梗也，鸡瘫也，豕零也，是时为帝者也，何可胜言！"堇，乌头；鸡瘫，芡草；豕零，猪苓；再加上桔梗，庄子一口气说出这四种中药的名称。文中"为帝者"是做主药的意思，文中意为：乌头也好，桔梗也好，芡草也好，猪苓也好，这几种药更换着作为主药，怎么可以说得完呢？这反映出我国传统中医中的药分主次的思想。

又，据《庄子》："宋人有善为不龟手之药者世世以洴澼絖为事。客闻之，请买其方百金。"② 可知，当时在民间流传着防冻手之药，且因其质优效果好而价值"百金"。

三是斗鸡。"斗鸡"既指以鸡相斗的活动，也指参与这种活动的鸡的品种。斗鸡在我国已经有两千多年的历史，其记载最早见于《左传》："季、郈之鸡斗，季氏介其鸡，郈氏为之金"③（意为季平子将芥末撒在它的斗鸡的翅膀上，郈氏则在他的斗鸡翅膀上扎上金属刀子）。先秦文献中有关斗鸡的具体记载并不多见，而在《庄子》一书中，却有着几则有关斗鸡方面的重要记载。据《庄子·说剑》："此庶人之剑，无异于斗鸡。"又据《庄子·达生》："纪渻子为王养斗鸡。十日而问：'鸡已乎？'曰：'未也，方虚憍而恃气。'十日又问，曰：'未也，犹应向或响景。'十日又问，曰：'未也，犹疾视而盛气。'十日又问，曰：'几矣。鸡虽有鸣者，已无变矣，望之似木鸡矣，其德全矣，异鸡无敢应者，反走矣。'"可见在当时，不仅还存

---

① 王先谦：《庄子集解》。

② 《庄子·逍遥游》。

③ 《左传·昭公二十五年》。

在着"斗鸡"的习俗，且对斗鸡本身的观察也十分细致。

四是养虎。在庄子时代，社会上不仅斗鸡成风，甚至还有养虎的习俗。据《庄子·人间世》："汝不知夫养虎者乎？不敢以生物与之，为其杀之之怒也；不敢以全物与之，为其决之之怒也。时其饥饱，达其怒心。虎之与人异类而媚养己者，顺也；故其杀者，逆也。"

作者指出，养虎人不用活动物去喂养老虎，因为他担心扑杀活物时会激起老虎凶残的怒气；他也不用整个的动物去喂养老虎，因为他担心老虎撕裂动物时会诱发其凶残的怒气。作者还分析到，老虎向饲虎人摇尾乞媚，原因是养虎者能顺应老虎的性子；而那些遭到老虎虐杀的人，是因为其触犯了老虎的性子。从这段叙述中可以看出，作者对老虎的习性了解得十分清楚而具体，无疑，这是经过对老虎的长期而细致观察的结果。设想如果没有圈养的虎及养虎者，这些细致观察的获得是不可能的。可见，当时养虎的习俗已经出现。

五是相术。春秋战国时期还流传看相的习俗，称为相术。相术又可分为两大类，一是相人，二是相动物。《庄子·徐无鬼》："子綦有八子，陈诸前，召九方歅曰：'为我相吾子，孰为祥？'九方歅曰：'梱也为祥。'子綦瞿然喜曰：'奚若？'曰：'梱也将与国君同食以终其身……'"这是《庄子》所记载的相人的故事。

又据《庄子·徐无鬼》：

徐无鬼曰："尝语君，吾相狗也。下之质执饱而止，是狸德也；中之质若视日，上之质若亡其一。吾相狗，又不若吾相马也。吾相马，直者中绳，曲者中钩，方者中矩，圆者中规，是国马也，而未若天下马也。天下马有成材，若恤若失，若丧其一，若是者，超轶绝尘，不知其所。"武侯大悦而笑。

这是《庄子》笔下相狗马的叙述，通过这段对狗马品相的具体描述，可知，对狗马等动物的面相要求已经达到一个较高和较精细的境地，由此可见当时相动物习俗的盛行。

相人的相术出现的较早，乃至在《荀子》一书中专列一章《非相》，对其负面效应进行了抨击。至于相动物之俗，先秦文献的记载不是太常见（春秋时"伯乐相马"一事记载于汉代韩婴及唐代韩愈的文集中）。因而，《荀子》的记载对于我们了解先秦时期的风俗相术具有一定的参考价值。

六是吊丧、哭丧。据《庄子·养生主》：

> 老聃死，秦失吊之，三号而出。弟子曰："非夫子之友邪？"曰："然"。"然则吊焉若此，可乎？"曰："然。始也吾以为其人也，而今非也。向吾入而吊焉，有老者哭之，如哭其子；少者哭之，如哭其母。彼其所以会之，必有不蕲言而言，不蕲哭而哭者。是遁天倍情，忘其所受，古者谓之遁天之刑。适来，夫子时也；适去，夫子顺也。安时而处顺，哀乐不能入也，古者谓是帝之县解。"

又，《庄子·至乐》：

> 庄子妻死，惠子吊之，庄子则方箕踞鼓盆而歌。惠子曰："与人居，长子老身，死不哭亦足矣，又鼓盆而歌，不亦甚乎！"庄子曰："不然。是其始死也，我独何能无概然！察其始而本无生，非徒无生也而本无形，非徒无形也而本无气。杂乎芒芴之间，变而有气，气变而有形，形变而有生，今又变而之死，是相与为春秋冬夏四时行也。人且偃然寝于巨室，而我噭噭然随而哭之，自以为不通乎命，故止也。"

从这些材料可知，在当时，人死之后，亲人、朋友不仅要前来吊丧，而且要痛哭，乃至"三号而出"，而如庄子之妻死后庄子不哭的行为，则要遭到人们的诟病。

据《礼记》①："惟哭先复，复而后行死事。始卒，主人啼，兄弟

---

① 《礼记·丧·大记》。

哭，夫人哭踊"；"奔丧之礼，始闻亲丧，以哭答使者尽哀，问故，又哭尽哀遂行"①；"哭泣辟踊跃，尽哀而止"②；"丧礼惟哀为主"③；等等，可知，先秦时期的吊丧、哭丧是一种很普遍的民俗，而老庄的叙述，恰恰为这一民俗进行了具体的描述。

3. 民间信仰习俗

我国民间信仰民俗源远流长，早在先秦时期就出现了多方面的民间信仰，并且，对后世有着深刻的影响。对于先秦时期的民间信仰，老庄著作中有较为丰富的记载。

（1）祭祀河神

先秦时期存在着祭祀河神的习俗，相《史记》记载的战国时期西门豹治邺的故事，讲述了巫婆与地方官神勾结利用祭祀河神的习俗以敛财，最后遭到西门豹的挫败与惩罚。④《庄子》⑤ 也记载了当时祭祀河神的习俗："故解之以牛之白颡者，与豚之亢鼻者，与人之有痔者，不可以适河。此皆巫祝以知之矣，所以为不祥也，此乃神人之为大祥也。"

适河，在这里是祭祀河神之意，解，排除，据郭云的解释："巫祝解除也。"此句大意为：高额头的牛、高鼻子的猪以及患有痔疮的人，三者被巫祝排除在祭祀河神的对象之外。由此可知，在庄子所处的战国时期，祭祀河神的风俗还较为盛行，其祭品有牛、猪甚至人。

（2）社树与土地崇拜

《庄子·人间世》："匠石之齐，至乎曲辕，见栎社树。其大蔽数千牛，絜之百围。"这里，巨大的栎树是作为"社树"来崇拜的。"社"，是指土地神，古代封土为社，各随其地所宜种植树木，称社树。据《周礼》："二十五家为社，各树其土所宜之木。"可知，以一定的户数作为建社的单位，并种植"其土所宜之木"已经成为一种

---

① 《礼记·奔丧》。

② 《礼记·问丧》。

③ 同上。

④ 《史记·滑稽列传》。

⑤ 《庄子·人间世》。

制度化的民俗。《庄子》的这一记载反映出当时的土地神崇拜及其多元的（包括以树为神主的）表现形式。至于该社树的巨大也说明该树的树龄以及社树这一风俗的悠久历史。

（3）神仙信仰

神仙信仰是中国古代民间信仰中的一大特色，后来成为道教创建的重要理论源泉。在《老子》中就有神奇之人的记载，说："盖闻善摄生者，陆行不遇凶虎，入军不被甲兵。凶无所投其角。虎无所用其爪。兵无所容其刃。夫何故？以其无死地。"① 这不是神仙是什么？至少也是半人半仙者。《庄子》一书中，对神仙的描述不仅多处出现，而且描述得非常生动和具体。例如：

《庄子·逍遥游》："藐姑射之山，有神人居焉。肌肤若冰雪，淖约若处子，不食五谷，吸风饮露，乘云气，御飞龙，而游乎四海之外；其神凝，使物不疵疠而年谷熟。"

《庄子·齐物论》："至人神矣！大泽焚而不能热，河汉沍而不能寒，疾雷破山飘风振海而不能惊。若然者，乘云气，骑日月，而游乎四海之外。死生无变于己，而况利害之端乎！"

《庄子》笔下的神人、至人乘云气，御飞龙，骑日月，游乎四海之外，超脱死生，与后世道教及民间信仰中的神仙无异。

又，据《庄子·大宗师》："伏戏氏得之，以袭气母；维斗得之，终古不忒；日月得之，终古不息；堪坏得之，以袭昆仑；冯夷得之，以游大川；肩吾得之，以处大山；黄帝得之，以登云天；颛顼得之，以处玄宫；禺强得之，立乎北极；西王母得之，坐乎少广，莫知其始，莫知其终；彭祖得之，上及有虞，下及五伯；傅说得之，以相武丁，奄有天下，乘东维，骑箕尾，而比于列星。"

庄子一口气说出了一大堆名字，其中，如黄帝、彭祖、西王母等都是后世神仙谱中的重要神仙。

老庄的叙述，不仅为我国民间信仰中的神仙信仰奠定了思想基础，而且，他们笔下的一些"神仙"直接成为此后民间信仰中的重

---

① 《道德经·五十章》。

要神明。这与庄子的描绘有一定的关系。

（4）"巫"的信仰

信巫之风在春秋战国时期很盛，如《左传·成公十年》记载之桑田巫，《左传·襄公十六年》记载的梗阳之巫皋以及宋玉《招魂》中之巫阳等。

在《庄子》一书中，多次提到季咸这个人物，并称之为神巫。据《庄子·应帝王》："郑有神巫曰季咸，知人之死生存亡、祸福寿夭，期以岁月旬日，若神。郑人见之，皆弃而走。"可见当时巫风俗之盛，而"郑人见之，皆弃而走"，则同时又描绘出当时人们既信奉巫，又"唯恐言其不吉"的心态。

（5）卜筮占梦

卜筮是先秦时期人们的重要习俗，这方面在《庄子》书中得到反映，如《庄子·庚桑楚》借老子之口："老子曰：'卫生之经，能抱一乎？能勿失乎？能无卜筮而知后世乎。'"意即，养护生命的常规，能够使身形与精神浑一和谐吗？能够不失却真性吗？能够不求助于卜筮而知道吉凶吗？在这里；老子是正话反说，说明当时运用卜筮来预测吉凶的人与事非常多，另据《庄子·则阳》："狶韦曰：'夫灵公也死，卜葬于故墓不吉，卜葬于沙丘而吉。掘之数仞，得石椁焉，洗而视之，有铭焉'，曰：'不冯其子，灵公夺而里之。夫灵公之为灵也久矣，之二人何足以识之。'"记载了春秋战国时期的"卜葬"，即下葬前通过占卜的方式以确定下葬的时间、地点等的风俗。

《庄子》还记载了当时占梦的风俗，据《外物》：

> 宋元君夜半而梦人被发窥阿门，曰："予自宰路之渊，予为清江使河伯之所，渔者余且得予。"元君觉，使人占之，曰："此神龟也。"①

另外，据《道德经》："天地不仁，以万物为刍狗，圣人不仁，

---

① 《庄子·外物》。

以百姓为刍狗。"① 刍狗，祭祀时用的草扎成狗，老子很随意地以"刍狗"为例来阐述其观点，可知当时以"刍狗"作为祭祀用品这一风俗是较普遍的。

（二）老庄的民俗思想

在老庄的著作中，不仅有对当时民俗的描述，也表现出其民俗思想。

1. 老庄的民俗观

（1）自然、淳朴之民俗观

老庄提倡一种自然、淳朴的民俗观。

首先，他们向往着一种社会经济还很不发达的上古时的淳朴民俗生活。

庄子对此描述道：

> 彼民有常性，织而衣，耕而食，是谓同德；一而不党，命曰天放。故至德之世，其行填填，其视颠颠。当是时也，山无蹊隧，泽无舟梁；万物群生，连属其乡；禽兽成群，草木遂长。是故禽兽可系羁而游，鸟鹊之巢可攀援而窥。②

> 夫至德之世，同与禽兽居，族与万物并，恶乎知君子、小人哉？同乎无知，其德不离；同乎无欲，是谓素朴；素朴而民性得矣。③

在庄子眼中，在这种上古社会，人们简单地劳动，简单地生活，不结党营私，民风淳朴，是一种"至德之世"。而在这种至德之世，交通闭塞，自然生态良好，人与自然和谐地相处。庄子把符合自然之道的民俗生活与素朴守真的人性理念相结合，为我们构想了一个自

---

① 《道德经·五章》。
② 《庄子·马蹄》。
③ 同上。

然、原始、淳朴、常性、天放的理想国。

庄子还写道："至德之世，不尚贤，不使能；上如标枝，民如野鹿；端正而不知以为义，相爱而不知以为仁，实而不知以为忠，当而不知以为信；蠢动而相使，不以为赐。是故行而无迹，事而无传。"①

显然，庄子推崇一种人们自由自在的生活，不受礼义忠信等观念束缚的民俗生活。

老子说："小国寡民。使有什伯之器而不用。使民重死而不远徙。虽有舟舆无所乘之。虽有甲兵无所陈之。使民复结绳而用之。甘其食、美其服、安其居、乐其俗。邻国相望，鸡犬之声相闻。民至老死不相往来。"② 即认为，民俗生活要淳朴、简单，宁静、祥和、愉悦、顺应自然。庄子亦写道："结绳而用之，甘其食，美其服，乐其俗，安其居，邻国相望，鸡狗之音相闻，民至老死不相往来。若此之时，则至治已。"③ 又提出"乐其俗，从其俗"。两者的思想观点如出一辙，就连文字都大致相同，表现出老庄推崇的简朴的劳动与生活，不赞同人与人之间的联系、交往，不赞同人的社会化的自然民俗观。

老庄认为凡事包括民俗应该是朴素而简约的，所谓"以深为根，以约为纪"（《庄子·天下》），即以深玄为德之本根，以俭约为行之纲纪。庄子还说："无为也而笑巧"（《庄子·天下》），即认为无为似拙而可以笑彼巧者。

老庄的自然民俗观还包括"随俗"的思想，《庄子·寓言》：颜成子游对东郭子綦说："自从我听了你的谈话，'一年而野，二年而从'，即一年之后返归质朴，两年之后就顺从世俗。"

（2）人性之民俗观

老庄认为，民俗要符合人性。在这方面，庄子提出"不累于俗"（《庄子·天下》），即不为流俗所牵累的思想，又提出"离世异俗"的思想："刻意尚行，离世异俗"（《庄子·刻意》），即磨砺心志，崇

---

① 《庄子·天地》。

② 《道德经·八十章》。

③ 《庄子·胠箧》。

尚修养，超脱尘世，不同流俗。或可理解：不随波逐流；不拘泥于旧俗。又提出："不为穷约趋俗"，认为有修养的人不会因高官厚禄的到来放肆志性，也不因为穷困就趋炎附势，不可因为穷困贫乏而趋附流俗。他说："丧己于物，失性于俗者，谓之倒置之民。"认为，在物欲中丢掉自己本性的人，在世俗中丧失自己德性的人，叫做不知本末轻重的人，就是颠倒了本末的人。

庄子反对将人性受制于世俗，说："缮性于俗学，以求复其初；滑欲于俗思，以求致其明；谓之蔽蒙之民。"意为用世俗之学来修治本性，以求恢复本来的状态；用世俗的观念调整情欲物欲，以求达到明通；这就叫做受蒙蔽之人。

这里，特别要予以重视的是庄子"成教易俗"的思想。庄子写道："季彻曰：'大圣之治天下也，摇荡民心使之成教易俗，举灭其贼心而皆进其独志，若性之自为。'"①

庄子提倡要遵从人的本性，"使之成教易俗"，意为，要使老百姓的思想自由自在，不受拘束。如何"成教易俗"呢，庄子认为关键是要"举灭其贼心"，"进其独志"，独志，为人的自然之性亦即本性，即要把自己的心性打扫干净，还原人的本性，让人的生活乐在自己的情趣之中，而不为有的世俗所惑。

老庄之人性之民俗观与其自然淳朴之民俗观，表面看来有点相抵触，其实两者是相通的。既然"人法地，地法天，天法道，道法自然"，则人性一方面应该效法自然，另一方面人性本身也是自然的东西，应该得到尊重，进而推之，民俗也不能是勉强的，应该是自然的，并且应符合、尊重人的本性。

总之，老庄既重视民俗的自然性，同时，又提倡民俗也要符合人性，而且这两者其实质是一致的。人性贵自然，民俗亦贵自然。

（3）关于民俗的起源与特征

老庄还探讨了民俗的起源与特征。庄子说："合十姓百名而以为

---

① 《庄子·天地》。

风俗也，合异以为同，散同以为异。"① 这句话意味深长。第一，它揭示了风俗的起源，所谓"十姓百名"是泛指民众，即民众的所为就形成了风俗；第二，指出了民俗的几个特征，一是群体性（或集体性）特征，民俗非一两个人之事，而是"十姓百名"之共同事象，"合异以为同"也是对民俗群体性特征的进一步阐述；二是"散同以为异"即对群体之中所包含的个体差异予以认可，民间谚语中"十里不同风，百里不同俗"，实际上与庄子此语是一脉相传的。庄子又说："世俗之人，皆喜人之同乎己。"这句话也颇有探寻民俗产生之源的意蕴：既然"世俗之人"即民众都有喜欢人们"同乎己"的心理，这就奠定了民俗群体性的心理基础。

2. 老庄民俗思想的哲学根源及其对后世的影响

老庄民俗思想的主流是自然民俗观，而这种民俗思想并非是自然天成的，而有其深厚的哲学思想的根基。

老庄思想的核心是"道"，在老庄的观念中，道是一种很玄妙的东西，它看不见、摸不着但又无处不在："道之为物，惟恍惟惚，惚兮恍兮，其中有象。恍兮惚兮，其中有物。窈兮冥兮，其中有精。其精甚真。其中有信。"② 它是万物之源："道生一，一生二，二生三，三生万物。"③ 又是自然界与人类社会中最高的法则："人法地，地法天，天法道，道法自然。"④ 可见，道的核心含义是"自然"。

因此，老庄的民俗思想中，第一位的是强调民俗的自然性：顺其自然，不强求，不刻意，不粉饰，这又表现出一种淳朴的特征。

根据"人法地，地法天，天法道，道法自然"可知，人效法的终极对象还是"道"与"自然"，因此，就这个意义而言，人性也是"天性"，亦复归到"道"及"自然"。

可见，无论是老庄民俗思想中的自然淳朴之民俗，还是人性之民

① 《庄子·则阳》。

② 《道德经·二十一章》。

③ 《道德经·四十二章》。

④ 《道德经·二十五章》。

俗，其思想根源仍然是"道"。

老庄有些思想虽然不是直接谈民俗，但却是后世民俗重要的思想根源，对后世产生了一定的影响。

例如，"破财消灾"民俗。不少地方的民俗事象中表现出这样的情况：损失了钱财，有的反而高兴，说破财消灾，有的甚至主动地"破财"，这个民俗其思想根源仍与老庄思想有关。

老子看到了世界的万事万物都不能孤立的存在，它们是相反相成的，如长短、高下、美丑、有无、难易、祸福、刚柔、损益、大小、生死、进退、荣辱等，认为这些矛盾都是对立统一的，任何一方面都不能孤立存在，而须相互依存，他还认识到矛盾的双方可以相互转化："祸兮福之所倚，福兮祸之所伏"①，又说："反者道之动"②（事物往往会向相反的方向发展、转化），"将欲取之，必固与之"③（先抑后扬）。

既然事物会向相反的方面转化，减损一点，破点财，可能反而是好事，有益于未来。祸福相倚，祸福转化，贬损以保平安。

老庄思想对后世民俗的影响还表现在其"善"的观念。老庄著作中强调善行善举。例如：

"是以圣人常善救人，故无弃人。常善救物，故无弃物。是谓袭明。"④

"天之道利而不害。圣人之道为而不争，民之饥以其上食税之多，是以饥。"表现出对民众身负沉重的苛捐杂税的怜悯之心和善意。

"天道无亲常与善人"⑤（自然规律对任何人都不偏爱，永远帮助有德的善人）。

在中国传统文化中，善行善举历来是民众所公认的道德界限，这种观念早已融入了诸多民俗之中，例如修桥补路、赈济贫困、扶助鳏

---

① 《道德经·五十八章》。
② 《道德经·四十章》。
③ 《道德经·三十六章》。
④ 《道德经·二十七章》。
⑤ 《道德经·七十九章》。

寡孤独等，老庄关于善的理念与提倡，也是构成这一民俗的重要思想根源之一。

（三）结语与进一步的思考

老庄著作中描写了较为丰富的先秦民俗事象，其中，既包括生产民俗，也有生活民俗及民间信仰，有的描绘的较为细致，有的虽笔墨不多但还是能使我们了解到两千多年前我国民俗的一些方面的情况，对于我们的民俗史研究有着一定的价值。值得注意的是，老庄并非民俗学者，其著作中有关民俗事象的记载是为阐述其思想的需要，因而也就不排除其中有着夸大乃至随意编写的内容，其中不少是寓言。

老庄的民俗思想主要表现在其自然、淳朴的民俗观以及人性的民俗观，其实，两者侧重点看似不一，但实质上还是相贯通的，它们的根源还是来自老庄"道"的思想。因为"道"是效法自然的，因此，老庄认为，人们包括其民俗也应该遵循"道"：自然、淳朴；同时，老庄认为，人性也应该是自然、质朴的人性，所以，自然的民俗与人性的民俗实为殊途同归。毋庸置疑，老庄的思想对后世民俗产生了一定的影响。

通过进一步的思考，对某些问题可以得出一些新的认识。

其一，老庄作为道家学派的代表与以孔孟为代表的儒家学派的民俗思想有何相同或相异之处？笔者认为，其相同之处一是老庄与孔孟都重视作为民俗主体的"民"。老庄赞同人性之民俗，实际上包括了对"民"的重视；孔子提倡"仁"、"仁者爱人"、"四海之内皆兄弟也"，也蕴含了对广义的"民"的推重。孟子的重民思想非常显露，他认为，天下的得失兴衰，与民心的向背关系密切。孟子指出："桀纣之失天下也，失其民也；失其民者，失其心也。得天下有道：得其民，斯得天下矣；得其民有道：得其心，斯得民矣；得其心有道：所欲与之聚之，所恶勿施尔也。"① 又说"得乎丘民而为天子"②。正因为孟子看到了民众

---

① 《孟子·离娄上》。

② 《孟子·尽心下》。

在历史上治乱盛衰中的重要作用，因此，他敢于大胆地说出"民为贵，社稷次之，君为轻"① （《孟子·尽心下》）这样的话。并且，把"人民"作为统治者必须倚重的"三宝"之一。相同之处二是民俗的俗也是孔孟及老庄笔下浓墨重彩的书写内容。相同之处三是善的观念，孔孟是极力主张善的，孟子甚至提倡性善说，老庄亦然。相异之处：孔孟所主张的民俗，是一种礼教的民俗，君臣上下、等级有序的民俗，而老庄提倡的是一种无等级礼仪、素朴自然的民俗。

其二，研究古人的民俗思想有无意义？民俗学虽为现代之学，但民俗并非一朝一夕形成的，它有着深厚的历史底蕴，并且，犹如一条川流不息的河流，现实与历史也是割不断的。要深刻了解当代的民俗，更好地保护优秀的传统民俗，也应对其花一番追根溯源的功夫，才能更好地对民俗予以理解、阐释和保护。

其三，老庄的民俗思想有无值得借鉴之处？老庄自然的、人性的民俗思想，对于我们尊重作为民俗主体的"民"是有启迪意义的；而老庄的无为思想，对于遏制当今为追求所谓的经济效益而肆意破坏民俗的自然性与本真性，对于保护我国正日趋减少的传统民俗，不失为一贴良药。

六　先秦儒家诸子著作中的民俗史资料

以往治先秦儒家诸子著作者，多从政治、伦理、教育、法律、哲学乃至美学的角度研究之，而罕见对其民俗史资料进行研究的论著问世。我国是一个民俗文化大国，民俗事象丰富多彩、源远流长，突出地表现出民俗学之"传承性"的特点。因此，研究古代尤其是先秦民俗，对于我们深刻地理解与认识当今民俗具有重要的学术意义及现实意义。在先秦文献的史书中记载先秦民俗的历史资料可谓是凤毛麟角，而当我们转换视角，将研究目光投向先秦诸子著作时，却会有新的发现和收获。本文拟从古代礼俗、古代生产生活习俗、孔孟荀民俗

---

① 《孟子·尽心下》。

思想三个方面探赜我国先秦儒家诸子著作①中的民俗史资料。

（一）先秦儒家诸子著作中的古代礼俗

中国自古号称"礼仪之邦"，对于礼俗特别讲究，先秦儒家诸子著作中礼俗方面的资料也颇为丰富。

先秦儒家诸子对于"礼"极为重视，孔子曰："立于礼"（《论语·泰伯》）、"一日克己复礼，天下归仁焉"（《论语·颜渊》）、"非礼勿视，非礼勿听，非礼勿言，非礼勿动"（《论语·颜渊》），十分强调"礼"的意义及其规范性。孟子曰："夫义，路也，礼，门也"（《孟子·万章下》），将义和礼视为君子的路径和门道；又说"上无礼，下无学，贼民兴，丧无日矣"（《孟子·离娄上》），将礼与国家的兴亡联系起来。荀子专作《礼论篇》，说："礼者，人道之极也"，又说："天地者，生之始也，礼义者，治之始也"（《荀子·王制篇》）、"人之命在天，国之命在礼"（《荀子·天论篇》）、"人无礼则不生，事无礼则不成，国家无礼则不宁"（《荀子·修身》），强调"礼"对于个人、社会及国家政治的重要性。"俗"对"礼"的形成有一定的影响，而"礼"的思想观念又会强化并且形成新的礼俗。从这个意义上看，礼俗又可以说是人们长期对礼的遵循、沿袭所形成的习俗。

从儒家著作中可见，先秦儒家诸子常常以其行为本身展现当时的礼俗。

例如，据《论语》：孔子"执圭，鞠躬如也，如不胜。上如揖，下如授。勃如战色，足蹜蹜，如有循。享礼，有容色。私觌，愉愉如也"。②表现出出使他国时交往的礼俗。又："君子不以绀緅饰，红紫不以为亵服。当暑，袗絺绤，必表而出之。缁衣，羔裘；素衣，麑裘；黄衣，狐裘。亵裘长，短右袂。必有寝衣，长一身有半。狐貉之

---

① 本文所谓先秦儒家诸子著作主要是指《论语》、《孟子》、《荀子》等先秦儒家诸子之经典著作。

② 《论语·乡党》。

厚以居。去丧，无所不佩。非帷裳，必杀之。羔裘玄冠不以吊。吉月，必朝服而朝。"① 表现出服饰方面的礼俗。

生死是人生最重要之事，婚丧之礼俗一则关系到生，另一则关系到死，故为人们所重，也是先秦儒家诸子所关注的重点。

对于当时的婚俗，先秦儒家诸子著作中有几则记载值得注意。

据《孟子·滕文公下》："不待父母之命，媒妁之言，钻穴隙相窥，逾墙相从，则父母国人皆贱之。"该叙述所透露的信息有二。

其一，在孟子所处的战国时期，男女婚姻一般要由父母所决定或认可，这就是所谓的"父母之命"；同时，还要由"媒人"来从中撮合，即"媒妁之言"。这已成为被人们所遵循的当时的习俗，如果不是这样，则会被人看不起，即"父母国人皆贱之"。这也是自古以来的传统礼俗。《诗》曰："取妻为之何，必告父母"②；"取妻如之何，匪媒不得"③；叙述了父母及媒人在婚姻上的地位与作用，而"匪我愆期，子无良媒"④，声称因为无媒而使得婚礼不得如期举行。至战国时期，除父母仍然在婚姻问题上起举足轻重的作用之外，"媒"也非常活跃，据《战国策》："周地贱媒，为其两誉也，之男家曰女美，之女家曰男富。然而周之俗，不自为取妻。且夫处女无媒，老且不嫁；舍媒而自衒，弊而不售；顺而不弊者，唯媒而已矣。"⑤ 可见，"媒"的作用在当时还是非常大的。

其二，战国时期又是一个战争不断、社会变革的大动荡时代，其礼俗包括男女关系也不可避免地挑战传统而发生变化，因此，出现了男女之间"钻穴隙相窥，逾墙相从"的"越轨"行为。

《孟子》还描述了这样一个故事："齐人有一妻一妾而处室者。其良人出，则必餍酒肉而后反。其妻问所与饮食者，则尽富贵也。其妻告其妾曰：'良人出，则必餍酒肉而后反，问其与饮食者，尽富贵

① 《论语·乡党》。

② 《诗·齐风·南山》。

③ 同上。

④ 《诗·卫风·氓》。

⑤ 《战国策·燕策》。

也，而未尝有显者来，吾将瞯良人之所之也。'蚤起，施从良人之所之，遍国中无与立谈者。卒之东郭墦间，之祭者乞其余，不足，又顾而之他，此其为餍足之道也。其妻归，告其妾，曰：'良人者，所仰望而终身也，今若此。'与其妾讪其良人，而相泣於中庭，而良人未之知也，施施从外来，骄其妻妾。由君子观之，则人之所以求富贵利达者，其妻妾不羞也而不相泣者，几希矣。"① 该段内容说的是：齐国有一个人，家里有一妻一妾。他每次出门，必定是吃得饱饱的，喝得醉醺醺的回家。他的妻子问，与他在一起吃喝的是些什么人，他回答说全都是大富大贵的人。他妻子告诉他的妾说："丈夫出门，总是酒醉肉饱地回来；问他和些什么人一道吃喝，据他说全都是大富大贵的人，但我们却从来没见这样的人物到家里面来过，我打算悄悄地看看他到底去些什么地方。"第二天早上起来，她便尾随在丈夫的后面，走遍全城，没有看到一个人站下来和她丈夫说话。最后他走到东郊的墓地，向祭扫坟墓的人要些剩余的祭品吃；不够，又东张西望地到别处去乞讨，这就是他酒醉肉饱的办法。他的妻子回到家里，告诉他的妾说："丈夫，是我们仰望而终身依靠的人，现在他竟然是如此境况！"二人在庭院中咒骂着、哭泣着，而她们的丈夫并不知道，照样得意地从外面回来，在他的两个女人面前吹牛皮……

对于《孟子》的这段记载，有的人不以为然，认为它不过是寓言而已，不足为信。金庸先生更是在《射雕英雄传》中，通过黄蓉之诗："乞丐何曾有二妻"来否定此事。然而，一个不争的事实是，当时的一妻一妾甚至多妾的现象是存在的。据《礼记》："公侯有夫人，有世妇，有妻，有妾。"② 卿大夫一般为一妻二妾，"妻不在，妾御莫敢当夕"③，"士一妻一妾，则二日御遍"。④ 又据《荀子》："无分义，则一妻一妾而乱"⑤，可见，当时的一妻一妾亦并非罕见的社会现象。

---

① 《孟子·离娄下》。
② 《礼记·曲礼下》。
③ 《礼记·内则》。
④ 《礼记正义·内则·疏》。
⑤ 《荀子·大略》。

该齐人尽管在墓区乞讨，但他娶一妻一妾的时候情况可能不会这样糟糕，他应是在战国社会动荡分化的过程中由富贵而中衰的士阶层。因此，孟子所叙即使是寓言，也是以当时现实的社会习俗为基础而言的。

春秋战国时期的妻妾关系如何？她们之间的矛盾肯定是存在的，"葵丘之会"特将"毋易树子，毋以妾为妻，毋使妇人与国事"①，列为盟约内容，有人据此将当时的妻妾关系视为水火不相容的关系。而从《孟子》的这段记载中可知：该齐人的妻子和妾同称其丈夫为"良人"，她们共同商议、共同谋划，命运与共，同病相怜，这为我们进一步了解当时一妻一妾或多妾习俗下的妻妾关系，提供了一个具体而生动的事例。

有关古代丧葬礼俗方面的情况，在先秦儒家诸子著作中有大量的记述。

所谓"三年之丧"的问题，在孔、孟、荀著作中皆被重点叙及。

孔子说："三年之丧，天下之通丧。"孔子又将"孝"的重要标准之一定为"三年无改于父之道，可谓孝矣"，其"无改于父之道"的三年与"三年之丧"的三年当是一致的。孟子也说："吾尝闻之矣：三年之丧……三代共之。"荀子则将"三年之丧"的意义及具体做法进行了论述。

其实，所谓"三年之丧"，是中国古代礼制中的一个重要而有争议的问题，它何时开始得以实行？论者主要有"尧舜之制"、"周公之法"及"殷商之礼"三说，其中，"殷商之礼"说得到许多学者的认同。

据《论语》："宰我问：'三年之丧，期已久矣。君子三年不为礼，礼必坏；三年不为乐，乐必崩。旧谷既没，新谷既升，钻燧改火，期可已矣。'"②《孟子》："然友反命，定为三年之丧。父兄百官皆不欲也，故曰：'吾宗国鲁先君莫之行，吾先君亦莫之行也；至于

---

① 《谷梁传·僖公九年》。
② 《论语·阳货》。

子之身而反之，不可。'"① 从这两条资料可见，"三年之丧"在春秋战国时期并未成为"天下之通丧"，亦即并未在全国普遍推行。尽管如此，孔、孟、荀提出"三年之丧"礼俗的意义在于：第一，"三年之丧"毕竟是在殷商时期实施过的重要礼俗，儒家诸子之论有重视古代民俗史的意味；第二，"三年之丧"的礼俗，符合儒家重礼的主张，孔、孟、荀三子在这方面的论述对此具有推动的作用。汉武帝之后，不少统治者以强力的形式实施了"三年之丧"礼俗，这与三子的论述及倡导有着密切的关系。

孔、孟、荀著作中还谈到古代丧葬礼俗的其他情况。

《荀子》一书写道："太古薄葬，棺厚三寸，衣衾三领，葬田不妨田，故不掘也"②，记述了古代薄葬的习俗。孟子更是说道："盖上世尝有不葬其亲者，其亲死，则举而委之于壑"③，追述了物质匮乏、礼制未建的远古时期的丧葬风俗。

在《论语·八佾》中，孔子叙述了古代"射礼"的礼俗。

　　　子曰："君子无所争，必也射乎！揖让而升，下而饮，其争也君子。"

射礼是古代举行的射箭比赛活动中的礼仪，孔子谈到射礼时介绍说，射箭比赛时，先相互作揖谦让，然后上场；射完后，又相互作揖再退下来；然后登堂喝酒。孔子的本意是想举例说明所谓的"君子之争"，而他的介绍却使我们了解了古代射礼的重要内容及特征。

《荀子·大略》介绍了"玉"在古代礼俗中的作用。

"聘人以珪，问士以璧，召人以瑗，绝人以玦，反绝以环。"在这里，荀子记述了不同玉器在不同礼节上的用法，揭示出"玉"与古代礼俗的特殊关系。清代学者王先谦说："荀子论学论治，皆以礼为

---

① 《孟子·滕文公上》。
② 《荀子·正论》。
③ 同上。

宗"，在《荀子》一书中，"礼"的思想始终贯彻其中。

在先秦儒家诸子著作尤其是《论语》中，记载了当时礼崩乐坏，传统礼制礼俗遭到挑战之事，亦即"僭礼"违俗之事。

据《论语·八佾》：

> 孔子谓季氏："八佾舞于庭，是可忍也，孰不可忍也？"

八佾之舞是一种由 64 人表演的大型乐舞，按照礼制，只有天子才能享用。本来，作为大夫的季氏只能用 16 人表演的四佾之舞，而他却公然僭用天子之礼，在自己的庭院令人表演八佾之舞，这就惹得素以维护礼制为己任的孔子发了脾气。又据《八佾》；

> 三家者以《雍》彻。子曰："相维辟公，天子穆穆"，奚取于三家之堂？

仲孙、叔孙、季氏三家大夫，在他们祭祀祖先时，也用天子之礼，唱着《雍》这篇诗来撤除祭品，因此，也遭到孔子的谴责。又据《八佾》：

> 季氏旅于泰山。子谓冉有曰："女弗能救与？"对曰："不能！"子曰："呜呼！曾谓泰山，不如林放乎？"

季氏要到泰山去行祭祀礼，而按照礼制，只有天子和诸侯才有资格这样做，这再次激起了孔子的不满，他试图通过冉有对季氏此行予以阻止。而冉有明确地告诉孔子，自己对此事无能为力，于是，孔子只好发出"呜呼"的哀叹。

《论语》还记载了废礼俗之事。据《八佾》：

> 子贡欲去告朔之饩羊。子曰："赐也，尔爱其羊，我爱其礼。"

以前，每逢初一，国君就要杀一只羊祭于祖庙，然后回朝廷听政，这种祭庙就是"告朔"礼。后来，鲁国国君不亲临祖庙，也不回朝廷听政，只是杀一只羊做做样子而已，"告朔"之礼形同虚设。（《春秋》："鲁公不视朔。"）因而，子贡认为，既然只是形式，这羊就不必再杀了，但子贡因此而遭到孔子的批评，他认为，即使是残存一点礼的形式，也比完全没有要好。这段叙述，既记载了当时的一些礼俗遭到废弃的重要情况——鲁国是周公的封国，其礼仪制度相对还是保持得较好的，其尚且如此，其他各诸侯国的情况更可以想见；同时，它也反映了孔子对于"礼"的高度重视和执着的追求。

（二）先秦儒家诸子著作中的古代生产生活习俗

先秦儒家诸子著作中记载了不少我国古代生产生活方面的习俗。

1. 农业及商业民俗

《孟子·滕文公上》叙述了古时土地制度及农业生产的情况："方里而井，井九百亩，其中为公田，八家皆私百亩，同养公田，公事毕，然后敢治私事。"因这方面的旁证材料很少，孟子的这段叙述的真实性如何，引起了后人长达两千多年的争议。商周是否出现过所谓的"井田制"？"井田制"的具体情况如何？这是治中国经济史及先秦史的学者们所关注的问题。在这里，作者只是想提示两点：孟子自视甚高，他宣称"如欲平治天下，当今之世，舍我其谁也"（《孟子·公孙丑下》），其一生以宣扬和推行以"先王之道"为核心的"仁政"，从而达到治国平天下的目的为己任。而要推行"先王之道"，就要研究包括古代土地及赋役制度在内的"先王之道"。孟子说，"夫仁政，必自经界始"（《孟子·滕文公上》），经界，即丈量土地，可见，孟子对商周井田制的研究有其强烈的内在驱动力，此其一；其二，孟子之时，于西周时代相距并不甚远，接触到一些与井田制有关的文献资料或口碑、实物资料，并进行整理和研究，也是极有可能的，因此不能断然否定孟子这段叙述的真实性。从民俗史的角度看，孟子的这两段话，是对古时农业民俗的一种追述。

据《论语·子路》："樊迟请学稼。子曰：'吾不如老农。'请学为圃。曰：'吾不如老圃。'"据《孟子·梁惠王上》："五亩之宅，树以之桑，五十者可以衣帛矣。鸡豚狗彘之畜，无失其时，七十者可以食肉矣。"

老圃即菜农，从"老圃"这一专门性的称呼可知，当时已有以种菜为主要职业的农民。可见，春秋战国时期，不仅有传统意义上种粮食的农民，还有主要生产任务是种菜的"老圃"。同时，种桑树养蚕以获衣帛，以及鸡、豚、狗、彘的饲养等也是重要的农副业生产，这就揭示出当时农业民俗的多元化特色。

又据《孟子·公孙丑下》："古之为市也，以其所有易其所无。"叙述了古代以货易货的商业民俗的特点。

2. "孝"的民俗

上古时期，就已经有了"孝"的概念。据《尚书》："殷人肇牵车牛，远服贾用，孝养厥父母"①，即记载了当时对父母的"孝"，此后，"孝"渐成风俗。在《论语》中，孔子叙及了当时"孝"的习俗，并用"孝顺"等标准对人们的"孝"提出了更高的要求。

3. 饮酒风俗

《论语·乡党》介绍了孔子在饮食方面的嗜好，又说他："唯酒无量，不及乱"，这就透露出当时饮酒之风的有关信息。

一是孔子的酒量非常之大，在这里，"无量"不是说没有量，而恰恰相反，是说其无限量、海量；二是说明孔子不仅酒量好，修养也好，怎么喝也不至于乱性出丑。这说明：当时喝酒的风俗较浓，方能培养孔子的好酒量，并使得孔子的好酒量有"用武之地"，成为他饮食方面的一大特色。

4. 民间信仰习俗

民间信仰也是民众生活习俗的重要组成部分。在我国，民间信仰起源早且内容、形式多种多样，极为丰富，先秦儒家诸子对此有不少记载。

《论语·雍也》："敬鬼神而远之。"

---

① 《尚书·酒诰》。

说明当时信鬼神之风俗浓，而孔子对鬼神却持怀疑的态度。

《论语·先进》："风乎舞雩"，《论语·颜渊》："舞雩之下"，《荀子·天论篇》："雩而雨。"

记载了古代"雩祭"祈雨的民间信仰。

《论语·八佾》："与其媚于奥，宁媚于灶。"

记载了当时民间对家中奥、灶之神的信仰。

《论语·乡党》："乡人傩，朝服而立于阼阶。"

记载了当时迎神驱鬼的仪式。

《论语·述而》："子疾病，子路请祷，子曰：'有诸'？子路对曰：'有之。'《诔》曰：'祷尔于上下神祇。'子曰：'丘之祷久矣。'"

记载了当时生病祈祷于神的信仰与习俗。

《论语·雍也》："犁牛之子，山川其舍诸。"

记载了当时祭祀山神的习俗。

《论语·八佾》："哀公问社于宰我。宰我对曰：夏后氏以松，殷人以柏。"

记载了夏商做祭祀用社主所用的木料。

《孟子·梁惠王上》："王坐于堂上，有牵牛而过堂下者。王见之曰：'牛何之？'对曰：'将以衅钟。'王曰'舍之！吾不忍其觳觫，若无罪而就死地。'对曰：'然则废衅钟与？'曰：'何可废也？以羊易之。'"

记载了当时新铸钟，杀牲以祭之的习俗。

《孟子·离娄下》：孟子所写"齐人有一妻一妾"的故事，记载了"东郭墦间"及其祭祀者，说明在孟子生活的战国时代，民间的墓祭活动已相当普遍。

《荀子·非相》："古者有姑布子卿，今之世梁有唐举，相人之形状颜色，而知其吉凶妖祥，世俗称之。"

记载了我国古代看面相的风俗。

上述记载，对于研究我国古今民间信仰皆有一定的史料价值。总体来看，孔子在这方面所述较多，而孟子、荀子在这方面的叙述相对较少。当然，这不能简单地理解为孔子信仰的思想较孟子、荀子为浓，是否可以这样认为：这与他们所生活的时代有一定的关系。孔子生活在春秋时期，孟子、荀子生活在战国中后期，信仰之风在春秋、战国实际上具有一定的时代差异。

（三）孔、孟、荀民俗思想探析

对于民俗，孔子、孟子及荀子等先秦儒家诸子皆有自己的看法，并形成了各具特色的民俗思想。

孔子："殷因于夏礼。"

"子张问：'十世可知也？'，子曰：'殷因于夏礼，所损益，可知也；周因于殷礼，所损益，可知也。其或继周者，虽百世，可知也。'"（《论语·为政》）孔子此语，揭示出中国上古礼俗不同王朝时期前后继承，又有所损益的特点。表现出孔子关于古代礼俗传承性的思想。

一般认为，《诗经》经过了孔子之手整理，所谓整理，也包括了对《诗经》原有诗歌的删削。① 值得注意的是，大量的直接反映古代民俗风情的民歌在《诗经》中得以保存了下来，甚至《诗经》的第一篇《关雎》就是有关当时青年男女爱情与生活的诗篇。这说明孔子对保存古代民俗风情的重视，而他的这种做法本身也是对民俗文化传承性的一种强调。

孟子："变今之俗。"

孟子思想上虽有保守的一面，但他也重视"时"及时变。据《孟子·公孙丑下》："孟子去齐，充虞路问曰：'夫子若有不豫色然。'前日虞闻诸夫子曰：'君子不怨天，不尤人。'曰：'彼一时，此一时也。'""彼一时，此一时"，说明随着时间的不同，情况会出现变化。因此，他赞誉能与时变化者，称孔子为"圣之时者也"。②

因此，孟子认为习俗也不是一成不变的，应随着时间与情况的变

---

① 据《史记·孔子世家》载："古者诗三千余篇，及至孔子去其重，取可施于礼义……三百五篇，孔子皆弦歌之。"但孔颖达、朱熹等学者对此表示怀疑。

② 《孟子·万章下》。

化而有所变革。他提出"变今之俗"的主张,说:"由今之道,无变今之俗,虽与之天下,不能一朝居也。"他认为,当今的统治,如果不对流传至今的恶俗进行变革,则统治者的统治就不稳固。

孟子曰:"牺牲既成,盛既洁,祭祀以时,然而旱干水溢,则变置社稷。"[1] 即认为人们虔诚地祭祀社稷神,但如果没有效果,水、旱灾照样发生,社稷神也可变易。这在当时可谓是对待民俗事象方面的一种新颖而大胆的变革观念。

又据《孟子·离娄上》:"淳于髡曰:'男女授受不亲,礼与?'孟子曰:'礼也。'曰:'嫂溺则援之以手乎?'曰:'嫂溺不援,是豺狼也。男女授受不亲,礼也。嫂溺援之以手者,权也。'"

孟子认为"男女授受不亲"固然是礼俗,但如果死守礼俗,不知权变,乃至"嫂溺不援",则与禽兽无异。孟子既重视礼俗,又能站在人道的、合理的立场上,辩证地阐述礼俗及权变的关系,这是难能可贵的。

荀子:丰富且多彩的民俗思想。

"丰富且多彩",是指荀子在先秦儒家诸子中,其民俗思想不仅非常丰富,又有着不少的闪光点。

首先,荀子对民俗给予高度的重视,他赞誉"男女自不取于途而百姓羞拾遗"等"风俗之美"(《荀子·正论》);又说:"故其法治,其佐贤,其民愿,其俗美,而四者齐,夫是之谓上一。如是则不战而胜,不攻而得,甲兵不劳而天下服。"(《荀子·王霸》)将"俗美"作为强国的四条要则之一。荀子又主张"慎习俗",说:"故人知谨注错,慎习俗,大积靡,则为君子矣。"(《荀子·儒效》)将"慎习俗"作为君子的标准之一。荀子提出"入境,观其风俗"(《荀子·强国篇》),将民风作为国家治理情况的重要观测点。荀子又说:"注错习俗,所以化性也"、"习俗移志"(《荀子·儒效篇》),认为习俗可以改变人的个性及志向,不可不予以重视。

其次,荀子提出"从俗"的观点。说:"以从俗为善。"[2] 荀子认

---

[1] 《孟子·尽心下》。

[2] 《荀子·儒效》。

为，顺从原有的民俗为好，又说："约定俗成为之宜"（《荀子·正名》），意为某些事物或行为规范是由人们共同认定或共同的习惯形成的，这是适宜而可行的。荀子还提出"政教习俗，相顺而后行"①的观点，认为政治教化与人们所处的环境习俗之间须相顺相谐，方能达到良好的效果。

再次，荀子提出"移风易俗"的主张。荀子说："乐者，圣人之所乐也，而可以善民心，其感人深，其移风易俗。"②又说："故乐行而志清，礼修而行成，耳目聪明，血气和平，移风易俗，天下皆宁，美善相乐。"③荀子的上述言论，重点虽是阐述乐的功能，但他提出旧的风俗习惯也是可以改变的，有其积极意义。应该指出的是，荀子的"移风易俗"思想与其"从俗"的思想并不矛盾，前者是指革除不良陋习，后者是指顺从良好习俗。

最后，荀子强调了教化与民俗的关系。荀子曰："干、越、夷、貉之子，生而同声，长而异俗，教使之然也。"④

意为：干国、越国，夷族和貉族的孩子，出生时发出的声音是一样的，他们长大后却习俗不同，这是因为后天的教化使他们这样的。在这里，荀子提出了教化可以改变习俗的重要观点。

综上可知，先秦儒家诸子著作中具有丰富的民俗史资料，这是治中国民俗史者须注意发掘的。这固然表明先秦儒家诸子对民俗的重视，同时也说明，民俗文化作为一种民间的"盘根文化"，其渗透性是很强的，乃至孔、孟这样的"圣人"也不免受其影响，从而在他们的言论中多有体现。孔、孟、荀民俗思想虽各有特色，但也有共同之处。其共同点：一是承认民俗的重要性和传承性；二是既尊重民俗，又对其不拘泥或死守，具有一定程度的变通思想。先秦儒家诸子的民俗思想，对于今天的民俗学研究仍具有一定的启迪意义。

---

① 《荀子·大略》。
② 《荀子·乐论》。
③ 同上。
④ 《荀子·劝学》。

第二章　客家学与客家文化基本问题

一　关于客家学基本概念的思考

客家问题的研究，从其开端到现在，已有一百多年的历史，如果从罗香林先生集客家研究之大成，推出其划时代的客家研究惊世之作《客家研究导论》的时间算起，也有了半个多世纪的历程。不可否认，在前辈与后学们的辛勤耕耘下，客家研究方面已获硕果累累，但同时也必须承认，要建立起独立、系统的、严谨的客家学学科，还有漫长的道路要走，还有许多的工作要做。例如，对客家学的一些基本概念，包括什么是客家、什么是客家人、什么是客家先民、什么是客家后裔等，还存在着认识上的分歧，如何给他们作出较为科学的定义，怎样来界定他们，仍然是尚未解决的问题。笔者通过调查与思考，对上述问题有了初步的认识，现陈述如下，希望所述能略有可取。

客家（含客家人）的概念，是客家学中的一个至为关键的概念，如果这个概念弄含混了，其他相关概念就更说不清楚。对于这个概念的解释，不少学者都做了努力，并为之下了定义，兹摘引数例如下。

1979 年版《辞海》："相传西晋末永嘉年间（四世纪初），黄河流域的一部分汉人因战乱南徙渡江，至唐末（9 世纪末）以及南宋末（13 世纪末）又大批过江南下至赣、闽以及粤东、粤北等地，被称为'客家'，以别于当地原来的居民，后遂相沿而成这一部分汉人的自称。"

1982 年版《简明社会科学词典》："客家，'土著'的对称。中国因战乱所迫渡江南徙至赣、粤、闽等地的中原一带汉族居民。原为迁居地当地居民对他们的称呼，后相沿成为他们的自称。"

李逢蕊先生："由于历史原因形成的汉民族的独特稳定的客家民系，他们具有共同的利益，具有独特稳定的客家语言、文化、民俗和情感心态（客家精神），凡符合上述稳定特征的人，就叫客家人，否则就不能称之为客家人。"①

王东先生："所谓客家民系，就是汉民族共同体内部的一支，经过长期的迁移，最后到达并定居在闽、粤、赣交界地区，并形成有别于周边其他民系的独特的方言、习俗和其他文化事象的群体。"②

谢万陆先生："客家系汉民族中一支稳定的民系，他们本为中原汉人，其中不少是衣冠士族，从东晋起，因战乱、灾荒或王朝更替等原因，经今之豫、鄂、皖等地辗转南迁，渐次定居于赣、闽、粤边三角地带，在与当地土著居民交往中，相互融汇；到宋时，他们又在保持汉族基本族性的基础上，形成了基于共同的地域，共同的经济生活，共同的语言，共同的风情习俗与文化，共同的心理凝聚而成的民系个性，从而结成牢固的共同体。后世，人们为使他们及他们的后人区别于原居地的汉人与新居地的土著，遂取其最初为客居者的本义，概称为客家。"③

以上所引关于客家的各种定义，都从不同的角度对客家的特点予以叙述，应该说都有其一定的合理的因素，但也存在着不尽如人意的地方。笔者认为，要给一个事物下定义，须遵循如下原则：第一，正确无误。要求所述与客观事实相符合而不能相背离，不能言之不实，也不可出现自相矛盾的逻辑错误；第二，简明、具体。下定义不是写文章，毋庸长篇大论，不必拖泥带水，任何夸大的、空泛的议论都是应予避免的，应实实在在、具体地扼要叙述，说清楚即可，点到为止；第三，抓住事物的基本特征，把事物最主要、最本质的东西反映出来，把一事物与其他事物的重要差异揭示出来。在诸多关于客家概念的定义中，有的略欠准确，有的失之烦琐，更成问题的是，有的定

---

①　李逢蕊：《客家人界定初论》，《客家学研究》1990 年第 2 辑。

②　王东：《客家学导论》，上海人民出版社 1996 年版。

③　谢万陆：《客家学概论》江西高校出版社 1995 年版。

义对客家的情况谈了不少，却未叙及客家的基本特征。

那么，什么是客家的基本特征呢？综观各种关于客家的定义，人们所论包括客家的共同经济、客家精神、历史迁徙、民俗风情、语言、地域等方面，下面，让我们对这些方面的内容逐一加以分析。

历史迁徙：许多关于客家的定义都强调客家民系在形成前后屡屡迁徙的特点。关于客家的迁徙问题，罗香林先生认为，客家从其先民开始，在历史上经历了五次大的迁移运动，这五次分别是：自东晋受五胡乱华影响的第一次迁移；自唐末受黄巢起义影响的第二次迁移；自宋高宗南渡，受金人南下元人入主中原影响的第三次迁移；自明末清初，一方面基于内部人口膨胀，另一方面基于满族入主中国的影响而引起的第四次迁移；自同治期间，受广东西路事件及太平天国起义影响而引起的第五次迁移。也有论者提出客家经历三次迁徙、七次迁徙等观点。实际上，五次迁徙也好，三次、七次迁徙也好，都是举其大者而言之。我们知道，汉族的迁移是一个非常漫长的历史过程，其原因多种多样，其大的趋势是由北而南。客家民系的形成与发展，固然从某种意义上可说是这种迁移的产物，而其他民系诸如广府系、潮汕系、湘赣系等，其形成与发展，也同样与这种迁移有着非常密切的关系，因此，客家在迁移方面尽管表现得突出些，但迁移并非客家的独到之处，把它作为客家的基本特征是不妥的。

共同经济：有的学者把共同经济作为客家的基本特征之一，写进了客家的定义，让我们从历史和现实这两个方面来略作分析。在历史上，客家的生产方式主要以传统的农业经济为主，这与全国大部分地区的生产方式并无明显的区别，其劳动与收益也主要是以家庭或家族为基本单位的，并不存在着什么客家经济共同体；在现实社会，客家人除了从事农业生产外还从事工业、商贸等经济活动，呈多元化趋势，这方面与其他民系亦无多大差异。并且，现在也不存在大一统的客家经济共同体，因此，把"共同经济"列为客家的基本特征难以成立。

客家精神：有的学者将"客家精神"写进了有关客家的定义，视之为客家的基本特征以及是否是客家的重要标志。在谈到客家精神时，人们往往举出许多方面，如勤劳、勇敢、开拓性、革命性以及节俭、讲卫生等。其实，这些也正是汉族各民系乃至整个中华民族共有的精神、品质。你能说汉族的哪个民系不勤劳、不勇敢、没有开拓精神或革命性？诚然，在某些方面如革命性，客家民系的确表现得更加突出些，但也不能因此而把革命性说成是客家所独有的客家精神，因此，把客家精神作为客家的基本特征而写入客家的定义似亦不妥。

民俗风情：不可否认，客家人在民俗风情方面有一些特色，例如山歌、擂茶、菜肴、服饰等。但这里有两点必须指出：第一，客家民俗的主流部分，如一年中的重要节日，包括春节、清明节、端午节、中秋节等，不仅在时间上，而且在庆祝的形式、内容上与其民系相比实为大同小异，例如，端午节吃粽子、划龙舟，中秋节赏月、吃月饼等。第二，有的民俗风情如服饰方面，在历史上很长时间，客家人的确有其特色，但时至今日，客家与其他民系在服饰方面的差异已越来越小，尤其是城市之间，已几乎没有什么差别，昔日的特色，现在已难成特色。而客家的定义不能仅仅指历史上的客家，也应涵盖现在的客家，因此，把民俗风情作为客家的基本特征写入客家定义，也不是很适合的。

语言：客家话是现代汉语八大方言（北方官话、吴方言、湘方言、赣方言、闽北方言、客方言、闽南方言、粤方言）之一，且是其中颇有特色的方言。客家话在漫长的历史岁月中，相对变化较为缓慢，保留了不少古汉语的成分。总之，客家话作为客家的基本特征，是显而易见的、易为人们所接受的，把它作为判断是否是客家的重要标志，也是易于操作的。

地域：客家作为一个民系的形成时间，学者多有不同的观点，如五代宋初说、北宋说、南宋说、明代说乃至于清中叶说等，见仁见智，各执一端，看来，这个争论还将继续下去。但笔者认为有一点是毋庸置疑的，即客家民系产生的摇篮或曰发祥地、大本营为闽、粤、赣交界的三角地区，亦即人们所说的闽西、赣南和粤东北。在历史上，该地区也是客家人的主要聚居地，这些，都是为大量资料所证实了的。时至今日，该地区仍然是世界上客家人口最多、最为集中的区域，例如，粤东的梅州现就有客家人四百多万人，闽西现有客家人二百多万人，赣南现有客家人七百多万人。闽、粤、赣三角地带作为客家民系的发祥地和主要聚居区这一特点是任何其他区域所没有的，因而，这也是客家重要的、基本的特征。

综合以上分析，客家的定义可以概括为如下。

客家是操客家方言，以闽粤赣三角地带为发祥地和主要聚居区的汉民族的一支民系，该民系的成员就是客家人。

如此定义，其内容可以说基本上是正确无误的，也符合简明的原则，更为重要的是，该定义概括出了方言和地域这两个客家的基本特征。

最后，让我们来对"客家人"、"客家先民"、"客家后裔"等概念作出界定。

客家人：居住在闽粤赣三角地带，操客家语的，就是或可视为客家人；迁自或祖先迁自闽粤赣三角地带、操客家语的，同样是客家人。

客家先民：唐宋以来至客家民系正式形成之前的客家民系孕育时期，南迁到闽、粤、赣三角地带的汉人以及部分与这些汉人结合的土著，是为客家先民。

客家后裔：父辈或祖先是客家人但自己已不能操客家语言者，是为客家后裔。

广义的客家人应包括客家先民与客家后裔，广义的客家人还应包括那些既无客家血统，也不一定居住在客家区域，但情感上认同客家且能操客家语言的人。

二　客家研究的回顾与前瞻

与其他领域的研究相比较，客家研究更为突出地彰显出一些特点，堪称是现实与历史的对话，学术性与应用性的结合，"下里巴人"与"阳春白雪"的融合，其未来的走向也具有更多的扑朔迷离的特征。

（一）客家研究的回顾

客家研究给许多人的感觉似乎是"好事者"近些年来开辟的新的研究领域，而翻开客家研究史的卷宗却令人不无惊讶地发现，客家研究竟然已有了两百余年的历史。兹分阶段将客家研究的历史做一个简单的回顾与梳理。

1. 始发期

早在19世纪初，由于粤闽土客械斗事件的时有发生，执教于惠州丰湖书院的徐旭曾就对其学生谈到有关客家的问题，并在《和平徐氏族谱·旭曾丰湖杂记》一文中写道："今日之客人，其先乃宋之中原衣冠旧族"、"先后由中州山左，越淮渡江而从之，寄居各地，随处都可相通"、"客人之风俗，俭勤朴厚，故其人崇礼让，重廉耻，习劳耐苦，质而有文"，论述了客家的源流及风俗。不久，蕉岭人黄钊著《石窟一徵》，其中有《方言》二卷，则较为详细地叙录了客家方言。这个时期，见诸文字的有关客家研究的论述并不多，但作为客家问题逐渐引起人们重视的客家研究始发期，其意义还是不言而喻的。

2. 初兴期

自19世纪中叶开始，历时十几载，席卷全国大部，震惊中外的太平天国起义发生，而其主要将领及士兵多为客家人；其后，客家人之播迁海外、土客械斗的加剧等因素，无不引起人们对客家问题的极大关注。在20世纪上半叶，客家研究进入新时期。此时期的客家研究有三个特点：一是客家研究的组织纷纷出现，如客家源流调查会、客家源流研究会等；二是研究领域不断扩大，从客家的源流，到许多方面的客家问题；三是客家研究的成果不断涌现，这方面的专著亦如雨后春笋，层出不穷，达到数十部之多，出现了客家研究的第一个兴盛期，或称为初兴期。

在此期间，客家研究的代表性学者及著作是罗香林及其《客家研究导论》。1933年，《客家研究导论》出版，这本书是罗香林在自己实地调查的基础上同时吸收了前人的成果撰写而成的。它对客家的源流、迁徙之原因与路线、人口分布和语言特点等作了详尽的考证和阐释。是当时研究客家源流的最具权威的著作，至今，其对学术界的客家研究仍然影响深刻。

3. 沉寂期

20 世纪四五十年代至 70 年代，由于当时的政治等方面的因素，大陆的客家研究几乎处于停滞状况，进入客家研究的沉寂期。但此时期的港台地区，客家研究仍然有一些零星的重要成果，例如在 50 年代初，罗香林发表了客家研究方面的又一新作《客家源流考》，该书对中华民族中客家的源流和系统、客家的分布及其自然环境、客家语言的特征等方面进行了考证和论述。其他著述还有：江城《客家情歌》（上海文化出版社 1955 年版）、罗香林《客家史料汇编》（中国学社 1965 年版）等。

4. 复兴期

进入 20 世纪 80 年代，由于大陆政治、思想环境的日益宽松，也受海外客家研究及客家联谊活动①的影响，大陆的客家研究不仅走出了沉寂，而且，在 80 年代末 90 年代初开始，以很难想象的速度和规模掀起了客家研究的新浪潮，至今方兴未艾，使得客家研究迅速进入复兴期。

与客家研究的前面几个时期相比，此时期客家研究的队伍、领域、规模以及成果的数量等方面都已不可同日而语。

其一，研究机构的设立及研究队伍的扩大。

从 20 世纪 90 年代初开始，国内的一些客家研究的学术机构的设立，可以用"雨后春笋"一词来描述。华东师范大学客家研究室、北京客家联谊会、梅州市客家研究中心、嘉应大学客家文化研究室、江西师范大学历史系客家研究所、赣南师范学院客家研究所、龙岩学院客家研究所等研究机构和民间学术团体纷纷成立，并开展了一些客家研究的学术活动。一些中青年教师也怀着好奇心与热情加入到这一

---

① 尤其是世界客属恳亲大会，原来为两年召开一次，现已经改为每年一次在海外或大陆召开，每次都有大量的海内外客属人士参加。

新的学术领域。一些客家研究的杂志也创办发行，其中，华东师大出版的《客家史与客家人研究》（后改为《客家学研究》）杂志，因依托的华东师大是国内学术地位较高的名校，举旗者又是我国著名的历史学家吴泽先生而影响很大。后来，四川、陕西、广西等地也成立了各种客家研究组织机构。

其二，客家研究领域活动的兴起与研究领域的开拓。

20 世纪 90 年代起，各种客家研究的学术研讨会和客家联谊会的举办也由探索而频繁。值得注意的是，一些客家联谊性质的大会也同时举行学术研讨，例如，1994 年在梅州举办的世界客属恳亲大会，其中一个重要内容就是专设了一个"客家学学术研讨会"，① 这些会议一方面将对客家的研究引向深入，另一方面又发挥了造势的功能，对客家研究起了较大的推动作用。

客家研究的领域已涉及客家的定义、源流、社会、经济、宗族、民间信仰、建筑、饮食、服饰、戏剧、山歌、禁忌、人物、语言、体育，以及客家与土著、少数民族的关系，客家与中央苏区的关系等。

客家研究涉及的学科有历史学、民族学、人类学、民俗学、社会学、语言学、宗教学、艺术学、文化学等。

其三，研究成果的剧增。

20 世纪 80 年代后期至今的 20 多年中，客家研究的成果颇丰，论文数以千篇，仅著作就有数以百部，兹举部分书目如下。

　　高贤治：《客家旧礼俗》，众文图书股份有限公司 1986 年版。

　　张卫东、王洪友：《客家研究》第一集，同济大学出版社 1989 年版。

　　刘佐泉：《客家历史与传统文化》，河南大学出版社 1991 年版。

　　罗香林：《客家研究导论》，上海文艺出版社 1992 年版。

---

① 此后，这成了世界客属恳亲大会的一种模式，即在开会期间，举办一次客家学研讨会。

周金水编著：《礼俗通识：客家民风礼俗全书》，交大图书事业有限公司2003年版。

丘权政主编：《客家民系研究》，中国工人出版社1992年版。

饶任坤、卢斯飞主编：《客家历史文化纵横谈》，广西教育出版社1993年版。

黄马金：《客家风情》，中国社会科学出版社1993年版。

房学嘉：《客家源流探奥》，广东高等教育出版社1994年版。

姜义镇编著：《客家民间故事与习俗》，新竹社教馆1994年版。

孔永松、李小平：《客家宗族社会》，福建教育出版社1995年版。

周红兵主编：《客家风情》，江西人民出版社1995年版。

万陆：《客家学概论》，江西高校出版社1995年版。

谢重光：《客家源流新探》，福建教育出版社1995年版。

汪毅夫：《客家民间信仰》，福建教育出版社1995年版。

王东：《客家学导论》，上海人民出版社1996年版。

杨彦杰：《闽西客家宗族社会研究》，国际客家学会1996年版。

刘正刚：《闽粤客家人在四川》，广西教育出版社1997年版。

谭元亨：《客家女》（客家魂·第二部），北京十月文艺出版社1997年版。

陈支平：《客家源流新论》，广西教育出版社1997年版。

胡希张：《客家风华》，广东人民出版社1997年版。

谭元亨：《客家圣典》，海天出版社1997年版。

张东民、熊寒江：《闽西客家志》，海潮摄影艺术出版社1998年版。

刘锦云编著：《客家民俗文化漫谈》，武陵出版有限公司1998年版。

黄钰钊主编：《客从何来》，广东经济出版社1998年版。

丘桓兴、任继愈：《客家人与客家文化》，商务印书馆1998

年版。

丘权政：《客家的源流与文化研究》，中国华侨出版社 1999 年版。

丘菊贤：《客家综论》，香港天马图书公司 1999 年版。

林仁芳主编：《客家研究：闽西近代客家》，北京燕山出版社 2000 年版。

孙晓芬：《四川的客家人与客家文化》，四川大学出版社 2000 年版。

张杰：《客家礼仪》，华南理工大学出版社 2011 年版。

钟德彪：《闽西近代客家研究》，北京燕山出版社 2000 年版。

谢重光：《客家形成发展史纲》，华南理工大学出版社 2001 年版。

杨耀林、黄崇岳：《南粤客家围》，文物出版社 2001 年版。

刘还月：《台湾客家族群史·民俗篇》，台湾省文献委员会 2001 年版。

陆元鼎：《中国客家民居与文化》，华南理工大学出版社 2001 年版。

刘丽川：《深圳客家研究》，南方出版社 2002 年版。

黄发有：《客家漫步》，南方日报出版社 2002 年版。

谢剑、房学嘉：《围不住的围龙屋——记一个客家宗族的复苏》，花城出版社 2002 年版。

谭元亨：《千年圣火——客家文化之谜》，江苏古籍出版社 2002 年版。

谢重光：《畲族与客家福佬关系史略》，福建人民出版社 2002 年版。

马国强主编：《"客家迁移"万里寻踪》，河南大学出版社 2003 年版。

崔灿、刘合生主编：《客家与中原文化国际学术研讨会论文集》，中州古籍出版社 2003 年版。

谢重光：《闽台客家社会与文化》，福建人民出版社 2003

年版。

谭元亨：《客家与华夏文明》，华南理工大学出版社 2003年版。

刘晓春：《仪式与象征的秩序：一个客家村落的历史、权力与记忆》，商务印书馆 2003 年版。

谢重光：《闽台客家社会与文化》，福建人民出版社 2003年版。

张运祥、张寿标主编：《三明与客家》，方志出版社 2003年版。

潘昌坤主编：《客家摇篮赣州》，江西人民出版社 2004 年版。

罗勇：《客家赣州》，江西人民出版社 2004 年版。

周红兵编著：《赣南客家民俗风情》，作家出版社 2004 年版。

钟俊昆编著：《客家文化与文学》，南方出版社 2004 年版。

钟文典：《广西客家》，广西师范大学出版社 2005 年版。

董励：《客家》，广东人民出版社 2005 年版。

刘佐泉：《观澜溯源话客家》，广西师范大学出版社 2005年版。

李小燕：《客家祖先崇拜文化——以粤东梅州为重点分析》，民族出版社 2005 年版。

曾坤木：《客家伙房之研究——以高树老庄为例》，文津出版社 2005 年版。

谢重光：《客家文化与妇女生活》，上海古籍出版社 2005年版。

曾祥委：《田野视角：客家的文化与民性》，黑龙江人民出版社 2005 年版。

陈支平、周雪香主编：《华南客家族群追寻与文化印象》，黄山书社 2005 年版。

杨宏海、叶小华：《客家艺韵》，华南理工大学出版社 2005年版。

曹良海主编：《赣县与客家摇篮》，黄山书社 2006 年版。

谭元亨：《客家之子》，华南理工大学出版社 2006 年版。

杨宏海：《客家诗文》，华南理工大学出版社 2006 年版。

房学嘉：《客家民俗》，华南理工大学出版社 2006 年版。

黄崇岳：《客家围屋》，华南理工大学出版社 2006 年版。

徐霄鹰：《歌唱与敬神：村镇视野中的客家妇女生活》，广西师范大学出版社 2006 年版。

罗勇等：《客家文化特质与客家精神研究》，黑龙江人民出版社 2006 年版。

黄发有：《客家原乡》，青岛出版社 2006 年版。

金鹰达编著：《中国客家人文化》，北方文艺出版 2006 年版。

胡大新：《永定客家土楼研究》，中央文献出版社 2006 年版。

黄发有：《客家原乡》，青岛出版社 2006 年版。

彭会资、陈钊：《博白客家》，广西师范大学出版社 2006 年版。

钱贵成主编：《客家山歌新论》，中国戏剧出版社 2006 年版。

林晓平：《客家祠堂与文化》，黑龙江人民出版社 2006 年版。

钟俊昆：《客家文学史纲》，黑龙江人民出版社 2006 年版。

周雪香主编：《多学科视野中的客家文化》，福建人民出版社 2007 年版。

徐兴根编著：《解码客家》，海风出版社 2007 年版。

李文生、张鸿祥、何群编著：《守望客家》，海风出版社 2007 年版。

饭岛典子：《近代客家社会の形成》，风响社 2007 年版。

刘晓春：《田野寂旅——客家田野考察》，广西人民出版社 2007 年版。

龚文瑞、罗勇：《经典江西：客家故园》，江西人民出版社 2007 年版。

周建新：《江西客家》，广西师范大学出版社 2007 年版。

杨宗铮：《湖南客家》，广西师范大学出版社 2007 年版。

李秋香：《闽西客家古村落培田村》，清华大学出版社 2008

年版。

严雅英：《客家族谱研究》，黑龙江人民出版社 2008 年版。

宋德剑主编：《地域族群与客家文化研究》，华南理工大学出版社 2008 年版。

房学嘉：《粤东客家生态与民俗研究》，华南理工大学出版社 2008 年版。

谢重光：《客家文化述论》，中国社会科学出版社 2008 年版。

叶少玲：《客家与客家教育》，云南科技出版社 2008 年版。

林仁芳主编：《客家研究：闽西近代客家》，北京燕山出版社 2009 年版。

胡希张、莫日芬、董励、张维秋：《客家风华》，广东人民出版社 2009 年版。

严奇岩：《四川客家"崇文重教"的历史重构》，四川出版集团巴蜀书社 2009 年版。

谭元亨：《客家文化史》（上下卷），华南理工大学出版社 2009 年版。

林爱芳：《客家民间艺术》，广东人民出版社 2009 年版。

刘道超：《信仰与秩序——广西客家民间信仰研究》，广西师范大学出版社 2009 年版。

刘海燕、郭丹：《闽台客家宗教与文化》，福建人民出版社 2009 年版。

刘善群：《客家礼俗》，福建教育出版社 2009 年版。

庄英章、简美玲：《客家的形成与变迁》，国立交通大学出版社 2010 年版。

刘加洪：《河洛文化与客家优良传统》，河南人民出版社 2010 年版。

林善珂：《客家地名文化》，社会科学文献出版社 2010 年版。

程瑜、刘思霆、严韶：《一个客家村落的都市化：深圳樟树布村改革开放 30 年的发展与变迁》，广东人民出版社 2010 年版。

张斌、杨北帆：《客家民居记录：围城大观》，天津大学出版社 2010 年版。

　　杨北帆、张斌：《客地：闽粤赣客家秘境之旅》，中国青年出版社 2010 年版。

　　汤锦台：《千年客家》，如果出版事业股份有限公司 2010 年版。

　　谭元亨主编：《客家文化大典》，广东教育出版社 2010 年版。

　　谭元亨：《客家经典读本》，华南理工大学出版社 2010 年版。

　　安国楼：《河洛文化与客家文化》，河南人民出版社 2010 年版。

　　丘桓兴：《客家人与客家文化》，中国国际广播出版社 2011 年版。

　　窦应泰：《客家人》，人民日报出版社 2011 年版。

　　房学嘉主编：《解读客家历史与文化——文化人类学的视野》，知识产权出版社 2011 年版。

　　徐天河：《客家文化与和谐广西》，浙江大学出版社 2011 年版。

　　张杰：《客家礼仪》，华南理工大学出版社 2011 年版。

　　温燕霞：《客家·我家》，昆仑出版社 2012 年版。

　　练建安、刘雪松：《闽台婚育文化大观·客家篇：鄞江笙箫》，中国人口出版社 2012 年版。

　　房学嘉，《客家河源》，华南理工大学出版社 2012 年版。

　　房学嘉、夏远鸣主编：《多重视角下的客家传统社会与聚落文化》，华南理工大学出版社 2012 年版。

　　夏远鸣、肖文评、钟晋兰等主编：《多元视角下的客家地域文化》，华南理工大学出版社 2012 年版。

　　林晓平：《客家民间信仰与民俗文化》，中国社会科学出版社 2012 年版。

　　刘大可：《中心与边缘（客家民众的生活世界）》，社会科学文献出版社 2012 年版。

　　廖冬、唐齐：《解读土楼：客家土楼的历史和建筑》，黄山书社 2013 年版。

　　［日］河合洋尚：《日本客家研究的视角与方法》，社会科学文献出版社 2013 年版。

　　［日］濑川昌久著，河合洋尚等译：《客家》，社会科学文献出版社 2013 年版。

　　闽西客家联谊会编：《闽西客家外迁研究文集》，海峡文艺出版社 2013 年版①。

（二）客家研究的前瞻与归宿

　　客家研究作为时下的一门"显学"，吸引着世人的眼球，这方面既有显著的成绩如前所述，同时也暴露出其中的缺陷，展望其前景，不少头脑清醒的学者也公开表示出他们的忧患。客家研究的学术归宿如何，已是当今不能回避且应高度重视的问题。

　　1. 客家研究的缺憾与困惑

　　表面上如火如荼的客家研究，伴随着日益显露的一些问题。一是浮躁之风蔓延。作为客家研究重要奠基者的罗香林，是著名的国学大师，其研究素以功底扎实、考证严谨而著称，因此，客家研究之初，其学风还是为人所称道的，这也为日后的客家研究打下了良好的基础。但世事变幻、白云苍狗，学术界的风气似乎向着浮躁、功利、媚俗的方向发展。在整个学术界浮躁之风日盛的大的学术背景之下，客家研究似乎在这方面更加凸显。不少研究者并没有沉下心来进行客家研究的长远考量，在这方面缺乏信心、恒心和定力。急功近利，未做深入调查与思考就抛出"新论"，希望一鸣惊人者有之；为了职称评聘、为了完成科研任务或为了赴会而成急救篇者也颇为不少。缺乏资料的搜集，缺乏深入的思考，加班加点，写完拉倒，连自己也不愿意看，一锤子买卖，这样的情况并不罕见。可怕之处在于，这样的人并非是极个别，这样的事也日趋普遍，司空见惯，见怪不怪，已悄然蔚

---

　　①　以上仅是近些年来出版的部分客家研究论著。

然成风。

二是经济利益驱动。这些年我们常常遇到一个有趣的现象，即一些地方政府和官员颇为热衷于客家文化，而从其言谈中我们不难发现，这些官员对客家文化既不懂甚至也不感兴趣，他们是"醉翁之意不在酒"，一言以蔽之走的是"文化搭台，经济唱戏"的路子。他们的目的是希望通过打"客家牌"来为地方经济的发展寻找新的机遇。从地方经济发展的角度来看，他们这样做并非没有一点道理，但是，如果客家研究都是走这条路子，那么，这门新兴学科也就夭折了。这是因为，学术研究讲究的是科学性；而经济发展本来也是要讲究科学性的，但当下却都是讲究实用性，追求 GDP；科学性是求真，排除人为因素；而实用性是求效益，只要能获得效益，真假，甚至有时连善恶也显得不重要了。因此，这是两条不同的路径、方法及境界，由此可以明了：以追求经济效益的目的来进行客家文化研究，其研究的结果是大有问题的。

三是队伍参差不齐。客家研究看起来声势浩大，人山人海，但对此认真统计、仔细分析，却感到其中存在着某些问题。

客家研究的队伍主流大致由三部分人员组成，一是高校教师，特别是赣闽粤客家地区高校的教师，他们凭借地利（身处客家地区，自有其研究的便利之处）、人和（多为客家人，对客家研究有一种天然的情愫），还有"天时"——他们具有一般高校所不具有的"天时"，例如，赣南师范学院、嘉应学院、龙岩学院都获得了本省教育部门的特批，拥有客家研究的省高校重点人文社科基地这一重要平台，省有关部门在政策、资金等方面对客家研究给予种种优惠条件等。因而，高校教师是客家研究方面的主力军。二是社科院系统，上至中国社会科学院，以及地方社科院如四川省社科院等都有一批研究人员从事客家研究，并且成果颇丰。三是地方文化工作者，他们或受命于地方政府，或纯粹是出自其本人对客家研究的兴趣，这类人员人数也不少。

总体看来，客家研究人员相对较为集中在客家区域，而客家区域之外，人数就稀少了，这种情况其实对于客家研究是不利的。因为客家研究不是一般的地域文化研究，客家人的播迁及影响已遍及海内外，并且这三支队伍中，研究目的、水平及其成果也是不平衡的，即使是三支队伍中的每一支队伍内部的人员，其研究水平也是有一定差异的。

四是成果质量不高。这些年来，客家研究的成果层出不穷，给人以很热闹的感觉。其实，此中也参差不齐。有的论著并没有经过必要的调研和缜密的思考，就轻率的下结论；有的成果了无新意、雷同前人；有的作者没有自己的独立思考，而是随意跟风、人云亦云；有的粗制滥造、漏洞百出。

五是学科定位不明。客家研究如果从其源头算起，已有两百余年，即使从其初兴期算起也有一百年左右，或者从复兴期算起也有二三十年，但是令人困惑的是：它归属于哪个一级学科或二级学科？令人惊讶的是，这一大是大非、关系到客家研究发展大方向的问题，不仅尚无定论，甚至至今还很少有人对此进行过认真的思考。

学科定位不明，就使得客家研究的发展既没有方向，也缺乏后劲。

2. 客家研究的前瞻

客家研究今后如何发展，这是每一个有志于从事客家研究者所必须思考的。

第一，端正学风是当务之急。求真是一切学术的基础或安身立命之本，客家研究也不例外。我们必须奉行求真求实的原则，严格遵守学术规范，特别是像客家研究这样基础较为薄弱的学科更应如此。否则就是自挖墙脚、自毁长城，最终毁了客家研究及客家学科。

第二，要有一个长远的目标和通盘考虑。

客家研究不是一锤子买卖，是一个长期的事业，因此，就一定要有一个战略性的、长期的计划，有一个全局性的考虑，而且，客家研究的空间非常之大，其研究也十分繁重，需要各地、各高校及科研机构密切联系，分工合作，方能获得更好的效果。

第三，加强基础研究以及重点问题研究。

作为基础工作，对客家的基本概念要达成共识。例如，客家本身的概念，即什么是客家？什么是客家人？什么是客家民系？等等。

同时，要对客家的一些重要问题进行深入的研究。

例如，客家的源流问题，这个问题是客家研究的基础性问题，它的研究结果，关系到客家的概念、客家人的认定、客家文化的传承、特质以及客家精神等一系列问题。客家源流问题，是一个两百多年前即客家研究刚刚开始就提出来了的老问题，同时又是一个大的、至关重要的、颇有难度的一个问题，可以称之为"老、大、难"问题。因为客家民系的特殊性：播迁的范围特别广，世界上80多个国家都有其踪迹，其在国外的人口有1000多万人。因此，这就决定了客家源流的调查及研究工作是一个异常庞大而复杂的文化工程。其源的考察还可以在大陆进行，而其流的调查则必须在海内外一并展开，无论是历时性还是共时性的考察，这两方面的工作都不轻松。而从纵向来看，只有兼顾客家的源和流，从横向来看，一并考察海内与海外，客家源流问题才可能获得一个比较客观、全面、为学术界所认可的客家源流报告。显然，客家源流问题的解决需要做艰苦的考察工作，这个工作考察的范围大致包括三大部分，一是赣闽粤毗邻地区，这是客家民系形成的摇篮，也是当今客家人聚居的核心区域，是客家人口最多，最为集中的区域；二是客家源流在国内的重要区域，如北方南迁始发及经过的重要省份如河南、山西、安徽等，以及客家民系形成之后迁徙的重要省份如湖南、四川、广西、陕西、海南等；三是客家人在海外播迁的重要国家如印度尼西亚、马来西亚、泰国、新加坡等。20世纪的初中叶，客家研究大师罗香林试图解决这一问题，但由于当时的历史条件诸如战乱、交通不便等因素的制约，他实际上只跑了上述三个区域中的第一个区域，而且，其中面积最大、人口最多的赣南他没有去，这样，就自然影响了他关于客家源流研究成果的质量。

又如，对客家文化尤其是民俗文化的研究，这是客家研究的另一个重要方面，因为它是客家文化中很有特色又相对保留的较为完整的部分。其中，民间信仰研究应该是其中的重点之一，其研究的重要意义可从如下三个方面来看。

一是以社会发展的眼光视之。赣、闽、粤、客家民间信仰之深厚在全国极为罕见（例如，该区域是我国风水形胜派的发祥地，大量民众笃信风水，其风水师曾为明朝勘定皇陵十三陵，被称为"中国风水第一村"的三寮村，现常年仍有上百人在海内外勘察风水），该区域也是著名的"老区"，为我国的经济欠发达地区。经济的欠发达与该区域浓厚的民间信仰之间有无关联，已有学者提出了这一问题。应通过深入调查以揭开这个谜，并在此基础上提出具有可行性的相关对策，以促进该区域经济的进步与社会的发展。二是以文化传承的眼光视之。在赣闽粤客家区域，古今相传着与民间信仰相关的大量祠庙及庙会，它们是我国传统文化的一部分，但正面临着现代化进程带来的承传或失传的挑战。应对此进行较为全面的调查工作，并制订出在当今"城镇化"的新形势下如何保护与应对的具体方案，提供给相关部门。三是以两岸一统的眼光视之。赣、闽、粤区域是客家民系形成的摇篮，在漫长的历史时期，从该区域迁居于海外的客家人有千万以上，其中台湾大约有400万客家人，在不少民间信仰方面，海外（尤其台湾）客家人与该区域客家人同根同源。这方面的调查及研究，拟进一步发掘探索这种共同点，并在研究报告中制订这方面两岸的学术交流及研究计划，以增进海峡两岸的文化认同，裨益于祖国的统一大业。

第四，学科建设问题。

客家研究要可持续地顺利进行，其学科的建设是一项极为重要的工作。

要明确学科定位或学科归属。笔者一直认为，不要把客家研究神圣化或神秘化，客家其实就是汉族的一支亦即其中的一个民系。因此，按照这个思路，复杂的问题就简单了：应该是属于民族学。既然确定是属于民族学，许多问题也就迎刃而解了。因为民族学的研究在我国有着丰富的经验，有多方面可以借鉴以免走弯路。

从纵的方面，民族学要研究民族的历史，包括起源及其原由、发展过程、民族迁徙、社会变迁、历史人物等；从横的方面，要研究民族的社会、经济、风俗、语言、文化特质、民族精神等。有了这一参照系，客家研究要研究什么已经很清楚了。

明确了学科定位，还必须努力开展学科建设的一些具体工作，例如，师资队伍建设、相关资料（包括文献资料、实物资料以及田野调查的口碑资料等）的搜集、整理等，其中有关招收客家学研究生的问题是一个值得重视的问题。

客家学研究生的招收问题，是一个长期困扰着客家研究的发展，关系到客家研究的后继有人的问题，也是客家学科建设必须面对、解决的重要问题。至今，客家学并没有被纳入到国家颁布的研究生招生目录中，只是在少数二级学科招生目录中用括号标明客家研究方向，显得有些不伦不类。因此，比较理想的状态是在民族学一级学科下设客家学二级学科，但这可能是一个较为漫长的过程，在此之前，在二级学科下招收客家研究方向研究生也不失为一个权宜之计。

三　客家文化特质探析

20 世纪 90 年代以来，随着"客家"热的全球升温，对客家文化的研究也日益成为一门显学。然而，这方面的研究也暴露出明显的缺陷，即对客家文化的研究主要表现为对客家民俗文化具体事象如民居、饮食、服饰、习俗等方面的调查和叙述，而对客家文化特质方面的深层次探索的论著极为少见，或者，将客家文化特质等同于具体的客家民俗文化事象。这样，就不能合理地诠释客家精神风貌以及客家民俗文化产生的深层原因，不利于客家学这门新兴学科的构建和发展。一种文化的特质是指该文化带有决定性、本质性的特点，包括精神层面的文化特质以及物质层面的文化特质。对文化特质的研究，是文化研究中的必然走向。

本文认为，客家文化的特质不是一维的，它表现出儒家文化、移民文化与山区文化的多维特质。客家人崇祖先、重教育、保守与变革的特点以及寻根意识、开拓精神与奇特而丰富多彩的民俗风情，可谓是这种文化特质的外在表现。

（一）客家文化特质之一：儒家文化

儒家文化是客家文化的基本特质。

　　自西汉武帝"罢黜百家，独尊儒术"以来，儒家思想成为在中国占统治地位的思想，儒家文化也就长期成为中国传统文化中的强势文化，是中国传统文化三大支柱中最重要的支柱。应该说，汉族的各个民系受儒家文化之影响都是非常大的，而在客家文化中，儒家文化的影子似乎比其他民系保留得更多、更浓厚也更为持久。

　　儒家文化对客家文化的影响突出地表现在崇祖先、重教育以及守旧与变革的两重性方面。

　　崇祖先　儒家思想中有浓厚的崇祖色彩，儒家与祖先崇拜的密切关系，从其鼻祖孔子那里就奠定了。据说"孔子为儿嬉戏，常陈俎豆，设礼容"①。他从小就对周礼，特别是其中的祭祀祖先之礼，产生了浓厚的兴趣。据记载："子入太庙，每事问"②，孔子来到太庙，对祭祀祖先的祭器、祭礼等有关事宜表现出极大的兴趣。而在参加祭祀祖先的活动时，孔子自谓"祭如在，祭神如神在"③，他总是毕恭毕敬、唯虔唯诚，整个身心都沉浸在其中，仿佛祖先真的在祭所似的。在儒家的经典著作即"四书五经"中，有着许多关于祭祖的内容，并且从不同角度流露出崇祖的思想。后世儒家学者继承了孔子以及儒家经典"四书五经"的崇祖思想。他们一方面在理论上宣扬祖先崇拜的意义，另一方面身体力行地积极参与各王朝宗庙和祭祖制度的制定。在他们的努力之下，中国历代王朝的宗庙制度和祭祖制度，得以不断地延续下去。他们还在使祭祖被纳入到民间宗族制度方面作出了努力，尤其是在宋代，理学的集大成者朱熹，曾经提出了一个宗子祭祖的方案，其中内容有，每个宗族内必须建立一个奉祀高、曾、祖、祢四世神主祠堂四龛，并且，初立祠堂时，计现田每龛取二十分之一作为祭田，以供祭用。朱熹等人的主张对后世影响很大。从此，民间祠堂、义田大量涌现，家族的祭祖活动更为频繁。祖先崇拜在儒家的倡导下成为普遍风气，崇祖是儒家文化的一个重要特征。

---

①　《史记·孔子世家》。
②　《论语·八佾》。
③　同上。

　　客家民系的形成恰逢理学盛行时，客家文化深受理学家崇祖思想的影响，忠实地继承了儒家的崇祖文化。其中，客家祠堂集中地体现出客家人的崇祖意识。在传统的客家社会，客家宗族无论大小都建立起自己本族的祠堂，祠堂是祖先的妥灵处，其主要功能就是崇颂和祭祀祖先。祠堂放置祖先的牌位，俗称"祖公牌"、"神主牌"，置于祠堂上厅的神案上。一块神主牌代表一位祖先，历史悠久的大宗族的祠堂，往往分几层陈列着几十块甚至上百块神主牌，密密麻麻，蔚为大观。在许多传统的客家祠堂，盛行在春节等节日挂祖宗像的做法，表示对祖先的崇敬与思念。春节挂祖先像一般是从农历腊月二十五日开始，至正月十五结束。在此期间，人们早晚要到祠堂的祖像前烧香点烛、虔诚供奉。在过去，男婚女嫁时，也要在祠堂或祖厅的祖像之前表示其虔敬之意。女子出嫁时，要在祖像前祭拜；男方的接亲者也要到女方的祖像前进行供奉；新婚拜堂时，要在祖像前拜天地、祖宗与父母。客家祠堂的大门两侧、厅堂的墙壁及柱子上，镌刻着许多对联，其内容以颂扬宗功祖德的居多。例如：南康凤岗董氏宗祠对联："堂势尊严昭奕代祖功崇德，宗支蕃衍喜联科秋解春元"，对联中表达了子孙后代对祖宗的崇敬和怀念之情。"祠"的本意就是在春天祭祖，祭祀祖先是祠堂的最主要功能，在客家人的各项祭祖活动中，祠祭是其中最为重要的仪式之一。客家人举行祠祭的时间，较为普遍的是奉行春、秋二祭，此外，也有不少家族在冬至日举行祠祭。祠祭的参加者为族中男丁，如宗族太大，则由每家或每房派代表参加。祭祖仪式多由宗子、族长主持，祭祖仪式隆重，气氛庄严、肃穆。客家人除建祠堂外，还重祖坟及其"风水"，这都反映出其浓厚的崇祖观念。

　　重教育　儒家素有重视教育的传统。儒家创始人孔子在打破贵族对教育的垄断，推广私人办学这一新的办学方式方面作出了重要贡献。他提倡且实行"有教无类"的教育理念，广招学生，先后有"弟子三千，贤人七十"，可谓是桃李满天下。后世儒生们继承了孔子的教育思想，高度重视教育。由于儒生的提倡，汉武帝设立五经博士等学官，开通了读书、受教育而做官的机制，后来科举制度的创立与实施，更是打开了通过读书而步入仕途的大门，客观上也促进了教育地位的提高以及教育的发展。

客家文化中突出地体现了儒家重视教育的精神。客家中广泛流传着这样的童谣："蟾蜍罗，哥哥哥，唔（不）读书，无（没）老婆"、"生子不读书，不如养大猪"。在传统社会，客家重视教育，比较突出地表现在办祠堂学校和助学、奖学等方面。客家人主要生活在山区，经济相对落后，在兴学校、办教育方面存在着一定的物质条件的制约。然而，客家人利用祠堂众多的得天独厚的优势，办起了一所所的学校。法国神父赖里查斯在《客法词典》中描写道：在嘉应州，"我们可以看到随处都是学校。一个不到三万人的城市，便有十余间中学和数十间小学，学校人数几乎超过城内居民的一半。在乡下每一个村落，尽管那里只有三五百人，至多也不过三五千人，便有一个以上的学校，因为客家人每一个村落都有祠堂，而那个祠堂也就是学校。全境有六七百个村落，都有祠堂，也就是六七百所学校，这真是一个骇人听闻的事实"。① 赖里查斯虽然描写的是嘉应州祠堂办学的情况，事实上，其他客家地区这方面的情形也是大致相同的。据粗略统计，客家祠堂曾经成为办学场所的有数千座之多！甚至现在，仍有少量的客家祠堂作为村级小学的教学场所。有的祠堂学校规模很大，例如，民国二十二年，宁都黄陂村廖氏武昌公祠办了一所小学，校内学生多达 400 余人。客家人除办祠堂学校外，还出资帮助族内一些有培养前途而经济困难的子弟继续深造，同时，奖励族内学有所成的子弟。过去，客家祠堂都有祠产，有一定数量的田地，叫作"公堂田"，公堂田的收获除用来举办祭祖仪式之外，相当一部分用来助学奖学，称为"学谷"，根据子弟考取功名的不同层次给予相应的奖励。客家之所以人文兴盛、人才辈出，与其弘扬儒家的重教精神，积极办学、助学与奖学是分不开的。

保守性与变革性 儒家表现出保守性与变革性的二重性特征。例

---

① 《外国人对客家人的评价》，见《客家研究》第一集，同济大学出版社 1989 年版，第 178 页。

如，孔子提倡"克己复礼"，企图恢复过去西周的等级制度，表现出其守旧思想；同时又说："齐一变，至于鲁，鲁一变，至于道。"①"殷因于夏礼，所损益可知也；周因于殷礼，所损益可知也；其或继周者，虽百世，可知也。"②承认社会制度某些变化的合理性。儒家后学也是如此，一方面主张"天不变，道也不变"③，另一方面又宣扬"苟日新，又日新，日日新"④，"天地之化，往者过，来者续，无一息之停"（朱子语）的思想，儒家的经典著作，作为"五经"之首的《周易》盛赞"周武革命"，称其"顺乎天而应乎人"，并且发出了"革之义大矣哉"⑤的感叹。在历史上一些推翻旧王朝，建立新政权的变革或战争中，常可见到儒生的身影。

　　一方面，客家文化在一定程度上继承了儒家守旧的一面，表现为客家人重视传统，习惯因循，性格偏内向；另一方面，客家文化又发扬了儒家变革性的特点，客家人勇于变革和革命，这方面自近代以来表现得尤为突出。当政治腐朽、社会黑暗、民不聊生的时候，他们往往挺身而出，揭竿而起，向腐朽势力发动冲击。例如，太平天国的领袖人物洪秀全、东王杨秀清、西王萧朝贵、南王冯云山、北王韦昌辉、翼王石达开等皆为客家人⑥，其部众中也有大量的客家人；辛亥革命的领导者中不仅孙中山是客家人，其创立的第一个革命团体兴中会的 32 名会员中，有 31 人是客家人。现代中国革命的领导人中也有许多客家人，如朱德、叶剑英、张鼎丞等。20 世纪 30 年代，中共中央把中央革命根据地建在客家大本营并非心血来潮，客家人所表现出的革命性亦当是这一决策的依据之一。在第二次国内革命战争期间，客家人积极投身到革命斗争中，仅兴国一个县 23 万总人口中就有 8

---

① 《论语·雍也》。

② 《论语·为政》。

③ 《汉书》卷 56《董仲舒传》。

④ 《礼记·大学》。

⑤ 《易·革·象》。

⑥ 王庆成：《客家与太平天国起义》见《客家与近代中国》，中国华侨出版社 1999 年版。

万人参加红军，其中，牺牲的革命烈士人数达 2.3 万人之多。长期以来，客家人确实表现出一种"国家兴亡，匹夫有责"，关心国家，关心政治，以天下为己任的精神和气概。日本学者山口县造在《客家与中国革命》一书中说："没有客家，便没有中国革命，换言之，客家的精神，是中国的革命精神"①，这话虽说得有些绝对化，但也确实道出了客家人变革性、革命性的一面。

（二）客家文化特质之二：移民文化

客家民系是中国历史上多次移民运动的产物。罗香林先生认为，在历史上，客家民系经历了 5 次大的迁徙活动：从汉末至东晋，中原汉人南迁鄂、豫南部，到达皖、赣，进入长江流域，这是第一次大迁徙。东晋至五代，汉人又由长江流域南迁至皖南及赣之东南，闽之西南，以至粤之东北边界。这是第二次大迁徙；第三次大迁徙是客家民系形成中的大迁徙。宋高宗南渡时期，客家先民的一部分，由第二次大迁徙后的旧居，分迁至粤之东部、北部；第四次大迁徙是明末清初，满族南下及入主中原时期，客家先民的一部分，由第二、第三次大迁徙后的旧居，分迁至粤之中部及滨海地带，与川、桂、湘及台湾等地；第五次大迁徙为同治年间，由于受到广东西路事件及太平天国事件的影响，客家一部分人民，分迁于广东南路及海南岛、台湾、香港、澳门、南洋群岛以及欧美等地，为世界范围的迁徙。

这些迁徙活动对于客家民系是非常重要的，没有这些移民运动就不会产生"客家"，而客家文化的产生与变迁也是与移民运动密切相关的。客家文化的移民文化特质表现得颇为鲜明。

作为一种移民文化，客家文化表现出一种寻根思源的情怀，这突出地表现在其堂号和楹联上。

追根溯源是客家祠堂楹联的一项重要内容，例如，南康钟氏祠堂

---

① 《外国人对客家人的评价》，见《客家研究》第一集，同济大学出版社 1989 年版，第 175 页。

楹联①：

> 华胄耀唐江之南，由宋迄今声并田门称叠起；
> 族姓衍颍川之绪，建宇妥灵誉继振公永留传。

叙述了钟氏宗族发源于河南颍川、自宋南迁且定居于南康唐江之南的历史。又，宁都李氏祠堂楹联：

> 叶密柯聚，自世根深柱下；
> 支分派远，由来源自陇西。

说明该宗族是从陇西辗转迁徙至宁都的。又，赣县戚氏祠堂楹联：

> 堂基开宋代，昔自苏州分派；世袭出临辕，颇看赣水发祥。

表明戚氏本是江苏苏州人，后来在宋代迁居于赣县。又，上犹廖氏祠堂楹联：

> 源远流长自唐代为御史中丞，祖德宗功当思发扬光大；
> 溪清水秀由博州迁豫章南野，瓜繁椒衍毋忘好友亲朋。

概述了廖氏宗族自博州（山东聊城）南迁至江西上犹的情况。又，武平王氏祠堂：

> 脉本太原今蔚起人文自昔曾魁四杰，派向桃溪衍鼎新门第徙今好植三槐。

---

① 以下所引祠堂楹联，为笔者进行田野调查时所摘抄。

叙述王氏源于于太原的往事。

客家人重视传统，不忘本源，他们将其宗族之渊源以及其先人南迁的概况，郑重其事地写进祠堂的楹联，以昭示后代。这些楹联，一方面成为人们研究客家先民南迁历史及客家民系形成的重要资料；另一方面，流露出客家人重传统、重宗族、重本源的观念，表现出客家文化之移民文化特质。

在客家的文化事象中，有不少就是这种移民文化的反映。

语言是划分不同民系的主要标准之一。客家方言的特色非常鲜明，被认为是保存古音最多的一种方言，人们将其称为古代汉语发展演变的"活化石"，而之所以具有这一特点，实与客家民系迁徙的过程有密切的关系。据研究，客家方言中所保存的"魏晋古音"或"六朝古音"，与"次生形态的客家先民"在东晋南北朝时期的迁入有直接的关系；而客家方言在不同程度上带有唐代汉语和宋代汉语的某些特点，则是"新生形态的客家先民"在两宋之际及宋末元初大规模迁入的结果。①

在民俗风情方面。在客家传统社会，盛行着一种"二次葬"的习俗，所谓"二次葬"，又称作"洗骨葬"或"捡骨葬"，是安置祖先遗体的方法，就是在将死者埋葬数年，待其皮肉腐化之后，将其骨骼收捡、洗净，置于瓦罐内，妥善保存，或择时日、地点再埋葬。据《嘉应州志》记载这种情况说："有数十年不葬者，葬数年必启视洗骸，贮以瓦罐，至数百年远祖尤为洗视，或屡经启迁，遗骸残蚀，止余数片，逐转徙不已。""二次葬"出现的原因，固然与人们头脑中的灵魂不灭观念密切相关，但更与客家人的迁徙历程有关，民国时期出版的《赤溪县志》在谈到"盛骸以罌"的原因时分析说："疑当时多徙他处迁居，负其亲骸来此相宅，遂以罌盛而葬之。嗣又以流移转徙之不常，恐去而之他乡，故相传为捡骸之法，以便携带软。"② 道出了客家的"二次葬"与其迁徙的关系。

---

① 王东：《客家学导论》，上海人民出版社1996年版，第212页。

② 民国《赤溪县志》卷一《舆地》。

　　客家妇女的发髻头饰也与客家民系的迁徙有关。客家妇女过去常盘发髻，并有发髻中插银器头饰的习俗，一般是一把银簪，一把银夹，三把银叉。据传，客家先民在南下大迁徙的途中，妇女将铁器小刀、短剑或利叉隐藏插于发髻中，作为防身器具，即使到新的居住区，初期也需要自卫防身，久而久之，这些用以防身自卫的器具演变成客家妇女特有的发髻头饰，所不同的是，以银器代替了初期的铁器。

　　客家文化实际上是一种多元文化，它以中原文化为主体，融合了迁居地的畲、瑶等少数民族文化，而这种融合与客家的移民活动关系密切。葛剑雄先生指出："移民既然以定居为目的，就不得不作出文化上的选择，或者接受迁入地的文化，使自己融合于其中；或者坚持自己的文化，并且推行到当地人中去。由于他们最终会成为主人的一分子，所以在接受或传播一种文化时都会采取比较积极的态度。这当然取决于移民的数量和他们的政治、经济、文化的能量，并且结果也不会如此简单，但除非双方相差过于悬殊，两种文化总会产生碰撞、冲突、互动和融合。"① 因此，移民是这种民族融合的动因，客家文化体现出移民文化的特征。

（三）客家文化特质之三：山区文化

　　客家地区的地理地貌的基本特征是多山。赣南："层峦叠嶂，气势磅礴"②，"赣之为郡，处江右上游，地大山深，疆隅绣错"③，"赣地夙号多嶂"④，赣郡："多崇山幽谷"⑤，闽西："闽中壤狭田小、山麓皆治为陇亩……汀踞闽上游，复岭崇冈，山多于地。"⑥ 粤东："无

---

① 周积明等主编：《中国社会史论》，湖北教育出版社 2000 年版，第 285 页。

② 文翼：《同治赣州府志序》。

③ 汤斌、周令树：《重刊明天启赣州府志序》。

④ 张尚瑗：《康熙赣州府志例言》。

⑤ 陈良弼：《康熙赣州府志序》。

⑥ 《道光版长汀县志》。

平原广阡，其田多在山谷间，高者恒苦旱，下者恒苦涝。"① 总之，赣闽粤边区这一客家大本营是典型的丘陵山地。

黑格尔认为："助成民族精神的产生的那种自然的联系，就是地理的基础……这地方的类型和生长在这土地上的人民的类型和性格有着密切的关系。"② 黑格尔关于"历史的地理基础"方面的论述，我们并不能完全赞同，但他的这番话揭示出自然与人文的密切关联，对于我们来说是颇具启迪性的。客家民系由于迁居于山区，山区作为客家人生于斯、长于斯的地方，作为客家人从事生产以及各种经济、政治、文化活动的大舞台，亦即黑格尔所说的"地理基础"，反过来对客家人精神文化的塑造也产生重要的影响，使得客家文化表现出浓厚的山区文化的特质。

山歌是客家文化中最具代表性的文艺形式之一，它广泛流传于客家地区，其内容贴近生活，语言生动，情意真切，神韵自然，堪称是民族艺术的奇葩。而山歌能产生和流行，最为重要的客观环境就是因为有"山"。我国著名民俗学家钟敬文先生曾指出："至于客家人的生活，因为他们所处的环境的关系，所以每日作业于田野山岭间的，颇占多数，并且男女俱出，没有'男子事于外，女子事于内'之严格差别。至少，我们这一带客家人的情形是如此。他们的气质，大都简朴耐劳，很少有慵惰浮夸的恶习，犹保存古代人民的风范。这些，都和他们山歌的产生及内容等有关系。"③ 美国传教士罗伯史密斯说："客家妇女在山中砍柴草时，常常是一边劳动，一边唱她们自己所创造和喜爱的山歌，而且一问一答，应对如流。有些会唱歌的男子，便会唱起含有爱情词句的山歌，向女方挑逗，往往因此成就良缘。现在这种特殊风格的客家山歌，在东方民俗学中，已占有重要地位了。"④ 指出了山歌的创作及歌唱与"山"的关系。可见，这是一种原生态

① 《光绪版嘉应州志》。

② 黑格尔：《历史哲学》，王造时译，上海世纪出版集团2001年版，第82页。

③ 钟敬文：《客音的山歌》，《钟敬文民间文学论集》（下），上海文艺出版社1985年版，第301页。

④ 新加坡《客总会讯》1986年第11期。

的山区文化，它突出地表现出客家文化的山区文化特质。

客家妇女不裹脚，被称作"大脚婆"，罗香林在《客家研究导论》一书中指出："在人口千万以上的汉族诸民系中，唯一没有染上缠足陋习的就是客家了。"一个西方传教士也颇有感慨地说："西人素束腰，华人缠足，唯（梅）州人无此弊，于世界女人最无憾矣。"①客家妇女为什么不裹脚？其原因众说纷纭，其实，这主要就是与客家妇女所承担的劳动重任以及所生活的山区地理环境有关。客家妇女不仅要承担"灶头灶尾"的家务，而且要像男子一样劳作在"田头田尾"，还要砍柴挑担。山路崎岖，劳务繁重，小脚极不方便，只有天放之足才能适应那里的生产与生活。由此可见，客家"大脚婆"也是山区文化的一种体现。

客家的茶文化也显现出山区文化的特色。茶叶树喜暖湿和酸性土壤，广泛分布于我国南方山区，客家地处山区，气候与土壤皆适宜茶的生长，因此，茶成为客家重要的经济作物，如阳岭茶、小布岩茶等都具有一定的知名度。因产茶，客家人又将茶叶、芝麻、花生、甘草等原料置于擂钵，擂成茶泥，再冲入沸水，制成擂茶，是为风味独特的客家饮料，成为客家饮食文化中的珍品。因生产茶叶，在采茶劳动中，客家人又创作了采茶戏，使得客家地区成为采茶戏的发源地，与采茶相关的，还有采茶歌舞、茶篮灯等。茶树、茶叶、擂茶、采茶戏以及采茶歌舞等，形成富有特色的客家茶文化，而这种茶文化，其根基和土壤皆在山区，从这个意义上可谓是一种山区文化。

客家人的精神、气质和视野等方面也与这种山区文化有密切的关联。客家人从北方辗转迁徙到南方山区，艰难的山区生产生活环境，培育了客家人吃苦耐劳、开拓进取以及勤俭节约的精神。值得注意的是，客家所居住的山区自然环境，在一定程度上又限制了客家人的视野，客家人所表现出的性情不够开朗，遇事喜欢计较、商业意识相对淡薄等，也是这种山区文化的体现。

客家文化并非单一的、线形发展的文化，而是由诸种文化因素组

---

① 新加坡《客总会讯》1986 年第 11 期。

合而成的一种多元文化，其中，儒家文化是其基本特质，同时，还表现出移民文化与山区文化的特性，这就构成了多姿多彩、富有特色的客家文化。

四　冷静反思客家文化

如何正确地评价客家人的历史和现状？怎样才能使客家未来的发展紧紧跟上时代潮流？这不仅是重要的理论问题，也是迫切要求解决的现实问题。兹就这些问题略作思考和分析。

1. 对客家的历史与文化，应进行客观、理性的评估

客家人的历史是一部创业史。千百年来，客家人由北向南，筚路蓝缕，艰苦创业，使长江以南（尤其是闽粤赣三角区）的大片猺狿之地得到开发，成为经济发展、人文繁盛的区域。虽然有着时空上的差异，但就其开拓精神与辉煌业绩而言，客家人的南征完全可与美国移民开发西部的壮举相媲美。在漫长的历史岁月中，作为汉民族的一支民系，客家人人才辈出，并创造出颇具特色的客家文化，而与此同时，客家人也存在着一些明显的弱点和缺点，对此，我们应有清醒的认识。

对于客家历史与文化的评价，我们主要应避免两种倾向，一种是肆意贬低，另一种是拔高与避讳。

曾有人置基本事实于不顾，贬斥客家人"非汉种"、"不甚开化"，是"野蛮的部落、退化的人民"[1]，这种对客家人及其历史文化任意歪曲的做法，如果不是出于无知，就是别有用心，殊为荒谬。

但就现实情况而言，对客家人的拔高之风远比贬抑之风其势为甚。

例如，日本人山口县造在其著作中对客家人有一段论述。

　　　　客家是中国最优秀的民族，……他们的爱国心，比任何一族

---

① 马尔葛德：《世界地理》（1920 年上海商务印书馆英译本）。

为强……没有客家，就没有中国革命。①

　　这段论述为人们所熟知，并被广泛地引用在有关客家研究的文章中，但冷静地思考、推敲一下，却可发现这段论述有些问题。第一，将客家称为"民族"是明显的错误。第二，退一步来说，山口所称的"民族"，就是"民系"的意思，那么，在该词前面加上"优秀"二字，倒也还说得通；然而，在"优秀"二字前再冠以副词"最"字，即所有民系中最优秀的民系，这就有问题了。因为这个"最"字表示着一种绝对优势，意味着天下第一、举世无双。这个称谓，客家人听得舒服，但要得到其他民系的承认，恐怕就不那么容易。事实上汉族诸民系是各有千秋的，例如，江浙系长期以来经济、文化都很发达；潮汕系善于经商，驰名中外；广府系敢闯敢干、虎虎有生气等等。不好说其中哪个最优秀，如果硬要从中推选一个"最优秀"的民系的话，则客家人也很难说能赢得这一桂冠。因为客家人尽管在历史上有许多建树，但平心而论，自客家民系形成后的千余年中，经济上，最发达的地区并不是客家地区，政治上，位居朝廷显要或处于政治上风口浪尖的人中，客家人所占的比重并不十分大；文化上，出进士状元最多的，按人口比例来看，显然也非客家民系。因此，称客家人为优秀民系的话较符合实际，若加上"最"字则有绝对化与拔高之嫌。第三，客家人因生存环境的恶劣、受压迫的沉重，故有强烈的斗争精神、富有光荣的革命传统，这的确是客家人所值得自豪的。但我们知道，中国自近代以来外患内难，矛盾重重，革命成为势所必然。全国各地、各族、各民系都有不少人投身于革命斗争，如果说客家人参加革命的人数多、功劳大，这无可非议，如果说"没有客家，就没有中国革命"，则又失之偏颇了。

　　此外，我们还常可读到一些溢美的词句，诸如"客家是中国许多民族中最进步的民族"，"是中国最卫生、勤劳、进化的民族"，是

---

① 山口县造：《客家与中国革命》。转引自张卫东、王洪友主编《客家研究》第一集《外国人对客家人的评价》，同济大学出版社1989年版。

"牛乳上的乳酪"① 等，这些是否有言之过甚、拔高之弊端？

与此同时，在客家研究中，避讳的现象也很常见，对客家人的一些明显缺点、弱点视而不见、避而不谈，不敢越雷池一步，只谈优点、长处，只看到光明的一面，似乎只有这样，才能体现出对客家人及其历史文化的尊重。

我们对客家的历史与文化，应进行客观的、理性的评估。对客家人的功绩，不容肆意抹杀或贬低，但也不能仅凭感情的因素，随意拔高、夸大或隐讳其缺点，以至养成其自高自大、孤芳自赏的不良心态。客家人只有正确地认识自己，才能真正做到扬长弃短，赶上时代发展的大潮流。

2. 客家人与当代潮流的契合点与差异

"客家人与当代潮流"既是颇有学术价值的理论问题，又是一个重要的现实问题。要探讨这一问题，首先应正确理解什么是"当代潮流"。

所谓"当代潮流"，亦即时代发展的主流或大趋势，主要有这么几方面的表现特征。

第一，经济的现代化；

第二，科技、文化、教育的发达；

第三，人的素质的现代化。

其中，人的素质的现代化，意思是说人成为与现代化潮流合拍的现代人。美国学者英格尔斯叙述了作为一个现代人所应具有的 12 个特征，包括。

（1）现代人准备和乐意接受他未经历过的新的生活经验、新的思想观念、新的行为方法；

（2）准备接受社会的改革和变化；

（3）思路广阔、头脑开放，尊重并愿意考虑各方面的不同意见看法；

（4）注重现在与未来，守时惜时；

① 转引自张卫东、王洪友主编《客家研究》第一集《外国人对客家人的评价》，同济大学出版社 1989 年版。

（5）强烈的个人效能感，对人和社会的能力充满信心，办事讲求效率；

（6）制订计划；

（7）尊重知识；

（8）可依赖性和信任感；

（9）重视专门技术，有愿意根据技术水平高低来领取不同报酬的心理基础；

（10）乐于让自己和他的后代选择离开传统所尊敬的职业，对教育的内容和传统智慧敢于挑战；

（11）相互了解、尊重和自尊；

（12）积极主动地了解本职工作和与此相关的生产过程和原理。①

在代代相传的客家精神中，仍有相当的成分是符合当代潮流的。例如，客家人的开拓精神。客家人以勇敢开拓的精神挺进南方，披荆斩棘，将许多荒无人烟之地，开辟成人口繁盛、农业发达的地区，更有一些客家人，大胆地到海外闯世界，在海外辛勤创业，获得举世公认的伟大成果。开拓精神，符合当代潮流，当代潮流的发展，需要开拓精神。再如，客家人具有务实的精神，人称客家人"耻虚务实"，②讲究实际，这一点，完全符合当代潮流的特点。又如，客家人吃苦耐劳，刚强弘毅，正是凭着这种精神，客家人到处落地生根，在极其恶劣的自然环境下顽强地生存下来，并取得辉煌的业绩。当代潮流的发展，需要大批具有这种精神的各方面人才。

这里，我们想强调一点的是，客家精神也有时空的差异及两重性。就拿客家人的开拓精神来说吧，从时间上来看，历史上兵荒马乱之际与条件尚十分恶劣之时，客家人的开拓精神就比后来条件改善、情况好转后要强；从空间分布来看，由于受地理环境等方面因素的影响，当今海外客家人比大陆客家人，大陆中梅州一带的客家人比赣南

---

① ［美］英格尔斯：《走向现代化》，殷陆君编译：《人的现代化》，四川人民出版社1985年版。

② 同治《赣州府志》。

一带的客家人，其开拓精神似乎要强些。在同样的时间条件下，客家人往往既有一定的开拓精神，又受传统文化的影响，有着一些因循守旧、安土重迁的思想，具有两重性的特点。

毋庸讳言，与当代潮流相比，客家人的差距也是显而易见的。

首先，在经济上，大陆客家地区的经济距现代化的差距还相距甚远，就是与大陆其他地区的经济相比，也显得较为落后，经济力量较弱，发展速度不快，还有相当多的贫困县、贫困乡。

其次，在科技、文化、教育方面，历史上，客家人有崇文重教的传统，在这方面也作出过显赫的贡献，但就目前情况而言，经济的落后制约了客家地区科技、文化、教育的发展，在这些方面，客家人已无优势可言，相比之下，显得落后了。

再次，在人的素质方面，客家人既有与当代潮流相合之处，也有其明显的差异。例如，客家人大多居住山区，生活在相对闭塞的空间，因而，有的客家人心理上较为内向、压抑，眼界也放不开，小心眼的人、斤斤计较的事屡见不鲜，社会交际方面显得不那么活跃，公关能力比较起来也显得弱些。

3. 在新的机遇与挑战中实现腾飞

客家人要赶上当代潮流，实现经济的腾飞，就要善于把握机遇，迎接挑战。

目前，是实现这一腾飞的千载难逢的好机会，就国际范围的形势而言，随着苏联的解体，东西方对峙多年的冷战宣告结束，尽管有的国家和地区的民族冲突依然存在，但就整体来看，世界已进入一个和平与发展的新时期。东西南北之间，国家与国家之间的经济、文化联系将日益加强，这样，既能够使我们在一个和平、宽松的国际大环境中集中精力搞经济，又为我们学习其他民族在经济建设方面的先进经验、吸引外资、加强对外经济、贸易合作提供了良好的条件。国内形势更为喜人，1992 年年初，邓小平南方谈话如春风化雨，滋润了十几亿炎黄子孙的心田，在中国大地上，吹响了改革开放、振兴经济的新的强劲的号角；十四大的胜利召开，再次明确肯定党的以经济建设为中心的基本路线绝不会改变，并且提出了振奋人心的有关社会主义市场经济的理论，这就使得当代中国出现了一个百舸争流、千舫竞发的新局面，套用毛泽东同志的一段话："中国人民从来没有像今天这样意气风发，斗志昂扬。"面对如此的机遇，我们一定要很好地把握住，机不可失，时不再来。

新的机遇往往也是新的挑战。在新的形势下，更多的新课题有待于我们去思考，更多的新困难有待于我们去克服，更高的险峰有待我们去登攀。在新的机遇面前，我们将面临强手如林的竞争者，也许，还会遭到许多意想不到的挫折，这都需要我们以极大的勇气去迎接挑战。逆水行舟，不进则退，我们只能前进，绝不能后退，我们已别无选择！

在新的机遇和挑战面前，客家人怎样才能实现经济的腾飞呢，这里，仅略陈管见。

第一，客家人应认清形势，更新观念，勇于接受新事物，学习别人的先进的东西；又应正确地认识自己，发扬客家的优秀的精神，克服自己心理上、观念上的弱点，真正地做到扬长弃短。

第二，根据上面所分析的，现在时机很好，形势紧迫，我们有些东西不能仅仅停留在嘴上和文件上，应动真格的，真正地干起来。鉴于客家地区经济还较落后的情况，因此，不仅要真干，而且要大干，没有大干的勇气和行动，慢吞吞地移动步子，而其他地区却发展较快，那么，客家人将永远落后于人。

第三，我们要尽可能消除或减少客家地区不利因素的影响，发挥客家地区的优势，实干加巧干。客家地区交通不便，基础设施落后，人多山地丘陵多，田地少，这是其短处。因而，应大力发展交通事业，路通才能百通，否则，经济大发展，吸引外资等都会成为泡影。人多田少，这是不利因素，但以辩证眼光看，其中也包含着一种优势，即人力优势，我们要充分调动人的积极性，把本地的事办好，又要创造多种渠道，向外输送劳力。这样，既可缓解人多田少的矛盾，又可为客家地区的建设积累资金。客家地区有丰富的物质资源，农副产品、矿产品都很丰富，例如，世界上钨矿藏量以中国为最丰富，中国的钨产量以江西最丰富，而江西的钨产量又主要集中在赣南客家地区。客家地区还蕴含着丰富的文化资源，客家的建筑、服饰、民风民俗以及客家的艺术都很有特色，也很有魅力，建议可建客家民俗村。而且，从长远看，应将客家旅游景点连成一片，使客家民俗及其名胜旅游形成气候，这是吸引中外游客、积累资金的有效途径。

第四，应促进客家的大联合。客家人在海外有千万人以上，散居在世界各地；在大陆有8000万以上，分布在广东、福建、江西、四川、湖南、广西等省区。可见，客家人若能拧成一股绳的话，将是一股非常强大的力量。客家的联合主要包括两个层次：第一层次是大陆客家人之间的联合。这个层次的客家人发展水平相近，地理环境相似，尤其是闽粤赣三角地带，从地理上来看更有着天然的联系，实行经济贸易合作条件优越、势在必行。事实上，这三地市的经贸合作已初见端倪，据有关部门的信息，1991年，梅州、龙岩、赣州联合召开了闽粤赣边区首届外贸协作会议，并商定此会每年召开一次，在三地市轮流举行，今年在赣州刚开过，明年下半年在龙岩召开。通过这样的协作会议，彼此加强了了解，沟通了信息，并取得经贸方面的实质成果，据今年《第二次闽粤赣边区外贸协作会议纪要》，这次会议，"经洽谈，共签订购贸合同、意向书6份，总金额2500万元左右，包括土产、畜产、五矿、机械、化工5大类"。另外，还有一些商品正在进一步洽谈中，协作三方都受益匪浅。第二层次是大陆客家人与海外客家人的联合。这个层次中发展水平不一致，海外客家人经济发展水平比较高，资金较丰富，在经贸、管理等方面积累了不少成功的经验；相比之下大陆客家人经济发展水平较低，但其物质与劳力资源却很丰富，两者结合，可取长补短。并且，双方现在虽有地理上的隔离，但更有着共同的语言，在血缘、心理、民风民俗等方面有着千丝万缕的联系或相同、相似的地方，进行合作，有着许多方便之处。总之，客家人应有开阔的视野和胸怀，树立大客家的意识，积极主动地开展不同区域间客家的经济、文化合作，团结一致、携手并进，共创客家腾飞的春天。

五 客家文化研究成果评析

（一）《客家谱诗祠联》书序

客家民系是汉民族的一个重要分支，客家文化既表现出客家的个性特点，又体现出中华民族文化的博大与中华民族精神的恢宏。

赣南是最大的客家人聚居地，既是客家民系产生的摇篮，也是客家文化的发祥地之一，自古即承担着创造、传承及弘扬客家文化的重任。

客家族谱与祠堂是客家宗族制度中的两大支柱，并且两者之间存在着密不可分的关系。无论是建祠堂还是修族谱，其尊祖敬宗收族以及光大祖德与传统文化的基本目的是相同的。赣南客家族谱编修之兴衰情况与祠堂有着相似之处：大致是宋元开始出现，明清时期出现高峰，20世纪30年代后走向低谷，50年代至70年代后期遭到禁止，80年代之后重修之风盛行。至20世纪末、21世纪初，绝大多数的客家宗族已完成新修族谱之事。

客家各宗族所编族谱，从其具体内容来看各不一样，但从体例、结构来看，明清之后已逐渐趋同，没有很大的差别。一般说来，客家族谱的体例结构大致包括如下主要内容。1. 谱序：内容为修谱目的、缘起及经过，也包括本宗族的渊源、分支、迁徙情况，杰出祖先的情况，本族以往修谱的情况以及旧谱之序。2. 凡例：说明本族谱的编纂原则和体例；3. 图谱：包括两类，一是本族有功德的杰出祖宗的遗像，二是祠堂、祖墓之图以及山林、牧场等的四至图；4. 世系：这是客家族谱的主要内容，多以世系表或世系图的形式反映本族的祖先渊源、血缘承继，能具体、清楚地反映本族成员的血缘关系；5. 族规：有的族谱称族约、家法、家规、家训、祠规、禁约等，是各宗族制定的教化和约束本族成员的规范和禁令，起着宗族法规的作用；6. 族产：包括祀田、义庄、坟山、房屋、店铺等，它们是宗族得以运行的经济支柱；7. 小记：如祠堂记、祖先人物传记以及各种杂记；

8. 艺文：收录族人的各种诗文著述，以及其他人所著的与本族有关的一些文赋；9. 字辈谱与领谱字号：字辈谱是记载宗族世系人名的排行用语，多以诗句的形式表述，是为谱诗的重要组成部分。谱诗与族谱关系密切，其内容或追溯宗族渊源，或缅怀开山始祖，或新修族谱感怀，或本族字辈排行等，形式有四言、有五言，更多地为七言。

在赣南客家地区，祠堂建筑星罗棋布。客家祠堂是客家宗族的中心，又是客家文化的象征，是历史的产物，烙上了时代的印记。客家祠堂虽大小不同，建筑风格各异，但都有一定数量的祠联（楹联）。客家祠堂的祠联可见于祠堂大门两侧、厅堂墙壁，而更多的则是张贴或镌刻在大厅的柱子上。这些祠联，并非是祠堂建筑的一种艺术点缀，它们蕴含着非常丰富的文化内涵。在客家祠堂中，这种祠联颇为常见。颂扬祖先，是客家祠堂祠联中的另一项重要内容。在客家祠堂祠联中，还有不少训诫、劝勉方面的内容，包括劝善诫恶、主张孝顺、勉励勤奋、倡导读书等。

总之，客家族谱、祠堂是客家文化的两大物化形态，而谱诗与祠联既是客家族谱与祠堂的重要组成部分，又表现出客家文化与客家精神的重要特点，非常值得搜集、整理及研究。

张宜武先生即将出版的大作《客家谱诗祠联》就是这样一部对客家谱诗祠联进行搜集、整理和研究的集大成著作。

张宜武先生是退休干部，也是才华横溢的客家文人学者，尤擅诗词，发表诗作600余首。曾主编出版诗词集《中华当代咏物诗词选》、《情感集》、《湘祁流韵》、《犹江春韵》等，且有《百花吟》、《自陶吟稿》等专著，多年来笔耕不辍，在客家文坛具有一定影响。

笔者与张宜武先生素不相识，有一天，他风尘仆仆地来到我的办公室，当简要介绍其情况及说明来意之后，我不禁肃然起敬。

——一个客家山区小县，竟有如此才高八斗、著述丰富的诗人、作家。

——一个76高寿的古稀老人，竟如此地痴迷于中国传统文化及客家文化，以宣传和弘扬它们作为自己晚年最重要的事业。

——一个衣食无忧的退休干部，竟自找苦吃，或为著书埋头书屋，泛舟史海，或为出书，四处奔波，艰辛备至。这其实就是客家人坚韧不拔精神的一种具体体现！

《客家谱诗祠联》一书共收姓氏 104 个，计诗词 963 首、楹联 1016 副。每一首谱诗祠联都凝聚了张宜武先生的汗水和心血。书中数以千计的谱诗祠联中，蕴含着极为丰富的客家宗族、客家名人、客家文化、客家精神等方面的信息。

《诗经》曰："嘤其鸣矣，求其友声。"笔者相信，此书的问世将会引来更多志同道合的朋友，共同来关注客家文化及中国传统文化。

是为序。

（二）新的视角新的探索——《客家源流探奥》读后

在客家研究中，有关客家源流问题的研究，可谓是"重中之重"、"难中之难"。这个问题不搞清楚，客家历史和现实中的许多问题，如语言、风俗、文化乃至"客家"称谓都难以弄明白。而要真正搞清楚这个问题，又绝非易事，它涉及对中国数千年历史的研究，其中，既包括对汉族历史（尤其是汉族南迁史）的研究，还包括对我国南方古百越族及其后裔畲、瑶、黎等少数民族历史的研究。研究者不仅要求掌握丰富的历史文献、考古实物和口碑资料，还应具有语言学、民俗学、宗教学等方面的相关知识，难度的确是相当大的。因而，客家研究发轫一个多世纪以来，有关客家源流方面的学术专著尚是凤毛麟角。房学嘉先生积多年辛勤探研之功，终于撰成二十余万字专著《客家源流探奥》，从新的视角，对客家源流问题进行了新的、有益的探索，为客研花苑中更绽一枝。

《客家源流探奥》读后令人耳目一新，它以鲜明的特色，给读者留下了深刻的印象，概括起来，有如下数端。

第一，不囿于传统理论，大胆进行新的探索。客家民系的主体成分问题，是《探奥》一书论证的核心问题。关于这个问题，自史学大师罗香林先生提出汉族主体论以来，似乎已基本解决。罗氏提出的客家是汉民族的一支民系、是由汉族南迁移民构成的理论，已普遍为学术界所认可，间或有人提出客家是以汉人为主而融合了当地少数民族土著所构成的观点，这实际上与罗香林的理论是大同小异的。在这个问题上，《探奥》一书提出了新的观点，书中写道："历史上并不存在客家人中原南迁史，历史上确曾有一批南迁客家地区的中原流人，但与当地人相比，其数量任何时候都属少数。客家共同体在形成的过程中，其主体应是生于斯长于斯的本地人。""这个共同体的主体，是生于斯长于斯的古越族人。"面临似已成定论的传统理论，《探奥》作者经过自己的研究，提出了迥然不同的观点，这表现出作者积极探索的精神和勇气。

第二，广集博采，合构成厦。我国古代史学评论家刘知几曾经说过这样一句话："珍裘以众腋成温，广厦以群木合构"，以形象的比喻来说明博采资料对于编著史书的重要意义。这实际上揭示出了史学工作的一条规律：要在史学研究方面取得有价值的成果，不在搜集资料方面下功夫不做到广征博采，是不成的。从《探奥》一书的内容可以看出，该书作者颇为重视资料的搜集工作，采用了多方面的资料来进行论述，其中包括：1. 正史、会要等国史资料；2. 地方志资料，包括省志、州府志和县志；3. 族谱资料；4. 古今论文和杂著；5. 考古资料；6. 作者通过田野调查所获的民间传说资料。在以上资料中，1—4 为历史文献资料，5 为实物资料，6 为口碑资料。有了这三大类、六方面的资料作基础，《探奥》一书就显得资料翔实，言之有据。而其中大量地运用考古成果和通过调查获得的口碑资料来进行论述，更是作者在客家研究方面的新尝试。

第三，视野开阔，纵横求索。《探索》一书的一个可贵之处，即在探索客家源流的过程中，作者能放开视野，在广阔的时空中纵横驰骋，深入探索。在纵的方面，亦即在对时间的把握上，作者把视线投到上限自原始社会的新石器时期，下限至当代的时间范畴，在数千年的历史中，上下求索，来深入研究客家共同体形成之前及形成之后的历史全过程。在横的方面，亦即在对空间的把握上，作者不仅将视线投到整个闽、粤、赣三角地区，也就是客家形成与聚居的最重要地区，还将视线投到非客家地区，试图通过对客家地区的全面研究以及通过将客家民系与其他非客家民系相比较的方法，来探明客家的源流及其特征。

第四，重视对客家文化的研究。以往治客家史者，一般习惯于根据谱系资料来解释客家人的血统、源流，而《探奥》一书看来非常重视对客家文化的研究，企图通过对客家人的民俗、风情、宗教信仰等文化事象的论析来探究客家的血统和源流，其中，既有综述，也有个案分析。例如，书中通过对客家宗教的研究，得出客家人的宗教信仰（如信仰多神、崇巫等）受古越族文化的深刻影响的结论，通过对客家妇女的才德、服饰、婚姻等方面的研究，看出他们与畲族妇女的相同、相近之处。而这些分析和论证，都是为了说明该书的主要论点，即客家人的主体实际上就是客家地区的土著古越族人。

《探奥》一书的主要观点是否能真正站住脚？看来还需要作出进一步的论证，相信学术界也会对此进行争鸣。客观而论，该书并非是完美无瑕的，也还存在着一些明显的不足之处，例如，族谱类资料的引用毕竟太少了，书中有的资料和论点之间缺乏紧密的逻辑联系等等。然而，《探奥》一书能在博采资料的基础上，对于客家源流这一重要问题，从新的视角，进行积极认真的探索，其学术价值是不言而喻的。

六　论客家传统教育向近代教育的转型

客家人在中原，素有崇文重教的优良传统，但客家民系自形成以来，长期沿袭的仍然是传统的教育模式。在清朝末年尤其在"戊戌变法"之后，创办新学在全国渐成潮流，出色地完成了传统教育向现代教育的转型，为中国近现代史上客家人英才辈出奠定了重要的基础。本文拟对客家传统教育状况、客家传统教育向近代教育转变的历史背景、历程、特点及深远意义等问题进行探讨。

（一）

客家民系大约初步形成于宋代，其发祥地与主要聚居区是闽西（古"汀州八县"）、赣南（包括赣州府、南安府、宁都直隶州）与梅州。在宋代至清末长达近千年的历史时期中，客家地区实行的是以培养科举人才为核心的教育模式，其办学形式主要有官学、社学、书院、义塾、私塾、族学等，兹分别略述如下。

1. 府（州）、县学

府（州）与县学分别是府（州）、县官办的最高学府，在客家地区，府（州）学的创建大致在两宋时期。据地方志记载，汀州府学创建于宋咸平二年（999 年）①，虔州府学创建于宋大中祥符（1008—1016 年）之前②，南安府学建于宋淳化年间（990—994 年）③，宁都直隶州虽建于清乾隆年间，但其州学的前身宁都县学早在北宋崇宁（1102—1106 年）之前就已经建立④。据《乾隆嘉应州志》记载："学官在城中，宋梅州学也。"⑤ 可知，梅州学在宋代就已建立。县学建立的时间，在客家地区就显得很不一致。最早的于北宋时期已建立（如兴国、信丰、龙南、平远、永定等县），晚的至明代方创设（如定南、全南、大埔、安远、清流等县）。府（州）学也好、县学也好，实际上都具有双重功能。第一是祭祀功能。府（州）、县学内，一般都是建有"大成殿"或"先师庙"，以祭祀孔子。还建有"崇圣祠"，以祭祀孔子的祖先。建有"名宦祠"，以祭祀曾在本地任职的有功德的官员。建有"乡贤祠"，以祭祀本地出生的名宦、文人、学者等。由于有诸多祠庙的存在并须按期祭祀，因此，府（州）、县学又被称为"庙学"。第二是教学功能。在府（州）、县学内，都设立讲学场所，并配置有教官一至数名，称作教授、学正、教谕、训导等，由朝廷任命，一般由贡生或下第举人充当。学生则有一定的名额。宋崇宁间规定，州学学生名额依据该州前一举应试的人数而定。前一举应试超过二百人的，准许学生一百名，不及二百人的，准许置其三分之二。县学学生：大县 50 名，中县 40

---

①　《福建通志》卷 18。

②　《赣州府志》（同治）卷 23。

③　《南安府志》（同治）卷 5。

④　《宁都直隶州志》（道光）卷 5。

⑤　《嘉应州志》（乾隆）卷 2。

名，小县 30 名。明、清两朝规定，府学廪膳生（初入学即享有政府廪米待遇者）、增广生（于廪膳生原额增加一倍，故名增广）各 40 名，州学各 30 名，县学各 20 名。①教学内容、主要围绕着科举考试而开设的"四书五经"等儒家经典（府、州、县学故又被称作"儒学"）。在教学管理以及学生的管理方面，历代都制定有较为严格的规定。但在实际上，由于长期重科举、轻学校风气的影响，这些规定很少被认真执行，甚至出现教官在学不必教书，学生月课季考不必亲临的现象，教学质量如何可想而知。

2. 社学

社学是州、县学的预备学校，系小学性质。元至元年间，朝廷令各地五十家为一社，每社立学一所，兹后，明、清统治者提倡办社学。而从客家地区的情况看，社学并不普及。据清乾隆年间的统计，闽粤赣客家人聚居的各县中，一般仅几所社学，少的只有 1 所，而且还时兴时废，有的已名存实亡。不仅未能做到五十家立社学，就是一乡设一社学也未达到，可见，在客家的传统教育中，社学的地位并不很重要。

3. 书院

从宋代起，客家地区开始兴建书院，其中，尤以赣南为多。据统计，自宋以来至清末，赣南先后共兴建书院 91 座。其中有的书院颇有名气，如宋理宗赐名并亲笔题匾的大余道源书院，文天祥为之撰"记"的兴国安湖书院，王阳明亲临讲学、讲堂为来自四方的听讲者挤得水泄不通的赣州濂溪书院等。在闽西，则建有龙山、文峰、正章等书院；在梅州，也建有配风、锦江、先贤、立诚、东山等书院。宋时，书院多为私人创设，由著名学者主讲，书院根据自身条件确定招生数额。明代以后，书院逐渐官学化，经费多由官方拨给，学生也有一定的限额，根据各书院的规模，几十人至一二百人不等。书院既是教学组织，又是学术研究组织。教学和研究内容，"一曰义理之学，

---

① 张惠芬、金忠明：《中国教育简史》，华东师大出版社 1995 年版。

一曰考据之学，一曰词章之学"。① 私设书院，在教学上和学术研究上具有一定的独立性，而在官学化之后，则渐成为科举制度的附庸。

4. 义学

义学是由私人捐助而设立的学校。据史志记载，在客家地区，于都、兴国、始兴、上犹等县都曾建立过义学。据于都张湄所订的《义学条规》所载："绅士、军民、子弟，贫苦无力延师者，均准入学读书，其稍有力之家，不得一概收入"，"童稚读书之时，先须教以孝弟……先授《孝经》、小学，后'四书五经'"。② 可知，义学主要是为家境贫困的儿童设立的，是启蒙的、初级的学校。这类学校在客家地区并不普遍。

5. 私塾

在客家地区，清末以前，私塾较为常见，既有富户设立的家塾，也有教师设在自己家中的学馆。儿童入学后，先识字，读《三字经》、《千字文》、《百家姓》等，然后，再读《千家诗》、《古文观止》。基础较好的学生，还要读四书五经等，没有严格的学习年限。

6. 族学

族学是由宗族出资延聘教师而学生主要为本族子弟的学校。客家人聚族而居，重视族中子弟的教育培养，稍有条件的大族，都创设自己的族学。族学的普遍性，成为客家传统教育的一大特点。一个外国神父在清末出版的《客家词典》中记载："客家人的每一个村落都有祠堂，那是他们祭祀祖先的所在地，而那个祠堂也就是学校。"这个神父所描绘的这种学校，就是客家人传统的族学。这里，他尽管写的是梅州，但据笔者在赣南、闽西等客家地区所做的调查，情况与梅州基本相同。在客家大族中，族学非常普遍，并且大多数设在宗祠。族学设在宗祠，是因为宗祠是供奉祖先神位与祭祀祖先的场所。客家人认为，在祖先的神位前读书，能更好得到祖先的保佑，以利将来科场得志，光宗耀祖。并且，利用祠堂的现有条件办学，可节省另建校舍的费用，可谓一举两

---

① 《宁都直隶州志》（道光）卷9。
② 《于都县志》（同治）卷4。

得。这里需要说明两点：第一，在客家地区，传统族学虽较普遍，但一般为大宗族所设立，小姓小族则罕有设族学者；第二，传统的族学仍然是一种启蒙教育，教育内容与私塾大致相同。

从上可知，在传统的科教教育中，虽然存在过多种办学形式，这些办学形式也程度不同地发挥过一定的教育功能，但从总体上看来，客家弟子入学人数还不多，教学内容也过于狭窄——主要是"四书五经"类，既缺乏科学性，也缺乏实用性。加上教学方式单一，学制不规范等方面的弊端，这就从"数"和"质"上束缚了客家地区教育的发展，限制了客家人才的培养和造就。这种状况，直至清朝末年才开始改变。

（二）

在鸦片战争以后，帝国主义列强屡次对中国发动侵略战争，中国社会一步一步地沦为半殖民地半封建社会。尤其是甲午中日战争之后，中国出现了空前深重的民族危机。此时，封建制度，包括以科举制度为核心的旧的教育制度的弊端暴露无遗。为了民族的振兴和国家的前途，中国的一些有识之士大声疾呼：废除科举制度，兴办新式教育，培养实用人才。清统治集团为了摆脱危机，维护摇摇欲坠的统治，也感到有革新教育的必要。早在同治年间，清王朝就推出了一些教育方面的新举措，但这些举措并未触动旧教育制度的根基，故意义不大。在19世纪末，以戊戌维新运动为标志，中国教育制度的改革向更广泛、更深入的领域展开。封建传统的教育制度，逐步地向近代教育制度转变。客家人深明大义，以巨大的勇气和热情，克服种种阻力，积极地投入到教育改革的浪潮中，经过二十年的努力，基本上完成了从传统教育向近代教育的转型。在中国教育史上写下了光辉的一页。

客家传统教育向近代教育转型的主要标志是，一系列讲授新内容、实行新制度的各种新式学校，在客家地区勃然兴起，取代了传统的旧式学校。

小学：小学是国民教育的基础，在整个教育体制中占有重要地位。清末民初，客家人较早地创办了一系列新型小学。在赣南，清光绪二十七年（1901年）赣县爱莲书院改为赣县普通小学堂，[①] 这是闽粤赣客家地区最早设立的新式小学。接着，光绪二十八年（1902年），大余创办了大余县高等小学。[②] 光绪二十九年（1903年），赣县教会开办三一小学，是为赣南最早的教会小学。同年赣县成立私立保粹小学，是为赣县最早的私立小学。也在这一年，大余分别在老城文昌宫、水城康王庙创立了县立第一国民学校与县立第二国民学校，于都则在光绪三十二年至三十三年（1906—1907年）两年创办了9所私立初等小学。到了民国年间，赣南小学的数量更是剧增，至民国二十四年（1935年）赣南已有公立小学2300所，私立小学329所，共计2629所。[③] 在梅州，光绪三十年（1904年）梅县由谢益卿、温仲和、饶芙裳倡导，将梅东书院改为松口高等小学堂，是为梅州最早的小学。接着松口大宗、丙村三保、畲江彬文、西阳、隆文启文和松源兴达等高等小学堂等陆续开办。同年，萧惠长等人在兴宁倡办兴民学堂，延聘爱国志士丘逢甲为校长，五华的金山书院改为长乐县官立初等模范小学堂，安流三江书院改为三江高等小学堂，龙村重文书院改为龙村高等小学堂，龙田、乐育、广智等小学也于该年开办。另，保安明新、坪砂丘氏、梓里公立、大麻公立等小学也于该年创办。到了民国元年（1912年）梅州各县已有小学880所，至抗日战争前（1936年）梅州全区小学已有2621所。[④] 在闽西，清光绪二十九年（1903年）龙岩县创办武安坊小学堂，是为闽西的第一所小学，随之，新学在闽西兴起，全区各县相继创办公私立小学堂66所。1911—1938年，全区先后设高等、初等小学403所，此间，由政府拨款办一年与两年制的短期小学有109所，至1948年，全区共有小学898所，其中中心小学154所，保国民小学700所，私立小学

---

① 江西省赣州地区志编纂委员会编：《赣州地区志》23篇，新华出版社1994年版。
② 《大余县志》（民国）卷4。
③ 江西省赣州地区志编纂委员会编：《赣州地区志》23篇，新华出版社1994年版。
④ 梅州市教育局教育志编写办公室编：《梅州教育志》1989年刊印。

44 所。①

中学：中学是在小学教育的基础上，培养更高层次人才的基础。清末民初，客家地区创设了不少的中学。1898 年（光绪二十四年），赣南创办致用中学堂，开赣闽粤客家地区中学教育的先河。光绪二十八年（1902 年），赣州府立中学堂创设于原阳明书院。光绪二十九年（1903 年）龙岩创办中学堂、南安创立章水中学堂。光绪三十年（1904 年）汀州府创设汀郡中学堂。同年，梅县客家人将原外国教士开办的务本中西学堂改为由本地人自办的务本中学堂。从这年起至宣统三年（1911 年）梅州地区开办了梅县梅东中学堂、梅县嘉属官立中学堂、兴宁兴民中学堂、兴宁县官立中学堂、大埔县乐群中学堂、五华县长乐中学堂、镇平县官立中学堂、平远县官立中学 8 所中学。光绪三十三年（1907 年）于都梓山乡固院村李存彬创办固院初级中学，这是赣南客家人创办的第一所私立中学。民国二年（1913 年）梅县公立中学改为梅县省立中学，校长叶则愚、教员叶菊平、邓小楼和学生叶剑英等一百多名师生离校，于同年 4 月另行创办日后驰名海内外的私立东山中学。

师范：客家人充分认识到教师在新式教育中的重要地位和作用，较早地开办了一系列培养师资的师范学校。1898 年（光绪二十四年）赣南就创设了虔南师范学堂（后改名吉南赣宁师范学堂，民国初又改名为省立第二师范）。光绪二十九年（1903 年）爱国诗人黄遵宪捐资在梅州东山书院设立东山初级师范学堂，并派黄遵庚、杨征五赴日本弘山文学校习速成师范，回来后任教。首届招生 150 名，学制 1 年。光绪三十一年（1905 年），闽西上杭创办民立师范传习所。次年，龙岩州中学堂附设师范讲习所。永定华侨创办永定师范学校。光绪三十四年（1908 年），连城县开办连城县立师范学校。1919 年，长汀创设公立汀州师范学校。这些师范学校的创办，为客家地区开办新学，从传统教育转为近代教育培养了大量的师资。

职业学校：客家人务实的精神与发展实业、振兴经济的愿望，导

---

① 龙岩地区地方志编纂委员会编：《龙岩地区志》卷 31，上海人民出版社 1992 年版。

致了清末民初一大批职业学校的创办。光绪三十三年（1907 年）兴宁刁奕纯独资创办"蚕业中学"，开设种桑、育蚕、缫丝 3 个专业的课程，此为客家地区最早的职业学校之一。次年，赣县创办赣县工业学校，后改为初等农业学校。清宣统三年（1911 年）南康县创办农业学堂。从清末至民国初年，闽西创办了乐育女子职业学校、长汀平民职业学校、连城初级职业学校以及工业学校、医业学校、农业学校、商业职业学校若干所，培养造就出一批实业人才。

此外，从清光绪三十二年（1906 年）起，客家地区各县普遍设立劝学所（后改为督学局、教育局）总揽各县教育事宜，还设立了教育会以研究教育、辅助教育行政、促进教育发展，及至"壬戌学制"颁布（1922 年），客家教育向近代教育的转型大体上完成。

在由传统教育向近代教育转变的过程中，客家人表现出三个方面的显著特点。

其一，积极进取，勇于开拓。客家人素有积极进取、自强不息之气质，又有崇文重教之传统。他们深知，教育的改革是关系到民族素质、国家前途的大事，也关系到客家人的兴衰。因此，在这场由传统教育向近代教育的转变过程中，他们以积极、务实、开拓、创新的态度和精神，做了大量的工作，有些方面，居于全国先进水平。例如，赣南客家人早在光绪二十四年（1898 年）就创办了新式中学——致用中学堂。在当时的中国，这样的中学还是凤毛麟角。在创办新式小学方面，梅州客家人的成就令人瞩目。在民国六年（1912 年）一年内，新增小学 175 所，使当时梅州新式小学的数量达到 880 所。而据当时国民政府教育部的统计：是年全国小学数量是 86318 所。[①] 可知，梅州客家人所创办的小学数量已占全国总数的 1% 以上，而当时梅州的总人口尚不到全国总人口的 0.5%。故当时梅州人均拥有小学的数量高出全国平均水平的 1 倍以上。在女子学校的创办方面，也充分体现出客家人的开拓、创新精神。在中国长期的封建社会中，一直奉行重男轻女的不平等政策，表现在教育上，就是规定女子教育只能在家

---

① 舒新城：《中国近代教育史资料》（上），人民教育出版社 1961 年版。

庭中进行而不能在学校进行，其女子家庭教育往往是一种极为粗浅的教育。直到 20 世纪初的 1907 年，清政府批准颁行《女子小学堂章程》、《女子师范学堂章程》，女子教育始从家庭教育中独立出来，取得了合法的地位。然而，早在此八年前，即 1899 年（光绪二十五年），梅县客家女子叶璧华女士就冲破重重阻力，毅然创办了懿德女校，一次招生 30 多人。这在客家地区是第一所女子学校，在全国也是最早的女校之一。叶璧华女士办学严谨、治校有方，把该校办得朝气蓬勃，赢得了社会各界人士的赞许。1905 年梁浣春女士在梅县城东创设了另一所客家女校——嘉应女子学校，招生 30 余人，该校在当时仍是全国较早设立的女子学校之一。这些女校的创办是客家人开拓精神的体现，为客家人迎来了良好的声誉。

其二，海外客家，大力捐助。明、清以后逐渐有大量的客家人侨居海外。他们身在异乡，心系桑梓，通过大量捐资到家乡兴办学校、实业来表达他们爱国、爱乡的情感以及对国家兴盛与家乡昌荣的祈盼。从清末开始，他们捐献大量资金到家乡办学，在客家传统教育向近代教育的转型过程中起了重要的作用，兹举例如下。

清光绪二十八年（1902 年）梅县南口潘姓华侨集资创办安仁小学。

光绪三十年（1904 年）大埔华侨募款创建乐群中学。

光绪三十一年（1905 年）梅县雁洋华侨丘燮亭捐大洋 1.3 万元兴建丙村三保学堂。

光绪三十二年（1906 年）永定华侨捐资创办永定师范学校。

宣统年间（1909—1911 年）大埔华侨戴欣然捐资 3 万银元建造崇和小学，丰顺华侨徐明楷创办振东学堂。

清末民初，平远华侨姚德胜捐资 10 万元，兴建芝兰小学、平远小学，还捐助梅县东山中学、焦岭县立中学、景清小学、四民小学等学校。

民国初年，五华华侨钟木贤捐资建造益智小学、蕉岭华侨兴建三圳公学。①

----

① 以上凡梅州华侨人物事迹见梅州市方志办编：《梅州人物志》，1989 年刊印。

从清末至民国时期，梅县侨乡南口、松口丙村、西阳，梅江和附城等地，80%以上小学的校舍是由华侨捐资陆续兴建的，甚至常年办学经费也大多由华侨资助。

可见，在促成客家传统教育向近代教育转型方面，海外华侨功不可没。

其三，改革族学，推陈出新。在传统教育时期，客家大族纷纷设立族学，使族中子弟受到启蒙教育。及至清末民初，客家传统教育向近代教育转型，族学的命运如何呢？据调查，他们中的一部分，在教育改革的浪潮中遭到淘汰。另有不少数量的族学，通过改造、革新，采用新式学校的学制、教学内容、办学方法，转变为新式学校（一般为小学）。例如，清朝末年，赣县夏府戚氏宗族将其原来的族学——"老书馆"改造成新式学校——瀹智小学，改造后的瀹智小学所聘请的校长、教师皆毕业于正规师范学校，按照政府规定的教学内容、采用部颁教科书进行教学，教学质量良好，受到当时地方官员的表彰。[①]又如，民国元年（1912年）大余杨梅城王氏宗族将其旧族学改造成"启蒙学校"。民国六年（1917年），大余新城吴氏将其旧族学改造成"明新国民学校"等。还有一种情况：在兴办新学的浪潮中，有的客家宗族积极投入，从无到有创设学校。例如：民国初年，宁都灵溪丘氏举全族之力创办菁华学校，并以每年600桶公堂田的田租来维持学校的经费开支。赣县夏府戚氏虽然很早就建了小学，但附近一带没有中学。该族遂牵头集巨资，建起了一座当时堪称气派的新式中学——夏府中学。在传统教育向近代教育的转型过程中，不少客家宗族顺应历史潮流，改造旧族学，创设新族学，在其中起了积极的作用。以族学之名而行新学之实的学校普遍地存在，这是客家地区近代教育的一大特点。

---

① 参见林晓平《客家祠堂与客家文化》第三届客家学国际研讨会宣读，发表于《赣南师院学报》1997年第4期。

（三）

与客家传统教育相比，客家近代教育具有明显不同的特点。这主要表现在培养目标、教学内容、学制、师资、教学方法等方面。

首先，从学校的培养目标来看，在客家传统教育中，学校的培养目标是造就科举人才，而近代教育则"以培养国民之善性，扩充国民之知识，强壮国民之气体为宗旨"。① 在客家传统教育中，对弟子的要求就是他们勤奋读书，将来科场及第，名利双收，光荣耀祖。所谓"学也，禄在其中矣"，"两耳不闻窗外事，一心只读圣贤书"，"十年寒窗无人问，一举成名天下知"，"扬名显宗，宠爱恩褒"等，反映的就是这种状况。在客家人创办的近代新学中，对弟子则提出了更高层次的要求。例如，在民国初年，宁都灵溪丘氏创办了一所新学名"菁华学校"，在开学典礼上，受聘该校主讲教师的丘彭鉴阐述办学宗旨、勉励学生："陶铸国民之性格，乱则挺身御患，尽国民之义务，勉完国民之天职。"② 从读书谋取利禄、光宗耀祖到读书为了国家，这可谓是一大进步。

其次，从学校的教学内容看，学校的教学内容与办学宗旨、培养目标等是紧密相连的。在客家传统教育中，学校的教学内容较为狭窄，主要是围绕着科举考试而开设四书五经类。对刚入学儿童则讲解所谓的"三、百、千、千"——《三字经》、《百家姓》、《千字文》、《千家诗》之类。在客家的近代教育中，教学内容出现了很大的变化。在20世纪初的清朝末年，客家地区的小学开设修身、读经讲经、中国文字、算术、历史、地理、格致、体操、图画、手工等课程；中学则开设修身、读经讲经、中国文学、外国语、历史、地理、算术、博物、物理及化学、法制及理财、图画、体操等课程。及至民国初年，课程内容略有增删，主要是将"读经讲经"课程去掉，增加了一些自然科学、生理卫生类课程。与传统教育的教学内容相比，教学内容大为丰富，涉及范围

---

① 陈景磐：《中国近代教育史》，人民教育出版社1979年版。
② 《灵溪丘氏大宗祠九修通谱》（1915年）。

更为广泛，传播知识更为全面，重视所传授知识的系统性、科学性，重视学生综合素质的提高，这是教育史上的一大进步。

再次，从学校的学制、师资方面来看，在客家传统教育时期，学制呈现出不规范、不确定的特点。府、州、县学等官办学校，在学制上虽有一定的规定，但各朝不一且许多时候并未得到严格的执行。而私塾、族学类学校或办学点，则几乎没有什么学制上的规定，达到一定的程度（且要视学生家中的具体情况）为止。清朝末年，客家地区开始实行"癸卯学制"（1903 年公布）：初等小学学习 5 年，高等小学学习 4 年，中学堂修业 5 年。后来，又实行民国政府制定的"壬戌学制"（1922 年颁布）：初级小学 4 年，高级小学 2 年，初级中学 3 年，高级中学 3 年，一直实行到 1949 年。学制上逐渐正规化、规范化。在师资方面，在客家传统的学校中，教师数量非常少，像私塾、族学类，一般就是一位教师，府、州、县、官学，也不过一至几名教官而已。而在客家近代新式学校中，由于学生人数的增加和所修课程的增多，教师人数也大为增加，规模小的学校一般也有几名教师，规模大的学校，教师人数可达数十名之多。教师素质也在逐渐提高。在客家的传统旧学中，不少教师都是由落第秀才担任。而创办近代新学以来，对教师本身受教育的程度要求较高，这表现在学校中教师的学历状况上。例如，据对民国三十七年学年度（从 1948 年 9 月至 1949 年 8 月）梅州各县 60 所中学、1218 名教职员的统计，其中，大专以上学历者已达 65% 以上（含国内外大学本科毕业者 327 名）。①

另外，在教学方法上，传统教学方法是采用个别教学法，客家近代教育制度则改变为班级教学法，即"同一学级者，讲授时同为一班"，还废除了传统的对学生体罚的做法。

客家传统教育像近代教育的转型，具有非常重要的意义。

第一，扩大了客家人受教育的对象。

在长期的传统的旧教育模式下，从表面看，客家弟子受教育的途径虽有数种，但具体分析，却不难发现其局限性。官学（包括府、

---

① 梅州市教育局教育志编写办公室编：《梅州教育志》，1989 年刊印。

州、县学）：每府（州、县）仅设 1 所，且招生名额有限，杯水车薪，根本解决不了客家子弟的受教育问题。社学：在客家地区，社学的设立并不普遍，即使是有限的一些社学，也罕有长期维持者。书院：在客家地区发展不平衡，梅州、闽西开设的书院数量不多，相比之下，赣南在历史上创建的书院数量较为可观，但其中，"有有名无实者，有名实俱尽者"，真正能善始善终者少。义学：数量有限，作用亦有限。私塾与族学：在客家地区较为常见，然而，一些贫困家庭无力延请塾师；族学主要是大宗族所设，广大小宗族的子弟仍然长期存在入学难的问题。

随着客家地区传统教育向近代教育转型，新式学校普遍设立，学生人数大为增加，客家子弟中受教育的对象不断扩大。

从小学教育来看，赣南在民国二十四年已有公、私立学校二千六百多所，学生十三万余人，至民国三十四年，全区入学儿童占学龄儿童总数的76%强。梅州在 1912 年就有小学 880 所，1927 年达到 2437 所，1936 年达 2621 所，1949 年有小学 2464 所，学生 188849 人；儿童入学率很高。其中，尤以平远县为典范。据 1929 年广东省督学视察平远县教育的报告记载："平远每一村落，即设前期小学；合数村落设后期小学。全县在学男童约 1.2 万左右，失学儿童约 500 人……虽贫寒子弟，都有受前期小学教育的机会，未受教育之人，不过 1%。"① 闽西至 1938 年也有各类小学 500 余所，1948 年近 900 所，学生 79087 人。无论是学校的数量抑或是学生的人数，都是传统教育时期所无法比拟的。

从中学情况来看，客家地区在几十年中也有较大的发展，闽西在 1949 年中学数达到 26 所，学生 4771 人。同年，赣南的中学数也达 26 所，学生 8158 人。最为突出的是梅州，在 1929 年，该区就有中学 65 所。其中，梅县一县有中学 16 所，学生达 3000 人。据了解，当时全国一县有中学生 3000 人的，仅梅县而已，这是客家教育的骄傲。

第二，为近代客家人人才辈出奠定了基础。随着客家传统教育向近

---

① 梅州市教育局教育志编写办公室编：《梅州教育志》，1989 年刊印。

代教育的转型，在客家地区，新学越办越多，教育日益普及，客家人的素质不断提高，人才不断涌现，其中既有共和国的开国元勋，也有爱国的大实业家，还有一大批学术大师、文坛巨匠，兹举数例如下。

叶剑英：梅县人，1897 年生，11 岁就读于丙村三保学堂。1912 年秋入梅县务本中学读书，第二年参与创建梅县东山中学，并在此中学深造数年，品学兼优。后参加革命，屡建功勋，1955 年被授予元帅军衔，后任国防部长、中央军委副主席、中共中央政治局常委、全国人大常委会委员长等职。他是中国人民解放军的缔造者之一，是中华人民共和国的开国元勋，是我党、我军、我国卓越的领导人。①

肖华：兴国县人，1916 年生，6 岁即入兴国赤塮小学读书，学习刻苦，成绩优秀，1928 年升入县立文兰阁中学。不久加入共青团，后加入工农红军，在革命战争中屡建战功，曾任"少共国际师"政委、师长、军区司令员、军区政委、中国人民解放军总政治部主任、全国政协副主席等职务。1955 年被授予上将军衔，是当时我国最年轻的上将之一，被誉为"将军诗人"。②

陈奇涵：兴国县人，1897 年生，1909 年入县城北汇小学读书，1912 年小学毕业后以优秀成绩考入赣州中学，1916 年中学毕业回到家乡。回乡后，他以"君子忧道不忧贫"为宗旨，创办了一所"忧道小学"并义务教书三年。后来，参加革命工作，功绩卓著，曾任军团参谋长、军区司令员、中国人民解放军军事法院院长、最高人民法院副院长等职。1955 年被授予上将军衔。③

赖传珠：赣县人，1910 年生，青少年时，曾就读于赣南中学，并在此时参加革命活动。后参加红军长征、抗日战争、解放战争，曾任团政委、新四军参谋长、兵团政委、北京军区、沈阳军区政委、中国人民解放军总干部部第一副部长等职。1955 年，被授予上将军衔。④

---

① 梅州市教育局教育志编写办公室编：《梅州教育志》，1989 年刊印。

② 参见万陆主编《赣南历代名人传》（二），中国文史出版社 1993 年版。

③ 同上。

④ 同上。

张鼎丞：永定县人，1898 年出生，8 岁入本村的育智学堂就学，1913 年，入道南高级小学读书，1916 年高小毕业。后来参加革命，曾任闽粤赣边区省委书记、新四军二支队司令员。1949 年以后担任福建省委书记、最高人民检察院检察长、全国人大副委员长等职。①

杨成武：长汀县人，1914 年生，少时曾就读上杭县回龙镇教会小学，后就读于长汀第一小学、福建省立第七中学等校，参加过红军长征、抗日战争、解放战争。曾任北京军区司令员、中国人民解放军代总参谋长、全国政协副主席等职，1955 年被授予上将军衔。②

姚永芳：大埔县人，1911 年生，年幼时就读于村中文林小学，后赴马来西亚从事商业，事业有成，大力捐助社会福利与教育事业，对社会作出积极贡献，于 1965 年荣获马来西亚最高元首颁赐的 P. P. M 勋章，于 1976 年再获柔佛州苏丹殿下晋封太平局绅（J. P）勋衔，成为星马有名的侨领。③

罗香林：兴宁县人，1906 年生，1924 年毕业于兴民中学，1926 年考取清华大学。大学毕业后，先后任职清华大学、中山大学、南京国立中央大学、广州市中山图书馆、香港大学等大学与研究机构，学术成果甚多，尤其在客家研究方面尤为突出，撰有《客家研究导论》、《客家源流考》、《客家迁移及分布地图》等著作，为公认的客家学研究权威。④

以上所举，仅是近现代众多客家杰出人物中的几个例子，从这些例子看来，他们小时候都在新式小学或中学受过教育，具有较高的素质，这为他们日后建功立业打下了良好的基础。通过对这些例子的分析，客家人对近现代中国社会发展、进步所作出的贡献，以及传统教育向近代教育之转变对于造就客家人才所起的重要作用，可谓昭然。

---

① 《解放军将领传》（第二集），解放军出版社 1986 年版。
② 《杨成武回忆录》，解放军出版社 1987 年版。
③ 参见梅州市方志办编《梅州人物志》（1989 年刊印）。
④ 同上。

第三章　客家宗族及人物研究

一　赣南客家的宗族制度：历史与现实的思考

在赣南的丘陵及崇山峻岭中，栖息着数百万客家人。长期以来，赣南客家人聚族而居，并形成了相应的宗族制度，这种宗族制度，源远流长，迭经兴衰，颇具特色。笔者在长期从事田野调查并参考各种文献的基础上撰成斯文①，试图对赣南客家传统的宗族制度的形成、内容结构及特色予以阐述，并进而考察当代赣南客家宗族制度的复苏、嬗变及其特征。

（一）赣南客家宗族制度的形成

宗族是指以血缘关系为纽带，存在着一定的经济联系与相互义务的父系组织。在中国，很早就出现了宗族，原始社会末期产生的父系氏族，可谓是宗族的雏形。夏商周时期，进入"贵族宗族时期"；秦至南北朝，是为"世族家族时期"，及至宋、元以后（尤明清），方发展到广泛性的宗族时期。这一时期的宗族与以前相比，具有显著的差异。原始社会末期的氏族为社会的最小亦最基本的生产与消费单位，成员之间相互平等，氏族内部没有严密的、条文性的制度规范，是宗族发展的原始的与特殊的阶段。夏、商、周的宗族是范围狭小的，以王室为核心的，具有政治特权且世袭的贵族宗族，秦汉魏晋南北朝（也可包括隋唐）时期的宗族，范围也较小，主要包括皇室宗族、王公大臣之宗族及地方上的强宗大族，这些宗族也具有一定的政

---

①　在笔者从事田地调查、撰写此文的过程中，承蒙戚修雍、谢先燕、丘常松、何长郎、缪以茂等先生为笔者提供资料或讲述故事，在此一并表示感谢。

治、经济等特权。宋、元之后的宗族具有相当的广泛性，它是从贵族到平民，从都邑到乡村普遍建立的宗族，但此时的宗族，与原始社会末期普遍建立的氏族又不同，一方面，它不是社会的最小和最基本的生产与消费单位；另一方面，此时的宗族建立了相应的较为严密的宗族制度。

在赣南，宋、元以来宗族制度的形成与汉人的南迁及客家民系的形成有密切的关系。一方面赣南具有较为特殊的地理环境，"赣之为郡，处江右上游，地大山深，疆隅绣错，据闽楚之枢纽，扼百粤之咽喉"。（清·同治《赣州府志》）赣南地接闽、粤、湘，自唐凿通梅岭驿道之后，成为中原至岭南交通要道的重要枢纽，南来北往颇为便利。但在另一方面，赣南丘陵密布，"地大山深"，东枕武夷、西倚罗霄、南拥大庾岭与九连山，北面也处于山水的环抱之中，又是躲避战乱、休养生息的一方乐土。自晋末"永嘉之乱"后，中原动荡，生灵不安，为避战乱，北方汉人纷纷举家南迁，隋末、唐末的社会大动乱，复掀起一次又一次的汉人南渡高潮。南迁的汉人中，有相当一部分在几经辗转之后进入赣南。其主要途径有二：其一是中原沿大运河南下，入长江，经鄱阳湖抵赣江，再逆赣江而上到达赣南；其二是从中原抵鄱阳湖之后，辗转至抚州或吉安，再由抚州、吉安进入赣南。由于大量南迁汉民的涌入，并且在斯地定居、繁衍，赣南人口急剧增长。据地方志记载，赣南在远古时期，虽有土著居住，但人口稀少，至"汉唐以前，率以荒服视之"。（清·同治《赣州府志》）而到了唐宪宗元和年间（806—820 年），已有人口 26260 户（《元和郡县志》），十余万口，及至宋代元丰年间（1078—1085 年），更达133899 户（《元丰九域志》），数十万口，比唐元和年间的户口增长 4 倍左右。宋、元时期，在语言与民俗等方面颇具特色的客家民系（主要由南迁到闽、赣、粤三角地带的汉人及其后裔构成）基本形成。宋、元时期，也是赣南客家宗族制度建立的重要时期。当某姓的北方汉人迁徙到赣南，在那里繁衍生息，数世之后，可能形成一个同姓的、具有共同血缘的群体，这种群体就是宗族。然而，如果仅仅是血缘的共同体，随着时间的推移和血缘关系的疏远，这种共同体内人与人之间的关系也会疏远与淡化，即所谓"一代亲，二代表，三代唔晓"。当时的情况是：客家人所处的环境极为艰苦：贫瘠的丘陵山地、虫兽的侵袭、土著或先抵者的敌视等。这种环境就使得客家人产生了一种强烈的愿望，即相同姓氏、血缘的共同体内部的关系不仅不能淡化，还要得到巩固与加强，而这种关系的巩固与加强是要通过建立制度来保障的，于是，宋、元时期，赣南客家的宗族制度开始建立。

赣南客家宗族制度建立的重要标志是宗族祠堂的建立。这是因为，祠堂是一个宗族供奉和祭祀其祖先的最重要场所，又是宗族的议事中心和教育中心，同时，又是宗族实施家法，举办婚礼、丧事，举行文娱活动的场地。概言之，祠堂是宗族的中心和象征，它的兴建是赣南客家宗族制度建立的标志，它本身又是构成这种制度的重要内容。

宋、元时期，一些较早南迁到赣南，人口繁衍已较多的客家宗族建立起了本族的祠堂，例如兴国枫边的夏氏，赣县湖边的谢氏，宁都黄石的郭氏等族均在此时期创建了祠堂。但大体上看，在这一时期，赣南客家建立的祠堂从数量上看还不多，从规模上看还不大，还只是草创阶段。及至明代中叶，赣南客家宗族祠堂的兴建进入一个高潮时期。据调查，当时达到一百男丁的宗族，只要经济条件不是太差的话，一般都建立起了本宗族的祠堂。明代后期及有清一代，客家宗族祠堂的兴建在赣南仍呈旺势。有不少宗族除建立起了宗祠之外，又兴建了各房的房祠，即分祠和支祠。祠堂越来越多，规模越建越大。赣南祠堂的兴建与赣南客家宗族制度的建立是同步的，宋、元时期，宗族祠堂开始出现亦为宗族制度的创始阶段，明中叶之后，宗族祠堂大量兴建（包括重修），赣南客家宗族制度也从此逐渐地走向成熟和完善。

（二）族谱与族规

族谱是客家宗族制度的一项极为重要的内容，其出现与祠堂兴建的时间大致相同，而其渊源却可上溯到先秦的"谱牒"。据《史记》载："维三代尚矣，年纪不可考，盖取之谱牒旧闻。"（《史记·太史公自序》）可见，远古三代时就有了谱牒。此时的谱牒之书如《世本》等，主要记述帝王、诸侯、贵族的世系，故有时可当作国史来看。魏晋南北朝至唐初，谱牒大兴，这时的谱牒，是世族地主维系门阀制度的工具，随着唐代门阀制度的不断衰弱，这种古老的谱牒也就随之退出了历史舞台。宋、元以后，代之而兴的就是族谱，族谱与唐以前的谱牒相比，尽管都是记载世系的书，却具有许多的不同，其中较突出的一点是，谱牒采取的是合百家姓世系为一书的形式，而族谱采取的是一家族世系编为一书的形式，其记载内容也更为丰富。赣南客家的族谱，虽有部分较早地编于宋、元时期，但大规模的编修还是在明代，作者曾翻阅了数十种赣南客家的族谱，发现其中大部分的初修时间为明代。

为何要编修族谱？一些族谱在其"序"中已叙述得较为明白，例如，《府江谢氏重修族谱序》写道："家之有谱犹国之有乘，国乘固不可无，而家谱独可少乎？抑思谱何为修乎？盖谱也者，所以明一族之世系？序一姓之源流，以及生殁娶葬，悉载详明，俾后人得以一览而知，则修谱一事讵不重欤！"《桃溪严氏重修族谱序》叙道："族之有谱犹国之有史，国有史所以记善恶，使人知所劝惩，族有谱所以明人伦，使人知所孝敬。宁望谱牒告成，立爱立敬始于家，而兴仁著于外，风声远树，礼仪传芬，而尊祖敬宗收族之功，其在斯乎！"概括起来，编修族谱的目的意义主要有四端，即，其一，明宗族之源流、世系；其二，彰祖先之功德；其三，明伦理规矩；其四，获尊祖敬宗收族之功。要而言之，编修族谱，是为了编织一条联结宗族成员的精神纽带。纵览赣南客家的种种族谱，虽千姿百态，令人眼花缭乱，但其内容大体上仍不出如下范围，即1.谱序，包括以往历次修谱之序及新修谱序；2.诰敕，为历史上皇帝对该族功绩卓著的祖先（包括祖先的父母妻子）的分封奖赏的制诰；3.图谱，包括宗祠图、祖先遗像、祖坟图等；4.源流序，叙述该族的源流历史及迁徙情况；5.族规、家训、禁约；6.族谱凡例；7.领谱字号；8.字辈排行；9.记文，包括祠堂记、墓记、人物传、宗族名人录、祖先诗文及各种杂文；10.宗族源流世系，此为族谱之主体部分。这些内容，都直接或间接地体现编修族谱的目的宗旨，均为宗族精神纽带的一个环节。

正因为如此，赣南客家各宗族对族谱编修和保管之事极为重视。族谱的编修普遍地被各族当做本族最重大的事情之一。编修族谱要组建一个策划与写作班子，要花费数年时间、耗费大量的钱财，方能编成及印好。尽管耗资巨大，族人却乐于资助，资金一般都不成问题。族谱在修成之后，每隔数十年，还需重修一次。对于族谱的保管，各族都定有一些具体的措施。例如，乾隆五十九年，赣县湖江谢氏完成了重修族谱的工作，该族即规定，该族谱只印 10 本，以五言诗二句进行编号，即"馥郁芝兰秀，芬芳玉树荣" 10 字，该诗的每个字就是一本族谱的编号，该族的十房每房领取其中一本，并登记在册。每年春、秋二祭时，各房首领须将所领族谱送至宗祠对验，如遗失，则将失谱者及其子孙逐出祠堂，之后不得参与祭祖。谢氏还规定，族谱不得损坏或窜改，如发现损坏或秽污一字，罚银五钱，一页，罚银一两，增减字样的，加倍处罚。谢氏还特别规定，本族族谱不得外传，不可借于异姓——甚至也不可借给本姓而非本族的人传阅抄录，如果出现这种情况，就要将所抄录之稿收缴并当众焚毁，并将私借族谱于人阅抄者及其子孙"黜出久远"，再不许入祠祭祖。赣南客家的许多宗族，在其族谱修成之后要举行隆重的仪式以发放族谱，各房前往领谱也有一番讲究，不少宗族将族谱珍藏在祠堂，每年清明这一天搬出，进行"晒谱"，并供族人阅览。有的宗族还在放置族谱处供奉香火，把它视若神圣之物。

赣南客家的宗族在编修族谱的同时，大多都制定了本族的族规、禁约，作为族人行动的规范。族规、禁约包括哪些内容呢？试举例以明之。

赣系夏府戚氏族规：1. 勉孝弟；2. 隆教学；3. 输国课；4. 序昭穆；5. 崇祭祀；6. 遵正道；7. 戒匪辟；8. 息争讼；9. 谨婚姻；10. 修祖墓；11. 严死葬；12. 管祠事。

宁都古夏李氏族规：1. 安生理；2. 戒非为；3. 立义仓；4. 立义会；5. 输国赋；6. 掌祠事；7. 戒溺女；8. 禁峦林。

南康罗氏族规：1. 孝；2. 友；3. 睦；4. 姻；5. 任；6. 恤。

　　兴国林氏族规：1. 立国课；2. 尽孝弟；3. 勤耕读；4. 息争讼；5. 务勤俭；6. 戒淫乱；7. 戒赌博；8. 戒凶斗；9. 戒洋烟；10. 戒贪欢。林氏除立了家规十条外，又立了禁约八条，其内容为：1. 禁渎乱伦常；2. 禁悖逆父母；3. 禁吞噬祭产；4. 禁欺凌尊长；5. 禁极端邪说；6. 禁娼优隶卒；7. 禁匪类盗贼；8. 禁私卖族谱。

　　各族所定族规或禁约，条目不同，长短不一，但根据其内容分析，可知它们具有一些共同的特点，这些特点，最主要的又概括为"重孝道"和"重品性"两方面。

　　重孝道　几乎所有的族规都重视对"孝道"的提倡。所谓"孝"，又有狭义和广义之分，狭义的孝即指孝敬父母，广义的孝还包括对已故祖先的敬祀。据《礼记·祭统》："祭者，所以追养继孝也，祀其祖先也，显扬先祖，所以崇孝也。"孔子在回答弟子关于什么是"孝"，并强调祭祖意义及有关规定时也说道："生，事之以礼，死，葬之以礼，祭之以礼。"（《论语·为政》）在古代，"孝"多为包括祭祀祖先含义在内的广义的"孝"。在强调祭祖意义及有关规定方面，夏府戚氏族规较为典型，为此特立了四条族规。在《崇祭祀》条中告诫道："春秋祀典，古今所重，宜及时行之，上以报祖宗功德于万一，下以启子孙孝思于无穷。至若祭田祭租有私行盗卖以及侵吞肥己者，族长追理还祠外，合族呈官，以欺族灭宗治罪。"在《序昭穆》条中申明祠堂至尊地位，对祭祖时族人应按尊卑长幼次序排列行礼作出规定。又列《修祖墓》条，叙祖先墓地宜及时修整，盗卖坟地的行为应严厉禁止。列《管祠事》条，叙祠堂为祭祖重地，对祠堂及其祭产应竭诚管理，不得侵吞肥己。在孝顺父母方面，兴国林氏专列禁约一条，名曰《禁悖逆父母》，以充满激情的语气阐述父母养育之恩，对不孝之子提出严正警告："父母之恩，昊天罔极，子生三年，有何知识？全赖父母鞠育之恩，饮之食之，教之诲之，始得成人。乃有不肖之子，闻父母之命则略不关心，听妻妾之言则百无不从，甚至怒言厉色，骂父詈母，不孝之罪孰大！于是抑知羊有跪乳之恩，鸦有反哺之义，兹特为禁。凡我族人，尚有忤逆之子，一经禀报，应在必诛之条。"赣南客家各族都认为，孝顺是天经地义、人人都应做到的，而忤逆父母者是大逆不道，应予严惩。

重品行　客家人重视族人品行，在各宗族的族谱中都列有不少的篇幅来作出相应的规定。例如，夏府戚氏在其族规《遵正道》条例中写道："礼义廉耻，人所钦崇，娼优隶卒，人所羞恶，而乃有不肖子弟，舍正而务邪，舍贵而为贱者，礼义廉耻之心丧之无有矣，此尚得以为人乎？合族攻之，除遣官外，永不许入祭。"对族中干下贱事，舍正务邪的予以禁止。又列《戒匪僻》一条，阐述："士农工商各有常务，而游手好闲之辈或以赌钱为生理，或以酗酒为逍遥，迨至囊橐皆空，盗心顿起，一经发现，性命相关，从使丧身败家亦所不恤，而辱祖累宗，岂忍言欤！遇有此事，合族宜急攻之，勿使延蔓而贻害。"对游手好闲、赌钱酗酒者提出警告，将盗心盗行列为禁戒。兴国林氏在其族规约中从正反两面来规劝族人端正品行。在正面，列《勤耕读》条，提出"欲求富贵需行善，要好儿孙在读书，衣食足则礼仪兴，愿吾族人勤耕苦读，切勿始勤终息"。又列《务勤俭》条，叙述："勤能补拙，俭可养廉，是勤俭为美德也。大富由勤由俭，富从升合起。贫自未算来。愿吾族人士农工商各宜奋勉，毋违是幸。"在族中提倡勤耕苦读，倡导勤俭节约的美德。林氏又从反面列出数条不良行为，作为族人的戒鉴，如《戒洋烟》、《戒赌博》、《戒淫乱》、《戒凶斗》、《戒贪食》等条。在禁约中立《禁匪类盗贼》、《禁娼优隶卒》等款项，对淫赌斗殴、男盗女娼等不良品行进行鞭挞，严禁。

值得注意的是，赣南客家宗族所定族规禁约，不仅仅是一种舆论上的倡导，还是具有约束力的宗族行为准则，又是具有一定强制效力的宗族制度，族人一旦违背之，是要受到种种惩罚制裁的。

对违犯族规者的起诉与处罚通常在祠堂里举行，被告违犯族规的行为一经证实，轻者要罚跪（宁都黄石崔氏的被罚者要卷起裤管，跪在碎瓦片碟上，似也不轻）、面对祖先神牌认错；重者要被族人用棍子或板子打屁股，甚至被开除族籍，逐出祠堂，死后也不得放入祠堂；最为严重者，要被处以极刑。

个案：会昌门岭镇州场村何姓宗族处死违犯族规者。在其清朝光绪年间，该族有一老年妇女来到族长家，声泪俱下地告了儿子一状。

情况是这样的，这位妇女嫁到何家生下一子不久，丈夫因病去世，这位妇女立志不再嫁，年纪轻轻开始守寡，含辛茹苦几十年，终于把儿子拉扯大，并为他娶了媳妇，之后，又添了孙子、孙女。此时这位妇女身体也累垮了，年纪也大了，积蓄也全花光了。本想依靠儿子平安地度过晚年，可是，她的儿子却非常不孝顺，不顾母亲年迈体弱，硬逼着母亲为他挑水、做饭、承担繁重的家务。每当吃饭时，他的儿子率领老婆、孩子狼吞虎咽，老人在厨房里收拾好后来用餐时，只剩下些残汤剩饭。不仅如此，他还把老人当做一个包袱，经常找岔子责骂老人。这一天，老人因患病在床，实在无力起来挑水做饭，儿子回家后，不仅不问候老人的病情，反而对老人破口大骂，并要老人"滚出去"。老人病在床上，思前想后，痛苦万分，气愤之至，便挣扎着起床到族长那里控告不孝之子。听了这番陈述，族长大怒，立即召集族中几位首领进行商谈，他们一致认为，这位妇女的儿子违犯了族规"不孝"等条款，决定对这位"逆子"处以极刑。第二天，族长命几位族中男丁将"逆子"抓来关在祠堂厢房中，然后在祠堂中摆设了这位逆子的罪状以及对他处以极刑的决定，得到大家的赞同。而在此时，这位母亲却不忍心起来，毕竟是自己亲生儿子啊！但既然是自己告的状，又不便反悔，于是，她就不断地向族长敬酒，言下之意是希望族长对其儿子的处罚能减轻些，但族长却误解了老人的意思，以为她的敬酒是表达感激之情，遂更坚定了他处死这位违犯族规者的决定。酒席之后，宗族中几个身强力壮的男丁，在族长的指挥下，将该男丁五花大绑，推入一口深不可测的古井中淹死。

在乡村调查中，类似这样的例子笔者还听到了不少，例如，夏府戚氏族长下令将族中一乱伦的男子处死，古夏李氏宗族将族中一行劫的男子处死等。被处死者的共同原因都是由于违犯了族规且情节较为严重。某些宗族的族规、禁约所载对违犯族规者"重则究治处死"的词语，绝不是一句形式上的恐吓性的空言。在过去，赣南客家宗族的族规，是具有一定权威性的。

以族田为核心的族产，是传统的赣南客家宗族制度的另一重要内容，同时，又是宗族制度得以维持的经济支柱。

　　在过去，赣南客家的宗族中，凡有条件的大多数都购置了数量不等的族田，族田田租的收入，是宗族活动所需经费的主要来源。兹以赣州县夏府戚氏宗族为例来说明这种情况。

　　个案：夏府戚族族田及田租收入、开支等情况调查。

　　戚氏于南宋末年迁居夏府，并从明代中期开始购置田产，设立族田，该族又称族田为"祭田"或"公堂田"。至清朝前期，戚氏的族田已达到年收租数百担（当时一亩年收租为一担左右）的规模，下面是康熙四十年（1701 年）该族拥有族田田租的一份清单。

　　甲，锡庆堂　宝龙公享祭堂前租八担一桶，其一桶明朝用价一两买，员档坑大庙前税五担，茶园背租二担，横塘口租五担，纱帽丘租二担，滩儿上租一担五斗，面儿上租一箩，庙下裤裆丘租十二担，西坑及螃蟹丘共租十二担；龙略公享祭田街亭苦竹林租二担，戚秀坑租一担；辅世公享祭田去田前双筋丘租三担；天祯公、国宣公、国采公、国京公享祭田本都咨华塘一口土二片、九十都荷木坑田租一庄，共计租八十担。内祠上用价与王公宣买租甲十柜，其田国柱、之永等偷卖花园内虎行租地一席，过宋公罚租甲十担在于祠上享祭。

　　乙，聚顺堂　日瞳公享祭田下钟门首窖内塘汉口租二担；贤龙公享祭田下湖涟罗坑租三担；宜曾公享祭田本都夺仔口租二担五斗，宜思公享祭田九十都冬坑手帕坑租五担，贤元公享祭田桃枝洞租一担，宜和公享祭田白羊门白塘租一担；国秋公享祭田白羊门白塘租一箩；宜宏公享祭田街田姚屋税下圳头租一担；可约公、可鉴公享祭田谢屋口租四担，俱国符手拨；可详公享祭田本都鹅胫租二担；日暌公享祭田街亭下桥视头一担；贤兆公享祭田街亭姚屋税租二担；宜占公享祭田姚屋税租二担；宜定公享祭田街亭角背坑口长丘三担；可纯公、国端公享祭田本都南坑口庙仔下租二担五斗；贤俊公享祭田本都新田陇租五担，又祠上备价买租五担五斗，共十担五斗；贤吉公享祭田本寨下墙内租二担五斗，家膳公享祭田本都积田坑二担；可遇公享祭田积田坑租三箩；宜诏公享祭田本都樟木大丘租二担；宜礼公享祭田本都寨下租三担；宜起公享祭田本都寨下租三担；国勉公享祭田寨下租一担；可诏公享祭田本都樟木大丘租一担；可栋公享祭田本都樟木大丘租一担；可诏公享祭田本都樟木大丘租一担；家凤公享祭田街亭布坑口租二担；宜督公享祭田白羊小坑口租一担五斗，国符公享祭田刘岗背租三担五斗，国穗公享祭田本都鹤丘租三担；国励公享祭田本都桐角湾租三担，坳坞塘租二担；可侣公享祭田本都西坑租五担；国胖公及家杨享祭田本都白羊大巅口租四担。

丙，久大堂田　玉旋公享祭田街亭小坑租五担，泥坑租四担，刘家田租五担，姚花园租二担五斗，姚屋税长丘租二担五斗；赈霄公享祭田街亭祆中丘租三担五斗；治诏公享祭田街亭丘屋田租三担。

丁，宝善堂　祭田租约 133.5 担。

戊，敦本堂　祭田租共约 48 担。

以上戚氏五房祭田租共计 461 担。

由这份清单可知：祭田是以房为单位，分房购置的，各房根据其族众人数财力等情况，所置祭田数量不等；各房所置祭田的所在地有本地也有外地，其中，大多数祭田是在本地。民国时期，夏府戚氏的族田数量已多达一千多亩，是为极盛时期。远至攸镇、沙地、石芫等外乡，都有该族的族田。

夏府戚氏所拥有的族田，全部出租与人耕种，每年收租一次，由各大房即敦本堂、锡度堂、聚顺堂、久大堂、宝善堂轮流负责收租，五年一轮。负责当年收租的这房，要在收获季节派人到各地按照契约收租粮，然后，再雇人将租粮挑到祠堂的粮仓。租粮的收入，用于这一年宗族活动的开支，主要用于祭祀祖先，维修祠堂和祖墓，宗族学校的各项开支及奖学金、赈济等。其中，一年两次的祠堂祭祖盛大仪式，大约要耗去该年族田田租收入的六成，其余四成，用于办学校等各项开支。

根据笔者的调查，赣南客家其他家族所置田产与戚氏田产相比，只是数量上的不同。

除族田外，赣南客家的有些宗族还拥有另外一些族产，如山林、池塘、店铺等。这些族产中，有的为族人捐款，有的为宗族购买，其收入也是用于宗族祭祖、办学、赈济等项开支。但总的来说，拥有这些族产的宗族还不如拥有田产的宗族那样的普遍，在所有各项族产中，族田是最常设，也是最为重要的族产，它在维持赣南客家传统的宗族制度方面起着极为重要的作用。

（三）赣南客家宗族制度的特色

赣南客家的宗族制度内容广泛，涉及经济、政治、文化、家法等诸多方面，这些内容，又突出表现如下几个特色。

第一个特色：**崇祖**。一个家族，就是一个由血缘关系联结起来的共同体，而这种共同体，又可说是祖先血缘的延续。没有祖先就没有后世子孙，没有祖先也就没有宗族，这是不言而喻的。因此，祖先在宗族中处于至关重要的地位，崇祖，也就成为宗族的第一要务。客家人的崇祖观念尤为强烈，他们长途跋涉，来到陌生而艰苦的环境，更需要得到祖先神灵的保佑，因此，他们哪怕是千里迢迢，适彼新土，也不忘背负着祖先骸骨，辗转迁徙。宗族形成之后，他们高举祖先的旗帜以团结宗族成员。通过崇祖，对内增强凝聚力，对外壮大宗族的声威，赣南客家的宗族制度通过族谱、祠堂、祭祖仪式等方面集中地表现了这一特点。

甲，族谱　赣南客家族谱的修撰中表现出明显的崇祖意识，一方面，族谱首先要解决的重要问题是溯源流，即明确本族的祖先是谁，列祖列宗的分支流派情况怎样。"远朔分传之祖，即唐末以来，原原本本，宗派丘墓，昭然可稽。"（清·同治《于都县志》）族谱中还特别注重祖宗的功德，其中在历史上建立了功名业绩的或对本宗族的繁盛作出重要贡献的，更是记叙、颂扬的重点对象。另一方面，通过族谱的修订来分清宗族内部成员的亲疏、辈分关系，这是祭祀祖先的必要基础，否则，在祭祖仪式上，参祭者尊卑不分，秩序混乱，就会被认为是对祖先的大不敬。总之，赣南客家族谱的大部分内容都与祖先有关，表现了浓厚的崇祖观念。

乙，祠堂　祠堂为赣南客家各宗族祭祀祖先的最重要场所，也是最集中地体现出其崇祖观念的地方。祠堂建筑规模宏大，形式庄重，祠堂内笼罩着崇祖的气氛。祠堂上厅，置放着祖先的牌位，多的可达数百个，层层排列，蔚为大观。祠堂的大门，厅堂的柱子、墙壁上，镌刻或书写着一副副以追根颂祖内容为中心的对联，还挂着一些诸如"祖功浩荡"、"祖恩洪宏"、"祖德流劳"之类的短条幅，人们置身祠堂内，思祖之情每每油然而生。

丙：祭祖仪式　赣南客家有清明扫墓，冬至挂纸的祭祖传统，然而，最为隆重的祭祖仪式还是祠堂之祭。每年清明、中元（或冬至），各宗族由族长、司仪主持，全族男丁（大族人多，则由各房派代表）参加，在祠堂按尊卑顺序排列好，按礼仪程序祭祀祖先。兹以宁都丘氏祠堂祭祖之礼为例，来介绍这种仪式。

《丘氏家庙祭祀仪注》：通唱，发擂，序立。执事者各司其事。主祭孙就位，引赞孙就位。痉毛血，迎神鞠躬，拜，兴（凡四），平身。通唱，行降神礼，引唱，行降神礼，注明主引合揖引唱诣盥洗所。酌水，进巾，诣香案前跪，上香（凡三），进酒，酹酒，拜，兴（凡二），平身，复位。通唱，进馔，奏乐。通唱，行初献礼，奏乐，引唱，行初献礼，司樽者至幕酌酒致祭于某某世祖、考、某老府君、祖、妣、某老孺人神位前跪，上香（凡三），进帛，献帛，进爵，献爵，俯伏，注明左右配祭与昭穆同正祭礼，引唱，俯伏，复位。通唱，进羹，献羹。通唱，读祝，引唱，读祝，诣香案前跪。通唱，宣祝文，引唱，拜，兴（凡二），平身，复位。通唱，行业献礼，奏乐，引唱，行业献礼。司樽者至幕酌酒致祭于某某世祖、考、某老府君、祖、妣、某老孺人神位前跪，进帛，献帛，进爵，献爵，俯伏，注明左右配祭与昭穆其礼皆同。引唱，俯伏，复位。通唱，进餐，献餐，通唱，行三献礼，奏乐，注明同业献礼，通唱，进茗，献茗；通唱，行侑食礼，奏乐，引唱，行侑食礼，引唱司樽者至幕酌酒，侑食，揖（凡三），侑酒，揖（凡三），注明左右配祭与昭穆其礼皆同。引唱，复位。通唱，饮福，受胙，引唱，饮酒，受胙，诣香案前跪。通唱，嘏祠，嘏祠者唱："祖考命恭祝神，其多福无疆，予尔孝孙，赉尔孝孙，勿替引之。"引唱，饮福酒，进胙，受胙，谢胙，拜，兴（凡二），平身，复位。通唱，主祭孙暂退，

从孙挨次行礼，奏乐。通唱，主祭孙复位，撤馔，送神鞠躬，
拜，兴（凡四），平身，执帛者捧帛，执爵者捧爵，读祝文者捧
祝文，悉诣燎所。通唱，复位，揖（凡三）礼业，退班，注明对
立者对揖，主祭者挨次遍揖助祭者，附诣省牲所，揖（凡三），
上香（凡三），复揖（凡三），诣香案前跪，上香（凡三），叩首
（凡三），兴，众人挨次行礼。

由上可见，祭祖仪式是非常烦琐的，它大体上要经过就位、迎
神、上香、进酒、酹酒、进馔、奏乐、行初献礼、行二献礼、行三献
礼、致辞、撤馔、送神、燎祝文、退位等十几道程序，每个程序又有
若干步骤。赣南客家其他宗族的祠堂祭祖仪式，与此相比，亦大同小
异。人们之所以要制定如此复杂、烦琐的礼仪来祭祀祖先，主要是为
了表达后代对祖先虔诚的崇敬之情，并希望通过这样做来获得祖先更
多的荫庇。

除对祖先进行祠祭外，墓祭祖先在赣南客家中也很流行。同是祭
祖，但两者相比又呈现出一些差异：一是从祭祀时间看，祠祭为一年
两祭，在清明、中元（或冬至）举行；而墓祭除清明、冬至祭祀外，
往往还在春节前夕或春节期间举行，尤以初一、初二举行者较多；二
是从参加祭祀的人员看，祠祭为全族男丁，或各房代表参加，墓祭则
除了全族男丁或各房代表参加的祭祀（这种祭祀不常举行）外，多
是由以房或家庭为单位前往祭祀；三是从祭祀对象看，祠堂因陈列了
自始迁祖以来各代祖先的牌位，故祠祭实际上是对该宗族所有祖先的
祭祀活动，而墓祭则对祭祀对象有所选择，一般为祭祀始迁祖、房祖
以及高、曾、祖、祢四代；四是从祭祀形式看，祠祭较为烦琐、复杂
已如前述，墓祭则除了全族参加的祭祀始祖的大祭外，一般都较为简
单：烧香、进食、再磕磕头而已，大多数情况下也无须主持祭礼之
司仪。

第二个特色：**联宗**。联宗，是指团结、联合具有共同血统的本宗
族人。联宗为崇祖的重要目的之一，因此，赣南客家宗族崇祖的种种
形式和活动中，又都表现出这一特征。例如，各族编修的族谱中，既

表现出浓厚的崇祖意识，又表现出"收族"联宗的目的，"谱者，志族之世次也，追已往之祖，而收见在之族"。（万斯大《崇礼质疑》）编撰族谱就是要在追溯、追思祖先的基础上，从血统上明确本宗族成员的范围，将全体宗族成员囊括于谱中，使宗族成员树立本宗族的观念，联合在共同祖先的旗帜下，这就是"收族"联宗。联宗要求宗族成员之间和睦亲爱，有的宗族在其族谱中立族规数条，其中特立"睦"条曰："《书》曰：克明骏德以亲九族，古圣人修身齐家，故教天下后世各亲其亲，各长其长。凡我子姓，宜念高曾嫡派同此源流，尊敬之无分物我……庶几仁让成风，不坠故家声色。"强调族人须重视同根之宜，和睦相亲。

祠堂是放置祖先神牌及祭祀祖先之殿堂，也是族人议事聚会、婚丧娶嫁乃至举行文娱活动的场所，时呈宗族成员济济一堂之盛况，是为"联宗"的重要处所。举行隆重的祭祖仪式，一方面是表达崇祖之情，希望得到祖先庇佑；另一方面也企图通过祭祀共同祖先来笼络族人的感情，实现宗族内部的大团结。因而，在祠堂举行春秋二祭仪式之后，一般情况下宗族随即要举行盛大宴会，由参加祭祖仪式的全体族人参加，宴席由族产收入中开支，颇为丰盛。在清末民初，赣县夏府戚氏在祭祖之后要摆二十多桌的酒席，每席菜肴有十二大碗，包括牛肉、猪肉、鸡肉、鸭肉、羊肉、鱼、豆腐以及各种时鲜蔬菜，酒宴中，族人们饮水思源，怀念祖先，共叙亲情，增强了宗族成员之间的团结。

赣南客家宗族重视对本族中生活困难者的救济，"鳏寡孤独何族无之，灾厄困苦贤者不免，凡遇此等，俱宜深加悯恤……勿吝锱铢而坐视其困顿可也"。（南康《罗氏族谱》）因此，许多宗族都将其族田田租收入的一部分用于赈济族中困厄者，有的宗族还专门设立"义田"使赈济族人的目的更加明确。赈济对象，如属极度贫困者或遭天灾人祸等沉重打击者，一般可免于偿还；如属一时困难、青黄不接接受赈济者，有偿还能力的，日后要予以偿还，但还本就行了，一般不计利息。有的宗族还对族中老人实行优抚政策，视其年龄，给予一定的补贴。例如：赣县湖江谢氏规定，对族中年满 60 岁的人，每年给予 1200 文的赡养费；满 70 岁者，一年给予 2000 文；80 岁者 3000 文；90 岁者 6000 文；100 岁者给予 30 千文（《浒江谢氏族谱》）。济贫与养老等措施，深受族人的拥护，增强了宗族的凝聚力，达到了"联宗"的功效。

第三个特色：**重教**。长期以来，赣南客家各宗族对教育颇为重视，采用多种形式来兴学、助学与奖学。

最普遍的兴学方式是设立家塾和宗族学校。家塾大致分为两种：一种是以家庭为单位，有的殷富人家延请一位教师来家中为其子弟讲学；另一种是以宗族为单位，由宗族出资聘请教师来为族中子弟授课，学生可免费或稍稍交一点费用就读，地点多设在祠堂。后来，这种宗族办的家塾从晚清开始渐转变为学校，地点仍设在祠堂。据调查，在 20 世纪 50 年代之前时，宗族学校的设立在赣南已非常普遍，一般建立了祠堂的宗族，大多都设立了宗族学校。据初步统计，赣南这种学校不下千所。宗族学校的校址建在祠堂，是因为祠堂一般即为宗族中最好与规模最大的建筑，办学条件尚可；并且，祠堂为祖先神位所在地，在此读书似可更直接地得到祖先的荫佑，获得更佳的学习效果。宗族学校聘请教师的方式为先内后外，即首先考虑本族的人选，若本族无人选，再到外面聘请教师。但不管是内聘还是外聘，都要求学识渊博且教学经验丰富，为请好教师，宁花高价钱。宗族办学经费如何筹措？主要有两种情况：第一种情况为办学经费全由宗族族产收入中开支，那些族产丰富、财力雄厚的大家族办学，一般是属于这种情况。例如，宁都灵溪丘氏宗族，其族田田租年收入有一千多桶，该族用其中的 600 桶来维持其宗族学校的办学费用，族中子弟入学是免费的。赣县夏府谢氏族田田租收入近 2000 担，该族将其中的大约五分之一投入于其宗族学校，本族子弟入学读书一律免费。第二种情况为办学经费由宗族负担一部分，不足部分，由学生缴纳学费来弥补。一些族产不雄厚的宗族其收入除去祭祖等项开支外已不敷办学费用，一般就采用宗族、学生家长各出一部分的方式。家塾的教学内容，基本上是四书五经以及一些启蒙读物，如《三字经》、《千字文》、《幼学琼林》等，这与当时的科举制度是相适应的。清末以后，社会上倡办新式学堂，宗族的家塾纷纷转为宗族学校。教学内容也随之发生了很大变化，尤其是 1905 年科举制度被废除之后更是如此。课程设置有国文、算术、地理、音乐、美术、体育等，采用新式教材，民国以后，一般采用当时教育部所颁教材。

赣南客家宗族之所以重教兴学，一方面是由于客家人受传统影响较深，他们较好地继承了中国崇文重教的传统；另一方面，客家人也希望通过兴学来提高本族子弟的素质，并培养出"学而优则仕"的出类拔萃人才，以光宗耀祖，提高宗族的声望地位，使他族不敢肆意欺凌。民国以后，赣南客家的宗族学校有的逐渐演变为淡血缘而重地域的村落学校，至 20 世纪 50 年代，赣南的宗族学校已不复存在，或被撤销或完全转型为村落学校。

赣南客家宗族的重教还表现在助学、奖学方面。对天资好、潜力大而家庭境况不好，就读有困难——尤其是考取县学、府学而家庭经济难以负担的学生，许多宗族都会从族产收入中提供一定的资助，使其能顺利完成学业。对族中子弟学有所成，为宗族争光者，大多数宗族都会根据弟子成就的高低以及本族财力的大小予以奖赏。兹举赣县湖江谢氏宗族的奖励政策为例，来说明这种情况。谢氏于清光绪年间规定：凡考上文乡榜花者，奖红钱六十千文，中副榜的奖四十千文；中武举的奖四十千文；参加举人会试的奖三十千文；中文进士花红钱八十千文，中武进士的奖五十千文，拔贡奖三十二千文。除家族奖励外，谢氏各房还要对学有所成的子弟予以奖赏。

在历史上，客家地区人才辈出，这与客家各宗族重视教育的观念以及举措是分不开的。

（四）当代赣南客家的宗族制度

赣南客家的宗族制度自宋元初创以来，在明中叶以后进入发展、兴盛时期，清末至 20 世纪 30 年代初达到全盛，并形成了自己的特色。兹后，战乱频仍，社会动荡，赣南客家的宗族制度遭到前所未有的大冲击，呈衰弱、倾颓之势。至 20 世纪五六十年代，赣南客家的宗族制度彻底解体，全面崩溃，表现为：祠堂或被毁坏，或被占为他用；族谱大部分被缴毁；族田、族产不复存在：宗族组织遭取缔，宗族活动被命令禁止而销声匿迹。但是，这些只是事物的表面现象，实际上，长期存在于人们头脑中的宗族观念却并没有因此而根除。作者在调查中了解到这样一件事：在"文革"期间，某村召开批斗大会，该村为单姓村，即村民都是同姓同宗族的人。在批斗会上，某地主（又是该姓辈分最高者）戴着高帽子，垂头丧气地接受群众的批判。在批判大会刚结束不久，某村民的结婚喜宴正式开席，参加宴席者几乎还是开批斗会的原班人马。而此时，被批判者却被人们众星捧月似的拥上上席上座，接着，目瞪口呆地接受刚刚声泪俱下地控告他的剥削罪行的晚辈们的敬酒与近乎肉麻的恭维语。显然，此时的宗族观念压倒了一切。在调查中，作者还听到大量的关于人们在祠堂面临被拆毁的紧要关头，如何使后来成为孤本的某族族谱免遭一炬的故事。在保存族谱方面，宁都县客家的宗族表现得最为突出。在20世纪80年代中期，赣南的许多县对族谱的残存情况作了调查，与有的县所保存的族谱已寥寥无几的情况相映照，该县保存的明清以来的各姓族谱竟多达一千多种。在"文革"期间要保存被视为"封建糟粕"的族谱是相当困难且充满危险的，保存族谱，往往被看做守旧、落后的行为，一经发现，要挨批判、斗争。正因为如此，后来，各宗族对曾经斗胆在"文革"期间保存本族谱的人，怀着一种敬佩之感。宁都古夏的李姓在重修族谱的过程中，当得知该族清乾隆年间所编族谱的唯一保存者，竟是平素性格内向、沉默寡言的某某时，马上改变了对他的看法，以往不太引人注目，不大为人瞧得起的这位农民，此后被人赞不绝口。两年前，赣县夏府戚氏开始重修族谱，当族人们为缺少旧族谱而重修工作难以维持而发愁时，该族某人捧来了秘藏于地窖二十多年的该族清同治年间所修族谱，族人们马上目之为该族的英雄，族长当场宣布要对他给予重奖。由以上情况可知，在20世纪五六十年代尤其是"文化大革命"期间，赣南客家的宗族制度表面上被铲除，但在人们的头脑中，宗族观念依旧保留着，这就决定了一旦局势改变，这种制度就还有复苏的可能性。

自20世纪70年代末80年代初开始，由于政治温和、政策宽松等新因素的出现，赣南客家的宗族制度迅速恢复、重建。主要表现为：其一，重修祠堂。由于年久失修以及人为的毁坏等原因，及至"文革"结束，赣南客家的许多祠堂呈破坏衰败，摇摇欲坠之态。20世纪80年代初开始，不少宗族筹集资金，进行祠堂的重修工作。破坏程度较轻，保存完好的，耗资减少，工作量也较小，粉刷，油漆而已；破坏较严重的，耗资较大，工作也较为艰巨，有的为里里外外，整个重修。其二，兴修族谱。从20世纪80年代初开始，在赣南客家宗族中逐渐出现兴修族谱的热潮，进入20世纪90年代，这股潮流达到高峰。在这方面，不同宗族之间相互影响，相互推动，及至现在，据粗略统计，赣南客家各宗族已重修或正在重修族谱的达80%左右。这股兴修族谱的热潮的出现既与政策的宽松有关，也与各族族谱年久失修的情况有关。根据各族的老规矩，族谱宜三十年一修或六十年一修，但自20世纪30年代中叶以来，赣南客家宗族的修谱工作大多中止，因此，绝大多数宗族修谱的间隔时间已超过半个世纪，间隔时间长的已达一两百年。而在客家人的观念中，国史乃一国之史，族谱为一族之史，就像国史的编修不能中断一样，族谱的编修——宗族的历史也不能中断。因而，近几十年的族谱兴修呈现高潮。其三，恢复宗族活动，一些传统的宗族活动又重新出现，例如祭祖扫墓、迎神打醮等。

然而，自20世纪70年代末80年代初重新恢复起来的赣南客家宗族制度，却并不是传统宗族制度的原型再现和简单翻版，它具有下列新的特点。

首先，族田等不复存在，在过去，赣南客家宗族大多置有数量不等的族田，族田既是赣南客家宗族制度的重要组成部分，又是这种制度的经济基础，20世纪50年代初，其已成为历史往事。由于丧失了族田，宗族便失去了固定的经济来源，因此，宗族制度就受到一定程度的限制。与过去相比，只能有选择地开展部分宗族活动，而这些有选择进行的宗族活动，其经费来源完全靠捐助和集资。捐助，要有乐捐者，集资，要有族人愿意，这自然不如有族田时开展活动那样方便。除族田外，其他族产如山村、水泽、店铺等自20世纪50年代初起也不再存在。

其次，功能缩小，在过去，赣南客家宗族制度具有政治、经济、教育、文化乃至司法等多种功能，而现在这些功能大多丧失或淡化。如上所述，由于族田的废除，宗族制度的经济支柱崩溃，这就无法再继续发挥它的经济功能；由于国家政权的巩固以及地方政权的加强，宗族的政治功能也就自动丧失；国家法制建设的深化和加强，家族私设公堂，行使法权的情景已成明日黄花；教育事业的迅速发展，公立乡村学校的普及，宗族族田的丧失，使得宗族既无必要，也无可能去维持或兴建宗族学校，再不能像过去那样发挥其强大的教育功能；但在文化等方面，其功能仍然较为显著。

最后，某些宗族传统得以保留和继承，但又打上了现代的烙印。在这方面，兹举两个作者在调查过程中耳闻目睹的事例来予以说明。

个案：定南新联缪氏迎新谱的活动。1997 年农历正月初六，定南县九曲乡新村与邻村的缪氏举行了隆重的迎谱活动。缪氏族谱新近重修好，放置于离新联村 5 公里的莲塘缪氏宗祠。正月初六是好日子，特定于这一日为缪氏各房迎谱的日子。这天凌晨，新联缪氏的迎亲队伍聚集在老屋的大厅，这支队伍的带队者，3 位是善于敲锣鼓者，5 位是善于舞龙者，另外，还有一些跟着看热闹的族人。待迎谱队员到齐之后，在长辈的率领下，大家向大厅的祖先神位拜别。而后，鞭炮齐鸣，迎谱队伍手擎黄龙，敲着锣鼓，向莲塘进发，不到一个小时，便到达了目的地。八点半左右，散居在各村的缪氏 9 个房的迎谱队伍全部到齐，每支迎谱队伍擎着黄龙而至，除长房的黄龙比较大以外，各房的黄龙形状、大小基本上是相同的。据说，黄龙是祖先的象征，又表示吉祥、兴旺。九点钟，在司仪的主持下。各迎谱队先参拜本族的保护神——离祠堂不远的两棵古老的大槐树，在锣鼓与爆竹声中，先由长房迎谱队手舞大龙进行参拜，然后，由两房一组，手舞小黄龙进行参拜。参拜槐树后，迎谱队伍开到缪氏宗祠前的大坪，进行参拜宗祠仪式，大坪上当时聚集了近千人，三十多部锣鼓敲得震天价响，在锣鼓和鞭炮声中，各迎谱队伍飞舞黄龙，参拜宗祠，十点钟左右，主持仪式的长者为每一支迎谱队"呼赞"（说几句吉祥话），并为每一条黄龙"挂彩"（把红布挂在龙角上），接着，各支队伍鱼贯而入宗祠。宗祠大厅可容纳数百人，上厅神桌的上方挂着缪氏始迁祖衍真公的画像，神桌上陈列着列祖列宗的牌位，神桌前放置一条长长的铺有红布的桌子，桌面上陈放着几十部红色的新修谱族。十点半，发谱仪式开始，首先，由一名族中德高望重的长辈向衍真公进香、跪拜，他宣布发谱仪式正式开始。霎时，鼓乐大作，爆竹声震耳欲聋，有数分钟之久。接着，由另一位族中长者宣读"赞文"，内容为颂扬祖先功德，追溯世系源流，并略阐述此次修谱的概况，祈求祖先赐福后代。宣读完赞文，这位长者宣布了发普的顺序以及有关注意的事项，接着，开始发谱。当发谱人每念到一房名时，该房的领谱人走出队列，先向祖先神位鞠躬三次，再小心翼翼地从发谱人手中接过族谱，然后，再向祖先神位三鞠躬，最后回到自己的列队。不一会儿，族谱分发完毕，在鼓乐声中，主持人宣布发谱仪式结束。新联缪氏迎谱队与其他迎谱队一样，捧着族谱，敲着鼓锣，舞着黄龙，打道回府。抵达新联，早有村中缪氏族众在村口迎接，队伍返回老厅，把族谱放在桌子上，摆上供品，并当场杀了一只雄鸡，祭祖先神位以及族谱。而后，带队长辈率领大家向祖先神位与族谱鞠躬、致礼。整个迎谱活动即告结束。

　　缪氏上次修谱的时间是在半个世纪前，当时也举行了隆重的迎谱仪式。半个世纪过去了，这种迎谱仪式有没有什么改变？带着这个问题，笔者访问了几位这两次迎谱活动都参加了的老人，他们的回答是："一样的，没什么改变。"当笔者再询问这两次迎谱活动所表现出的不同之处时，一位老人不无感慨地说："以前，去迎谱的大家都相信祖先的神灵会保护族人，因此，大家是真心实地，非常虔诚地进行这项活动。现在的人呢，特别是年轻人，都不大相信神灵了，所以，有的人参加迎谱，不过是做做样子，凑凑热闹而已！"这个调查个案反映出从20世纪80年代恢复的宗族制度及活动，尽管有的从形式上完全恢复了过去的一套，但参与者的观念却已发生了很大变化。

　　个案：宁都南岭卢氏火龙节活动。宁都县洛口乡南岭村的卢氏，早在唐朝末年就从北方迁居南岭，现在，南岭村人口有一千余人，其中，百分之九十五以上都是卢姓，基本上是一个卢氏单姓村。在南岭卢氏的诸多宗族活动中，最为典型、最为隆重的是其一年一度的火龙节活动。在每年的中秋节期间举行，以游火龙活动为主。农历八月初一，卢氏儿童拉开了火龙节的序幕。从这天晚上起，儿童组成几支7人1组的小分队，手持火龙等模具挨家挨户地走一遍，说些吉利话，这深受各家的欢迎。从八月初九日起，请来的戏班子开始演戏，一天演二至三场，一直要演到八月十五晚上。中秋节之夜，火龙节活动达到高峰，即举行盛大的游火龙活动。此前，卢氏共制作了49根竹篙火龙，是日晚八时左右，由卢氏青壮年组成的7支游火龙队，每队抬举着7根竹篙火龙，依次进行火龙的活动。他们先点燃火龙，再把它们高举起来，然后，在鼓乐声中，族人抬举着火龙快步前进，绕村子一周，最后将竹篙靠放在祠堂的墙上。使其徐徐熄灭。在活动过程中。笔者发现一种奇怪的现象，所有的举着火龙的族人并不将竹篙火龙靠放在祠堂的墙上，而是将它靠放在自己家的墙上。带着疑惑，笔者拜访了该族退休教师卢志尧先生，卢志尧先生说，在卢氏宗族看来，火龙是辟邪驱灾的，因此，人们在游完火龙后，将它们斜靠在宗族祠堂的墙上，希望能保佑全族的平安，但是现在有些人的宗族观念变淡了，更自私了。把火龙靠放在自家的墙上，而不放在祠堂的墙上。卢先生接着补充说：古时传下来的规矩一直是把火龙靠在祠堂墙上的。现在有的人不讲这些规矩了，想怎样弄，就怎样弄。

从这个调查个案中可以看出，在这些年恢复的赣南客家的有些宗族制度及活动在"规矩"亦即形式上较之过去也有了改变。这些改变又代表着某些观念的变化，而人们观念的变化与时代的发展、变更是分不开的。今年农历正月十二（1998年2月8日），笔者在赣县茅店进行田野调查时所目睹的一种现象，更能反映出时代变化对赣南客家宗族制度以及活动的影响。茅店洋塘黄氏宗族与信丰的黄氏在信丰联修了族谱，这一天是接谱曰，茅店黄氏凌晨出发，中午即把族谱接回到了茅店。接谱的队伍盛况空前；前面是4排16辆新的摩托车开路，后面紧跟着三辆大汽车，汽车披红挂彩，装着接来的族谱，黄氏族人则在汽车上敲锣打鼓，鸣放鞭炮。摩托、汽车的轰鸣声给古老的客家宗族制度打上了现代的烙印。

　　总之，从 20 世纪 70 年代末 80 年代初开始恢复起来的赣南客家宗族制度，由于种种因素的影响和制约，其功能萎缩，作用削弱，从表面上看，宗族仍然形成一定的凝聚力，部分宗族活动仍能开展——尤其是文化活动，甚至可以搞得有声有色，但其间，参与者观念的变化以及某些活动形式的改变，又是不可否定之事实。

　　目前，赣南客家宗族制度恢复的态势仍在延续，并且，还将延续到今后一段时期。但这种恢复，只是部分地恢复，由于时代的巨变，这种制度不可能再回复到原来传统宗族制度的模式，也不能发挥像过去那种强大的作用。这种态势，我们视之为历史文化的一种惯性延续，可能较为适合些。

二　客家家法族规再思考

　　在传统的客家宗族社会，每个客家宗族几乎都有自己的家法族规。这些家法族规是宗族内部人们必须遵守的道德规范和行为准则，反映出客家人的思想观念和精神风貌，是客家文化的重要组成部分。长期以来，人们对这些家法族规褒贬不一，但常常失之偏颇。本文认为，对客家家法族规的评价，应分析其产生的客观历史条件与必然性，对其积极作用、负面影响等方面作辩证的、全面的、公正的评价，并探究其对于构建当代客家精神文明的借鉴意义。

（一）

　　客家家法族规的出现与客家宗族的兴建、族谱的修订密切相关。

　　宋、元以降，迁居于闽赣粤边区的客家人，随着人口的繁衍，一个个宗族随之兴建。在客家宗族的兴建过程中，有两件大事，亦客家宗族建立的两个标志。一件是修建祠堂，其目的是供放本族祖先的神位，为本族的祭祖及其他活动建立一个公共场所。另一件则是修族谱。为何要修族谱？"盖谱也者，所以明一族之世系，序一族之源流，以及生殁娶葬，悉载详明，俾后人得以一览而知。"可见，探明宗族祖先的源流，弘扬祖先的功绩是修谱的重要目的。然而，族谱的内容与目的并不仅限于此，家法族规也是族谱的重要组成部分。

客家的家法族规的表现形式有多种，但其最为常见的形式就是载入族谱之中。应该明确的是，家法族规虽与族谱密切相关，但它绝不是为了族谱形式上的需要，作为一种点缀而写进族谱的，它的出现，有其必然性因素。

首先，客家的家法族规是维系宗族存在之必需。在数百年前，客家家族的兴建是必然趋势，这是因为，在当时，客家人所处环境颇为恶劣，面临的是贫瘠的丘陵山地，虫兽的袭击，土著或先抵者的敌视等，要应付自然的、人为的挑战，就必须建立同姓氏的血缘共同体组织亦即宗族，团结起来，一致对外，战胜各种困难。既然客家宗族的建立是必然的，那么，维系这种宗族的存在在当时就成为必需之举了。在维护宗族存在的各种举措中，客家宗族家法族规的制定是其重要而强有力的一种。这是因为，任何组织、群体都必须有一定的规章制度。"没有规矩，不成方圆"，这句话可谓是家喻户晓。若没有一定的规矩，宗族成员各行其是，为所欲为，宗族就会是一盘散沙，其维系就大成问题。相反，制定一些规矩，即宗族法规，明确宗族成员该做什么，不该做什么，使大家同心同德，齐心协力，宗族的功能因此得以强化，宗族的维持也就有了一种可靠的保证。

其次，客家的家法族规是促进宗族兴盛之必需，对于宗族来说，一旦形成，不仅有一个能否维持的问题，而且还有一个是否兴盛的问题。任何家族都希望本族能够兴盛而不是衰败。除了人口的滋长外，宗族的兴盛至少还需具备三个特征，即团结有序、丰衣足食和人才辈出。纵览客家各宗族的家法族规，不难发现，其中，倡导宗族成员之间的团结、尊卑秩序方面的条例所占比重极大；重农力耕、勤俭持家是丰衣足食的基础，这方面的条规也不少；人才辈出的前提有二，一是族人须具备良好的品行，二是要勤奋读书以学有所成、金榜题名，客家的家法族规除了在养成良好的品行方面作了许多具体规定外，还特别强调要"重教"和"勤读"。由此可见，客家人以家法族规的形式为保证宗族的团结有序、丰衣足食和人才辈出作出相应的规定，这些规定对宗族的发展兴盛不仅是有益的，而且是必要的。

再次，客家的家法族规也是维护乡村地方社会秩序之必需。在中国封建社会，地方政权的设置一般只是设到县一级，由于人员、交通等条件的限制，对一些乡、村（尤其是偏僻山区的乡村）社会秩序的维持，统治者往往是鞭长莫及。客家人多居山区，且多为聚族而居，一个村庄常常仅居住几个宗族，甚至还有不少一个村庄仅居住一姓人家的单姓村。由此可见，在这些地域，宗族是维持地方秩序的关键。客家宗族的家法族规中，有许多诸如禁偷盗、禁打劫、禁赌博、禁淫乱等方面的规定，违犯这些规定的宗族成员，将要受到宗族的严厉处罚。因此，这些家法族规的制定对于维持宗族的秩序、约束宗族成员的不轨行为是非常重要的，并且由于上面所述的原因，它们对于维护地方秩序也是很有必要的。

客家的家法族规内容丰富，涉及广泛，笔者对 32 份客家的家法族规进行了量化统计，其结果如下。

这 32 份家法族规共有条规 343 条。其中，关于祭祀、祠堂、族谱方面的 85 条，占 24.8%；关于兄弟、夫妇、宗族、邻里和睦相处的 75 条，占 21.9%；关于盗、赌、淫、毒等方面的戒规 56 条，占 16.3%；关于修养、礼仪方面的 38 条，占 11%；关于孝敬父母方面的 20 条，占 5.8%；关于勉励读书方面的 17 条，占 5%；关于国事以及缴纳国税方面的 16 条，占 4.7%；关于勤俭持家方面的 13 条，占 3.8%；关于婚姻方面的 12 条，占 3.5%；关于重农务方面的 11 条，占 3.2%。

（二）

在客家的家法族规中，有不少内容具有一定的积极意义，兹归纳如下。

孝敬父母　客家的家法族规都十分强调父母的养育之恩，提倡对父母的孝敬，认为"父母是吾身之本，少儿鞠育，长而教训，其恩如天地。不孝父母、是得罪于天，无所祷也。凡我族人，切不可失养失敬，以乖在伦"。也有的族规从反面，以禁令的形式斥责不孝敬父母的行为："父母之恩，昊天罔极。……乃有不肖之子，闻父母之命则略不关心，听妻妾之言则百无不从，甚至怒言厉色，笃父詈母，不孝之罪，孰大于是，抑知羊有跪乳之恩，鸦有反哺之义，兹特为严禁、凡我族人，倘有忤逆之子，一经禀报，应在必诛之条。"

中国人素有孝敬父母之美德。客家人于此极为重视，将这方面的内容郑重其事地写入家法族规，作为族人必须遵守的行为准则，足见其对中华民族传统美德之继承与发扬光大。

和睦团结　在客家的家法族规中，非常突出地体现了客家人重视和睦团结的思想，在这方面形成了一些可贵的认识。例如，在对待兄弟关系方面。客家人认为："兄弟吾身之依，生则同胞，居则同巢，如手如脚。不和兄弟，是伤残手足，难为人类。凡我兄弟，切不可争产争财，以伤骨肉。"对待同宗关系方面则认为："予姓蕃衍皆祖宗一脉分形之人……凡我族人尚笃亲亲之谊，方不愧为望族。"在对待乡里关系方面，客家人认为："同乡共里姓氏众多，非属姻戚即属支脉，一当以和为贵。若以强欺弱，以众暴寡，恃积怨成仇、挟丑图报而嫌隙互生。与其日启衅端前，何不早从礼止。从此联修之后，凡我族众，不得藉势凌人，尤当和睦乡里，永效友好。"

无论是对待骨肉同胞，还是对待同族宗人，抑或对待乡里邻舍，客家人的家法族规中都明确规定要和睦相处，团结友爱，不可争利争财，恃强凌弱，这表现出客家人以和为贵的思想及其博大的胸襟。

重农务本　对农业的重要性，客家人有深刻的认识。这种认识写进了家法族规。例如，夏府李氏在其族规中特列《务农业》条，认为，"农桑，衣食之必资，上可以供父母，下可以养妻子，所以奉生之木也。苟不勤力耕种，必致荒芜田园"。并提出规定："凡我族人，切不可偷安懒惰，以致终身饥寒。"钟氏也在其族规中列《勤耕稼》条例，提出："国以民为本，民以食为天，顾食由以耕田而得，夫田不耕则食无所出。"号召族众"勉力为上农，胼手抵足，早出晏归，蔗千斯仓万斯箱"。

以农为本，勤于耕稼，这种思想虽自古有之，并非客家人独创，但由于客家人多居于交通闭塞、自然条件较差的丘陵山地，生存环境较差，发展尤难，农业的重要性更为彰显，其对这种重要性的认识也更加深刻，他们把这种深刻认识以家法族规的形式规定下来，作为对族人的一种激励。长期以来，客家人勇于开拓，勤于耕稼，将许多荒芜之地，开辟成了收获"千斯仓，万斯箱"的良田，为客家族群的繁盛与山区经济的发展作出了双重贡献。毋庸置疑，在此间，这种激励起了一定的积极促进作用。

勤俭持家　在客家的家法家规中，有不少提倡勤俭持家方面的内容。例如，南康严氏在族规中列《勉勤俭》条，认为，"天下事，非勤则事无成，非俭则用不足"。从"天下事"着眼，强调"勤"与"俭"的重要性。钟氏则专列《崇俭朴》条规，指出："奢侈为败家之由，俭朴乃守成之本……昔日有云：'常将有日思无日，莫把无时作有时？'此语最为以切，若果念衣食难，崇尚俭朴，则来裕日可致耳。"针砭奢侈之举，极言节俭之益，这些族规，对于培育客家人著名的勤俭美德，应该说是功不可没。

勉励读书　客家人非常重视教育，勉励弟子读书，大多数客家族规中都有关于这方面的内容，例如：李氏列《勤读诗书》条规，认为："报国荣亲，读书之泽甚大，凡我子姓有志诵读者，品行文章着力砥砺，或列黉序或掇巍科，非特祖宗有光，亦副族人之望。"南康严氏立族规十条，而其中第一条即《勉读书》。要求"族中子弟无论贫富皆当使之就学，严其教令，陶其性情。毋狃于目前小利，而废于半途，毋使服役代劳而荒其学业，如此则志日专而德日尊，异日撑持门户从而显扬者，当乐有贤父兄矣"。

客家人劝勉读书方面的族规，绝非空言。长期以来，客家人崇文重教，蔚然成风，成效卓然。至清末，梅州等客家地区的每一个村庄，几乎都有客家宗族在其祠堂设立的学校，他们"延宿学之儒，择端方之品"，使大量的子弟得以接受教育。在教育近代化的过程中，客家人更是一马当先，改良族学，创办新式小学与中学。1929 年，仅梅州一县就有中学 16 所，学生达到 3000 人，中学生人数在当时全国的各县中是数一数二的。客家地区的儿童入学率也有了很大的提高，例如 1929 年的平远县，"全县在学男童约 1.2 万，失学儿童约500 人"，儿童入学率达到 95% 左右。客家人重视教育，兴学重教，这为客家人才辈出，群星璀璨，奠定了坚实的基础，而其中，客家家法族规对教育的倡导、勉励、鞭策，起到了积极的推动作用。

戒除恶习 客家人最重品行，对不良习气深恶痛绝，如对"盗贼"、"淫乱"、"奢靡"、"赌"、"匪僻"、"争斗"等，许多客家的家法族规中都有明文禁止，且往往措辞严厉，如蕉岭南山林氏族联修族谱："盗贼最坏德行，身壮力健等为盗贼，合族攻之，删销谱名。"对有盗贼行为的人，不仅要合族群起而攻之，还要取消他的族籍，把他从家族中开除。

（三）

在研究和评价客家的家法族规时，我们还要注意三个问题。

其一，关于客家家法族规的二重性问题。与其他事物一样，客家族规也存在着二重性的问题。一方面，如上所述，其内容中有不少具有积极意义的东西，对此，我们应给予公正的评价；另一方面，我们也要看到，客家族规中有一些消极、落后的东西。例如，有关祖坟、祠堂、祭祀等与祭祖有关的内容，在客家家法族规中占据很大的比重，竟达 24.8% 之多，在有的族规中甚至占总条例的一半左右。按理，对祖先表示怀念并适当地举行一些祭祀活动，也是人之常情，然而，这部分内容比重过大，对死者的怀念几乎超过对活人的关注，这就显然不妥了。又如，不少族规中禁止所谓的"异端"、禁止族中子弟从事"倡优"、"隶卒"等职业（认为从事这些职业是"舍贵而为贱"）；有的则要求女子必须从一而终，夫死不得改嫁，改嫁不得入谱等。这些都反映客家族规的守旧、落后的一面，总之，我们要认识到客家家法族规的二重性，一分为二地对其进行分析、评价。

其二，关于客家的家法族规有没有真正实施的问题。有人认为，客家的家法族规，大同小异，近似官样文章，只是写出来做做样子而已，并没有真正的实行。对这种观点，笔者不敢苟同。在这些年的乡村调查中，笔者了解到许多的案例，如违犯禁乱伦族规的男子被"沉塘"，违犯禁盗贼族规的族人被处死，违背夫死不再嫁的女子被族谱除名，违犯"悖逆父母"禁令的族人被处以重罚等。客家的家法族规，不仅是一种舆论上的倡导，它也是具有一定约束力和强制性的家族行为准则，是一种准法律，族人一旦违背之，常常要受到制裁或惩罚，甚至"重则究治处死"也非空洞恐吓之言。因此，它们在相当程度上是实行了的，尽管不可能百分之百的实施。

其三，关于客家家法家规在当今精神文明建设中的借鉴意义问题。对于客家家法族规中的落后、消极、守旧的内容，要予以抛弃，而对于其中具有积极意义的内容和精神，要善于借鉴、批判地继承，以服务于当今的精神文明建设。那么，客家家法族规的哪些方面可供借鉴及批判地继承呢？笔者认为，至少有如下几个方面。

一是建立和谐的人际关系的精神。在当今市场经济的大潮中，有的人唯利是图，见利忘义，为了金钱，不惜损害别人的利益，甚至对于亲朋，也可以反目成仇，根本不讲做人的基本准则，或者为了区区小事，各不相让，乃至大打出手，酿成悲剧。这样的现象，即使不是十分普遍，也并不罕见，蔓延开来，后患无穷。客家的家法家规，非常注重建立和谐的人际关系，反对"争利争财"，"恃强凌弱"，主张兄弟之间、家族之间、邻居之间都应该团结友爱，和睦相处。反观现实，这种精神是颇具启迪性的。

二是重视教育的思想。在客家的家法族规中，重视教育，勉励读书是其中的一个突出特点。在世界正向知识转型的当今时代，科学技术是第一生产力，知识就是财富，就是力量，而教育是科学技术发展、知识增长的基础，关系到整个民族的素质与国家的兴衰。如何进一步重视教育，发展教育，从客家家法族规的有关教育的思想中，仍可吸收不少有益的成分。

三是对恶习的深恶痛绝。在客家的家法族规中，对人们的种种恶习，可谓是疾恶如仇，深恶痛绝，每每晓以大义，严词痛斥，常具振聋发聩之力，训迪古今之功。例如，兴国林氏族规中，专列《戒洋烟》条规，其文曰："俗云，食不能充饥，饮不能止渴，倾家败产，莫甚于此。故人常谓洋烟可养神疗病，不知非徒无益而又害之。每见世人身体本肥壮，一吃洋烟，形便瘦弱，是地府阎罗未出销魂之票，阳间烟鬼先燃引路之灯矣，何愚至此：顾吾众未染者，不可以逢场作

戏试之，既染者，各宜猛省及早回头以求正路，是所切望!" 所谓的
"洋烟"，即为鸦片一类的毒品，林氏宗族在清朝后期制定的这条族
规，不仅对当时该族已经或可能成为瘾君子的族人是当头棒喝，对于
一百多年后的今天，贩毒吸毒现象愈为蔓延之时，此段论述，仍不失
为长鸣之警钟。

三　客家祠堂与客家文化

在中国大陆的客家地区，祠堂建筑可谓是星罗棋布；在海外，客
家祠堂的数量虽不及大陆，但在部分客家人聚居区，祠堂也随处可
见。客家祠堂既是历史的产物，又烙上了时代的印记。一个祠堂犹如
一个巨大的符号，其间，蕴含着许多的信息和密码，对客家祠堂进行
研究，破译这些信息密码，将有助于我们解开客家历史和文化之谜，
并促进我们把客家研究引向更深层次。本文资料的来源主要是历史文
献、谱牒材料和作者长期进行田野调查的采访所获。本文拟对客家祠
堂的历史、现状及其组织结构略予论述，重点探讨客家祠堂的文化内
涵以及客家祠堂与客家文化的关系，以期就教于方家，并引起学者同
人对客家祠堂研究的重视。

（一）客家祠堂的兴建与祠堂组织

客家祠堂的建立，可追溯至宋、元之际。

在中国古代，祭祀祖先虽是天经地义之事，但设立宗庙祭祖却是
君主贵族的特权。其中，允立庙数的多少又与立庙者的等级身份成正
比，例如，周王朝规定："天子七庙三昭三穆，与大祖之庙而七。诸
侯五庙，二昭二穆，与大祖之庙而五。大夫三庙一昭一穆，与大祖之
庙而三。士一庙。"① "庶人"即平民百姓则不能立庙，只能"祭于
寝"。在有的朝代如秦王朝，甚至规定，除天子之外，任何人不得建
宗庙。到了宋代，由于庶族地主经济的发展及势力的扩大，加上张

① 《礼记·王制》。

载、程颐、朱熹等理学家大力提倡祭祖敬宗收族、重建宗族制度，这就促使统治者在祭祖礼制方面出现了放宽的倾向，祭祖之宗庙——祠堂开始在民间出现。在蒙古族统治下的元朝，礼制荒疏，相应地在礼制方面的控制也更为松懈，祠堂在民间得以进一步发展。宋、元之际，是客家民系形成的重要时期，除语言、民俗等方面外，人口的增长及达到一定的量是判断一个民系是否形成的重要标志。据《元丰九域志》，到宋神宗元丰年间，梅州的户数为 12272 户，福建汀州为 81454 户，赣南（括虔州、南安）更达 133929 户，三地人口加起来达二十多万户。约百万人之众。这个人口数字，比起前代已有相当大的增长，从绝对值来看也颇为可观。这些人口中，大多为从北方南迁的汉人，他们为客家民系的形成奠定了基础。

值此客家民系初步形成之际，正当民间祠堂开始出现之时，而客家人正好赶上了这时代潮流，有的宗族建起了早期的祠堂，例如兴国枫边的夏氏、宁都黄石的郭氏、赣县蟠龙的彭氏等都在宋中后期或元初建立了本族祠堂。但这时所建的客家祠堂，从数量上看还非常的少，奉祀祖先的代数仍受到限制，建筑规模也远不能与后世相比。

及至明朝，客家祠堂的兴建进入大发展时期，这种情况的出现主要有两个方面的原因。其一是统治者方面的原因，在明朝，统治者对祭祖礼制方面的限制继续松动，尤其是明嘉靖十五年，礼部尚书夏言关于"乞诏天下臣民冬至日得祀始祖议"①的上疏被采纳，这就开了允许民间各同姓宗族联合祭祀始祖的先河。其后果，既导致了民间大宗祠的出现，又激发了民间大建宗祠的热情。其二是客家民系本身的原因，到了明代，客家民系已有了很大的发展，客家的宗族无论是数量、规模还是财力，都比以前有了较大的增长；客家民系还有其特性，如更为重视传统，崇祖观念更强烈，生存条件的艰难使其更需要用祖宗的旗号来团结族人以克服困难等，因而此时，客家修建祠堂的积极性就尤为高涨。我们通过翻阅族谱或察看祠堂碑记发现，客家祠堂中有不少是在明朝建的，例如，五华卓氏宗祠始建于明洪武年间，

---

① 夏言：《桂州夏文愍公奏议》卷 21。

连城张氏宗祠建于明天启年间，宁都石上李氏宗祠建于明天启年间等。据大致的统计，现存客家祠堂中，有一半左右是始建于明朝的。

在清代，客家人营建祠堂的势头有增无减，这就使得客家祠堂的数量在清代达到高峰。当时的客家地区，"族必有祠"，"巨家寒族，莫不有家祠，以祀其先，旷不举者，则人以匪类以摈之"①。不仅乡村大建宗祠，不少宗族还将祠堂建到州城县城，例如，据清道光四年的一项资料，当时宁都州城的各项建筑中，宗祠竟占去其中的"十之三四"，由此可见当时兴建祠堂之盛况。清代期间，许多宗族还对以前所建祠堂进行翻修，重修后的祠堂，规模更为宏大，装修得也更加精美。

民国期间，内忧外患，战乱频仍，既有少量客家祠堂新建，也有一些祠堂毁于战火。在"文化大革命"时期，客家祠堂中，有的被毁，更多的是成为生产队部、民居或学校。进入 20 世纪 80 年代以来，客家地区的许多祠堂得以修复，并重新作为祭祀祖先的场所，目前，这种情况还在继续发展。据不完全统计，仅闽粤赣地区的客家祠堂，现保存较为完整者仍有万余座。

如果认为客家的一个宗族就建一个祠堂，或者认为一个客家祠堂就是一个完全独立的组织，那就错了。一个客家宗族的祠堂数量，视其宗族历史的长短及人丁的多寡而定，大的宗族往往建立数个，十几个甚至更多的祠堂。每个祠堂并非是完全独立的，它与同宗族的其他祠堂共同构成一个网络，形成一个祠堂组织系统。

客家祠堂的组织系统，一般由如下层次的祠堂组成。

1. 总祠，合族为祭祀始迁祖而立的宗祠。

该族之人，人人"有份"。它既是宗族祭祀祖先的中心，又是宗族议事、执法，实行宗族统治的中心，其建制规模比宗族其他种类的祠堂要较大。

2. 分祠，宗族的分支——"房"所建立的、奉祀该房直系祖先的祠堂。

然而，并非所有的"房"都建祠堂，一个房是否建立祠堂，除了

---

① 杨龙泉：《志草》，载《同治赣州府志》。

要具备一定的物质基础即财力之外，还应符合一个至关重要的条件，这就是人丁兴旺并且达到一定的量。这个量又是多大呢？根据笔者在客家地区所作的调查，发现许多宗族都有这么一条不成文的规定：一个房当其男丁超过100人时，始得建分祠。

3. 支祠

房有各种类型，某房人丁兴盛，支派蔓延，往往再次分房，原来的房为大房，后分的房为支房或小房；当支房或小房人财俱旺，达到一定程度了，就会建立起祭祀该支房或小房直系祖先的祠堂，是为支祠。

下面，以宁都洛口南岭村卢氏祠堂的兴建情况为例，来说明客家祠家祠堂的一般组织。

总祠	分祠	支祠
	叔雅公祠	
	政凯公祠 ──	汉冲祠
公明公祠	政瀚公祠	匪谷祠
	政器公祠	

有时，同一个远祖而居处各异的同族，合建成跨地域（乃至跨国）的规模宏大的宗祠，称为大宗祠或合祠，以祭祀其共同的祖先；另外，当支房人丁繁盛达到一定程度的时候，下又可分成若干房，而这些房发展到一定程度时，又可建立该房的祠堂，形成房下不断分房，支祠下仍有支祠的局面。可见，客家宗族的祠堂，常常是以总祠（或大宗祠）为其端，层次复杂、支脉繁多的组织系统，它们具有一定的独立性又相互联系，而这种联系的最重要的，也是唯一的纽带就是血缘关系。

（二）祠堂：客家人崇祖观念的凝聚点

在世界各古老民族中，都无例外地出现过对祖先的崇拜。在我国，早在原始社会时期，人们就产生了崇祖观念及相关活动。由于后世儒家的倡导以及中国特殊的地理和人文环境，崇祖的传统一直得以延续了下来。纵观中国数千年文明史；王朝盛衰相因，制度新旧交替，而宗庙制度与祭祖制度却始终未遭中断直到清朝崩溃，这是令人惊叹的。

客家人是汉族的一支，他们迫于战乱等因素，举家南迁，历经千辛万苦，但虽适新土，不忘本源，重视传统，崇敬祖先，许多客家人的祖先中都有显赫人物，对于客家人来说，祖先是其骄傲，又是其精神支柱。因而，客家人在艰难的南迁中，仍不忘肩负祖先骸骨，到了新的定居点，则将之擦洗干净，置于"金罂"，重新埋葬，其浓厚的崇祖观念由此可见一斑。

祠堂放置祖先的牌位，是祖先的妥灵处，既是祖先的象征，又是宗族祭祀祖先的最重要场所，是客家人崇祖观念的凝聚点。祠堂内的神牌、对联及祭祀祖先的活动等，集中地反映出客家人的崇祖文化。

祖先牌位，又称神主牌、家神牌，置于祠堂上厅的神案上。一块神主牌代表一位祖先，历史悠久的大宗族的祠堂，往往分几层陈列着几十块甚至上百块神主牌，密密麻麻，蔚为大观。神主牌上写着祖先的名讳、生卒时间，祖先若做过官、中过举，或者有什么荣誉称号，一般都是要写上去的。神主牌的制作有一定的讲究，北宋时期程颐曾经对神主牌的材料、形状、尺寸等作了规定，说："主"要用栗木，"趺"（神主牌的座）方四寸，主高一尺二寸，身博三十分，厚十二分，剡上五分为圆首。实际上，后世祠堂神主牌的制作，并未完全按照程颐的设计。客家祠堂的神主牌多为一种带座的、可以竖立的长方形小木牌，制作较为精细，一般都涂饰以漆，有的是红底黑字，有的是黑底金字，既可长期保存，又显得庄重、典雅。客家祠堂的大门两侧、厅堂的墙壁及柱子上，镌刻着许多对联，其内容以颂扬宗功祖德的居多。例如：南康凤岗董氏宗祠对联：

堂势尊严昭奕代祖功宗德，
宗支蕃衍喜联科秋解春元。

赣州郭氏宗祠对联：

祖德不须夸我，先公勋冠皇唐，久炳烺乎史册，但愿合族中人人法祖，无坠忠武家声便是孝子；

宗功宜必报予，总祠合营赣郡，隆祭祀于春秋，惟欲同姓内人人敬宗，常念汾阳世泽即是慈孙。

对联中表达了子孙后代对祖宗的崇敬和怀念之情。

"祠"的本意就是在春天祭祖，祭祀祖先是为祠堂的最主要功能，在客家人的各项祭祖活动中，祠祭是其中最为重要的仪式之一。

举行祠祭的时间，在客家人的各宗族中并非是千篇一律的，较为普遍的是奉行春、秋二祭。春祭，有的家族定在春分，有的在春分后三日，有的在清明，有的在春节期间，有的则择吉日而祭；秋祭，有的家族定在秋分，有的在霜降前三日。此外，也有不少家族在冬至日举行祠祭。

祠祭的参加者为族中男丁，如宗族太大，则由每家或每房派代表参加。祭祖仪式多由宗子、族长主持，还有司礼等执事人员。祭礼举行之前，族众依长幼尊卑次序排列在厅堂，要求"位卑让尊，阶同序长，次第昭然"，如"敢有越位乱阶，欺尊凌长"，则"屏之祠外，决不少宽"。① 祠堂祭祖仪式隆重而烦琐，各家族的仪式也不尽相同。大致过程是：迎神，唱着祖先的名字，把祖先的神灵请来；献食，向祖先神灵奉献上精美的食品；敬酒，向祖先神灵敬奉香醇的美酒；念祭文，由司仪朗读，内容主要是颂扬祖先功德，表示后代对祖先的仰慕、怀念之情；焚烧祭文，在堂中焚烧祭文，使其化为灰熔，让祖先神灵皆能收到祭文；结束，众人依序退下。在祭祖过程中的每一个程序，主祭人都要向祖先的神主跪下叩头，然后，全体与祭者跪下叩头，气氛庄严、肃穆。

祠祭结束之后，参加祭礼的全体人员可在祠堂用餐，宴席由祠堂

---

① 《道光浒江谢氏族谱》。

出资，酒、菜非常丰盛。族人们相聚在宗祠，饮水思源，缅怀祖先业绩，颂扬祖先恩德，思祖之情融于佳酿，崇祖观念进一步得到强化。

（三）祠堂与客家教育

客家人中英才辈出，世所公认，究其原因，这与客家人重视教育关系密切。客家人对教育的重视表现在诸多方面，其中尤为突出者是兴办祠校和助学奖学。

客家祠堂（特别是总祠）高大、宽敞、采光好、肃静，加上门厅、柱子上镌刻着许多文采飞扬的对联，形成一种激励向上的文化氛围。利用这样的场所办学，在古代或近代，都可谓是理想之地。客家人本来就是务实的民系，他们因地制宜，利用祠堂得天独厚的优势，办起了一所所学校，是为家族学校或祠堂学校。客家祠堂学校的兴办，在清朝后期及民国初期达到高峰。那么，当时有多少祠堂办了学校呢？法国神父赖里查斯提供了一个"骇人听闻的事实"。他在《客法词典》中描写嘉应州："我们可以看到随处都是学校。一个不到三万人的城市，使有十余间中学和数十间小学，学校人数几乎超过城内居民的一半。在乡下每一个村落，尽管那里只有三五百人，至多也不过三五千人，便有一个以上的学校，因为客家人每一个村落都有祠堂，而那个祠堂也就是学校。全境有六七百个村落，都有祠堂，也就是六七百个学校，这真是一个骇人听闻的事实。"[1] 赖里查斯虽然描写的是嘉应州祠堂办学的情况，事实上，其他客家地区这方面的情形也是大致相同的。根据笔者的调查采访，崇义关田的甘氏宗祠、瑞金叶坪的曾氏宗祠、宁都东山坝的李氏宗祠、兴国枫边的夏氏宗祠、上犹李氏的"五福堂"、南康龙华的陈氏宗祠，连城新泉的张氏宗祠、清代隘子的官氏宗祠……都曾经办过祠堂学校，据粗略统计，客家祠堂曾经成为办学场所的有数千座之多！甚至在现在，仍有少量的客家祠堂作为村级小学的教学场所，客家祠堂与教育的密切关系由此可见

---

① 转引自宋径文《客家民族文化侧议》，载闽西客家学研究会编《客家纵横》1992年（年刊），第202页。

一斑。

客家祠堂办学的宗旨很明确，就是希望通过办学来提高本族子弟的文化素质，并期冀能培养出人才，以光宗耀祖、提高本宗族的声望和地位。因此，客家人办祠校舍得花本钱，尽可能聘请学问较好，水平较高的人来任教，为延揽人才，不惜重金。在民国期间，有的祠校竟聘请到著名学府毕业的高才生来校执教。

祠堂学校的学生，起初一般为本族子弟，后渐放松，除允许外姓亲戚子弟来就读外，有的也接纳无亲戚关系的外姓子弟入学。区别在于，本族子弟就读于祠校是无须缴学费的，外族子弟则须酌情缴纳学费。

一所祠堂学校，有的就设一个班，有的则按学生年龄或文化程度的不同分为两个或更多的班。后来，有的祠校逐渐向正规学校看齐，将学生分成若干年级。祠校所采用的教材，明、清时期多为四书五经类和少儿启蒙读物，及至民国期间，一般就采用当时教育部所规定的课本。

客家祠堂除办学设校外，还出资帮助族内部分有培养前途而经济困难的子弟继续深造，同时，奖励族内学有所成的子弟。过去，祠堂都有祠产，有不少的田地，叫做"公堂田"。公堂田的收获除用来举办祭祖仪式之外，有一部分用来助学奖学，称为"学谷"。宁都李氏规定，族中子弟考上秀才的，由祠堂出谷 12 担，以资奖励。赣县温氏宗祠：族内子弟外出参加考试的，提供路费。考取的，祠堂出资助学。信丰胡氏宗祠：子弟考取高小以上的，由祠堂资助一切学习费用。于都刘氏为族中中举者立一块巨大石碑于祠堂门前，石碑为大理石，长 0.5 米，宽 0.3 米，高 5—6 米。将其刻苦读书、功成名就的事迹刻在碑石上，并用祠堂经费大摆宴席，以示嘉奖与祝贺。

个案：赣县湖江夏府戚氏宗祠办学、助学与奖学。

夏府戚氏宗祠始建于元代，该族于清朝末年（光绪年间）在宗祠内办起了一所小学，名叫瀹智小学。这所小学主要招收戚家子弟，此外，戚家的外甥也可入学就读。学校开支由祠堂支付，学生免交学费。祠堂以每人年薪 50 担谷的待遇招聘教师，所聘来的教师素质都较高，例如，在民国时期长期在该校任教并担任校长的戚修辉先生，就毕业于著名的两江师范。该校分为初级班和高级班，开设数学、语文、美术、音乐、军事等课程，教学颇为正规，教学质量良好。清末赣州府的长官以及赣县的县长等地方官曾亲临该祠堂学校视察，视察结果十分满意，特奖励该校全体学生每人一套衣服，教师也相应获得奖赏。20 世纪 30 年代，戚氏又支出其宗祠财产、租谷的一部分，与同村的另几个大姓一道投资兴建了一所颇具规模的夏府中学。该中学建在距戚氏宗祠不到 1 华里的赣江之畔，校舍为砖木结构的两层楼房两幢。在当时的历史条件下，一个村庄拥有这样气派的中学，在全省是不多见的。该中学所聘教师素质较高，教学质量可靠，吸引了远近各地学生来就读，甚至有县城人家的子弟慕名前来入学。戚氏宗祠的财产，不仅用来建校办学，还用来奖励、资助学习优秀的戚家子弟，规定：考上秀才奖励 24 担谷，中了举人的，奖给 50 担谷，参加县考录取入学的，一年给予 12 担谷作为奖励和资助，考上大学的，一次性奖给 100 担谷。[①]

客家人利用其宗祠的场所和资产，办学、奖学和助学，对提高客家人的文化素质、培养人才，起了积极的作用。

（四）祠堂与客家民俗

祠堂作为一个家族的中心，又具有宽阔的空间，尤其是作为祖先神灵所在地这一象征意义，这就使得客家人的许多活动在祠堂内举行，客家的不少民俗与祠堂有关，客家祠堂，是了解客家民俗风情的重要窗口。

1. 婚俗

"洞房花烛夜，金榜题名时"，是自古人生的两大喜事，但在传统的观念看来，这又不仅是个人的事，而是全家族的事。特别是结婚，关系到传宗接代，关系到祖宗烟火的继承问题。因此，它必然要与祖宗祠堂发生联系。

---

① 　关于赣县戚氏宗祠办学的情况，笔者所采访的主要对为戚修雍、戚齐平、戚齐孟。

在客家地区，一般的情况是：新娘离别祠堂（或"老厅"），出嫁到男方，到了男家，先到祠堂祭拜男家祖宗，再成婚礼。但"十里不同风"，各地又有所差异，兹以南康凤岗一带的民俗为例，来谈谈婚事与祠堂的关系。

男子谈上对象，女方会到男家来"采家风"。这时，由男方族中辈分大的牵头，在祠堂里置茶果酒饭，盛情招待女方亲人；姑娘出嫁时，迎亲的男方无论是骑自行车还是摩托车，均须把车推进祠堂，且车头对着祖先以示尊重，不能马上掉头，把车尾对着神主牌，否则会被认为不懂规矩，且很可能会被女方亲戚索要钱物；出嫁前，新娘要拜过祖宗、父母，然后由其兄弟将她背出祠堂，接着，随着男方迎亲队伍，一路上吹吹打打，来到男家；到男家之后，首先须到男家祠堂拜其祖宗，然后，一般就在那里举行婚礼。这样做，一是表示对祖先的尊崇，二是让祖先分享喜悦，三是祈求祖先的保佑。

2. 丧事

过去，客家人认为，人死了之后，要到老祖宗那里去。而实际上，祠堂的规矩亦如此：人老死之后，其后代为他制神主牌置于祠堂，他也成为列祖列宗之一。因而，客家人的丧事就与祠堂分不开。

根据客家习俗，人若是正常死亡，在老死之前、弥留之际尚未断气时，就要赶紧抬到祠堂，若死在祠堂，其灵魂就可与祖宗的灵魂在一起，而若死在外面，其灵魂就可能会成为孤魂野鬼。有不少地方规定，人在断气之后就不能再抬进祠堂。因此，有的老人在病重垂亡时，就会主动要求子女将其抬进祠堂。有的祠堂在厢房设立"养老房"，就是用来安置垂死的老人。有的祠堂还专门设置"棺材间"，堆放备用棺材。老人死后，子女们要到祠堂守灵几天几夜，有的还要请道士超度亡灵，之后，才能出殡安葬。出殡时，祠堂门上方悬一张大红纸，寓"趋吉避凶"、"否极泰来"之意。老人死后的 49 天内，每逢 7 天，死者子女要到祠堂悼念死者。

然而，并非所有的客家人都可到祠堂举行婚丧活动，有的祠堂规定，新娘超过 25 岁就不能进祠堂办婚事，二婚亲也不能进祠堂。至于凶死的、夭折的、被族内除名的人，被普遍认为死后不能进祠堂。就是同一宗族的人，甲房的人死了，一般不能抬进乙房祠堂，反之亦然。

3. 娱乐

客家祠堂固然有其庄严、肃穆的一面，但也有轻松、活泼的时候。

逢年过节，有的祠堂装饰一新，族人带着自家做的果子、酒来到祠堂，大家坐在一块，相互问好，大人喝酒、聊天、下棋，小孩嬉闹玩耍，其乐也融融。元宵节时，有的祠堂陈列着图案精美的各式灯笼，举行花灯展，于都周氏宗祠更有一种"跳元宵"活动：是日夜，周家嫁出去的姑娘聚会在娘家祠堂，手拉着手，在天井周围跳跃、转圈，谓之"跳元宵"。

许多的客家祠堂还没有戏台，戏台一般设在下厅，与上厅的祖先牌位相对，一年中要演几次戏。各祠堂演戏的时间并不一致，但较为集中的是每年春节期间和秋收时期，每次演戏，不会是演一两天，而是演一段时间，短至三五天，长至一两个星期甚至更长的时间。演出的剧种有祁剧、采茶剧，黄梅剧等，剧目都是传统戏。

笔者曾几度前往观看祠堂的演出，看到祠堂内人山人海，挤满了观众，台上台下，情绪热烈，气氛活跃。1994 年 6 月，在宁都洛口邱氏宗祠的演出期间，笔者采访了几位兴高采烈的观众，问他们能否听懂剧中的唱腔，他们大多数回答听不懂，当问他们，既然听不懂为什么还来看戏时，他们几乎异口同声地回答："这里气氛好，热闹。"这使笔者感悟到，有时，一种文化氛围往往比其内容更为重要。

（五）客家祠堂建筑及祠堂对联的文化意蕴

客家祠堂的建筑颇具特色，其文化意蕴又非常的深厚而丰富，耐人寻味、启人深思。客家祠堂一般地表现出如下特点。

第一，规模宏大。客家祠堂（尤其是总祠）的建筑规模一般都较为宏大。大多为上、下两厅结构，每个厅面积都很大，厅的边侧有厢房，两厅之间有天井。也有的祠堂为三厅结构，例如定南钟氏宗祠、赣县戚氏宗祠、谢氏宗祠、宁都郭氏宗祠、黄氏宗祠等均为上、中、下三大厅，其祠堂建筑面积都在一千平方米以上，可容纳数千族众从事祭祖或其他活动。在客家乡村，祠堂建筑显得分外壮观、气派，鹤立于鸡群。

第二，造型庄重。客家祠堂大多讲究门面造型，其样式很少混同于普通民居建筑，使人一看便知是祠堂。客家祠堂最常见的造型是牌坊式和庙宇式两种。牌坊原是统治者赐立的，用以表彰显宦望族、忠义之士和贞节之妇的一种荣誉建筑，立于被表彰者的住宅前面，是独立的建筑物，后来，有的官僚望族就把这种建筑造型运用到自己的住宅建筑。客家祠堂建筑中，有不少也是采用这种造型，其特点是高大、庄重而气势非凡。庙宇式建筑造型在客家祠堂建筑中也占有一定的比例，因为祠堂就是由宗庙、家庙演变过来的，其性质也是"庙"，只不过普通庙宇供奉的是佛、道之神，祠堂供奉的是祖先神而已。这种建筑造型与普通庙宇的门面造型相似，显得庄重、肃穆而颇具气派。

第三，建筑精美。这包括用料、施工和装修三个方面。首先是用料，客家祠堂的建筑，在用料方面是很讲究的，砖要用上好的青砖，木料要用粗、直、结实的，厅堂的柱子若是石柱子，则尽可能采用质地好、坚实、完整的。例如，赣县戚氏宗祠大厅中的 20 根石柱子，其直径均超过 60 厘米（一人不能合抱），高达 8 米，全是采用完整的石料制成的。在建祠堂时，每一根巨大、沉重的石柱子，都是由 36 人从河边将其抬到建筑工地的。其次是施工，原则是宁愿慢但要好，工匠尽可能请经验丰富、技术过硬的，工程质量当然也是一流的。在客家地区，百年祠堂，甚至几百年的老祠堂还可见到，就是对这种建筑质量的说明。客家祠堂大多还要装修，殷富大族的宗祠装修得较为豪华，厅堂（尤其是上厅）要加顶棚，有的甚至在棚上使用藻井，在檩条梁枋、斗拱等部位做上彩画，有的做旋子彩画，有的做苏式彩画，画上各种花草、鸟兽、仙桃、石榴等吉祥物，显得富丽堂皇，同时，又不失庄重、高雅、肃穆。

第四，以上是客家祠堂建筑一般具有的几个特点，然而，如果仅仅从建筑学或单纯审美的角度去看待这些特点的话，那就太肤浅了。实际上，客家祠堂建筑的上述特点，蕴含着深厚的文化内涵。

首先，它是客家崇祖观念的反映。客家人的崇祖观念不仅导致了祭祖宗祠的兴建，而且决定了祭祖宗祠的建筑规模和水准。在这方面，先秦时期古人就有认识："君子营建宫室，宗庙为先。"① 把祭祖宗庙建筑置于各种建筑中的优先地位。客家人继承并发扬了这种传统，对祠堂建筑："厌其卑陋"，要求建筑规模宏大、庄重而精美的祠堂，"以抒其报本追远之诚"②。在这点上，客家人的思维、言论、行动与结果达到了高度的统一。

其次，是族权意识的体现。中国传统社会是宗族社会，统治者对于民众的统治，往往是通过宗族这一环节得以实现的。宗族权力很大，族权意识也很浓，而祠堂是一个宗族的中心，是宗族议事、聚会、执法的场所，为了体现族权，建祠堂就要讲究其规模和质量，并以庄重肃穆的形态来显示族权的威严。

再次，是光宗耀祖思想的表现。客家人重传统，重祖先荣誉，重宗族声望，并且不遗余力地去做这方面的工作。这样做的目的，对内可增强族众的荣誉感、宗族观念及凝聚力，对外可显示族威，抬高其宗族的地位，而建造规模宏大、建筑精美、庄重威严的宗祠，是光宗耀祖的有效方法。

客家祠堂的建筑还有一个重要的特色，是讲究风水，体现出风水的观念。

祠堂兴建之前，要请地理先生或族中懂风水的人认真察看地形，观其山川走势、"龙"、"局"、"水"情况，审其阴阳凝聚、南北朝向，精心选择一块"风水宝地"以建祠堂。祠堂建成后，如感到风水还有不尽如人意的地方，甚至还可以"改造"风水。例如梅县松源王姓总祠，"它所对的山峰中间低一点，不成笔架，后风水先生指点在中间的山峰上建造一塔，从此在该祠堂前向远看，对面山已成笔架。寓意文峰极显，文人辈出……"③ 客家祠堂的大门前，多半筑有

---

① 《礼祀·曲礼》。

② 《上西关右边老祠堂记》。

③ 王心灵：《粤东梅县松源镇郊宗族与神明崇拜调查》，载房学嘉主编《梅州地区的庙会与宗族》，海外华人研究社1996年版，第135页。

一口半月形的水塘，祠堂的上下厅之间，必有一块天井，这都与风水观念有关。

风水观念是一个比较复杂的问题，它与崇祖文化有一定的联系，客家建祠堂讲究风水，其目的是希望通过这样做来更好地获得祖先的保佑，以使得族运长久，人财两旺。

在客家祠堂中，对联是一大景观。其特点一是数量多，一座祠堂的对联，少的有两三幅，多的七八幅，甚至十几幅；二是内涵丰富，意蕴深刻，依其内容，大致可分为如下几类。

其一是颂扬祖先功德（前已述，从略）

其二是追溯家世源流，如：

堂基开宋代，昔自苏州分派，
世系出临辕，频看赣水发祥。
（赣县戚氏宗祠对联）

祖迹发山西，想当年八男显爵，七婿官高，半壁官花直极人间真富贵；
祠基建城北，看此寺五岭峰徊，双江水汇，千秋享祀从此世绪延箕裘。
（赣州郭氏宗祠对联）

其三是叙述历史上本家族杰出人物的事迹，如：

珥直笔于晋廷良史风规高百代，
著鸿文于汉策醇儒品望播千秋。
（南康董氏宗祠对联）
注：上联写春秋史官董狐，下联写董仲舒。

知音杳矣，谁想着山高水流偏寄琵琶鸣雅操；
书法佳哉，哪晓得鸿飞鹤舞犹伴双龙绕秀毫。
（定南钟氏宗祠对联）
注：上联写钟氏先贤钟子期和俞伯牙之间"高山流水"的千

古佳话，下联写三国时魏太傅钟繇的著名书法。

其四是劝善戒恶或勉励后代努力上进，如：

祖宗有灵，孰是孰非祸福终有报应，

天地无私，为善为恶休咎总无负人。

（上犹黎氏宗祠对联）

修先人祀兴序昭序穆，

启后代书香报德报功。

（上犹陈氏宗祠对联）

此外，还有阐述人生哲理、旨趣方面内容的对联，例如："人生义命千锤铁，天地规模一部书。"（崇义萧氏宗祠）"官场率性脂书缺，林下陶情岁月长"（大余李氏宗祠）等等。

客家祠堂中的一副副对联，有的犹如一部部客家家族简史，它对于我们研究客家源流以及客家民系的形成，是大有裨益的。至于客家祠堂中的崇祖、劝勉、哲理内容的对联，有的显然已落伍于时代；有的则直到今天，依然放射出耀眼的客家精神之光。

综上可知，客家祠堂不仅是一个家族的权力中心，也是其文化中心，它的文化内涵是极为丰富的。透过这个窗口，我们可以看到千姿百态的客家文化事象，以及形象化了的客家观念和客家精神。

四　客家祠堂楹联的文化内涵探析

在客家人居住的地区，宗族祠堂可谓是星罗棋布。它们虽大小不同，建筑风格各异，但却具有一个共同的特征，即都有一定数量的楹联。客家祠堂的楹联可见于大门两侧、厅堂墙壁，而更多的则是张贴或镌刻在大厅的柱子上，其书法或正楷或狂草，其形式或短对，或长联。这些楹联并不是祠堂建筑的一种艺术点缀，它们蕴含着丰富的文化内涵，是我们从事客家研究方面的重要资料。

（一）

追根溯源是客家祠堂楹联中的一项重要内容，兹举数例如下。

南康钟氏祠堂楹联：①

　　华胄耀唐江之南，由宋迄今声并田门称叠起；
　　族姓衍颍川之绪，建宇妥灵誉继振公永留传。

叙述了钟氏宗族发源于河南颍川，自宋南迁且定居于南康唐江之南的历史。

宁都李氏祠堂楹联：

　　叶密柯聚，自世根深柱下；
　　支分派远，由来源自陇西。

该宗族是从陇西辗转迁徙至宁都的。

上犹廖氏祠堂楹联：

　　源远流长自唐代为御史中丞，祖德宗功当思发扬光大；
　　溪清水秀由博州迁豫章南埜，瓜繁椒衍毋忘好友亲朋。

概述了廖氏宗族自博州（山东聊城）南迁至江西上犹的情况。

有的客家祠堂更以系列楹联的形式来追溯其宗族的渊源，兹举宁都严氏祠堂楹联为例。

　　其联一：
　　溯天水之渊泽，五侯不事，市井中何必丹楹彤角；

---

① 下所引客家祠堂楹联，大多为笔者实地考察所录，也有一部分引自严恩萱等《江西名胜楹联初辑》。

思春山之世泽，名教有功，宗庙内无妨画凤雕龙。

其联二：

天水发渊源，谷浪花波，壮文澜学海之观，绵延世泽；

春山钟气脉，锦峰秀岭，并层峦叠嶂而至，代毓英灵。

其联三：

崇德泽苗裔，瓜瓞绵延，蕃赣郡蔓神州，根深叶茂；

玉峰映重门，人文蔚起，溯桐江来天水，源远流长。

这三副楹联，内容互为补充，共同勾勒出严氏由甘肃而浙江，由浙江而赣南的家族迁徙图。

从晋末始，由于战乱、灾荒等原因，大批北方汉人陆续辗转南迁到闽、赣、粤边区，他们既顽强地保留着许多汉族的传统文化习俗，也吸收了部分土著文化，终于形成了汉民族中的客家民系。客家人重视传统，不忘本源，他们将其宗族之渊源以及其先人南迁的概况，郑重其事地写进祠堂的楹联，以昭示后代。这些楹联，一方面成为人们研究客家先民南迁及客家民系形成的重要资料；另一方面，流露出客家人重传统、重宗族、重本源的观念，表现出客家文化（从某种意义上来说也是一种移民文化）的一个突出特点。

（二）

颂扬祖先，是客家祠堂楹联中的另一项重要内容，这类楹联在客家祠堂楹联中也占有很大的比重。许多祠堂楹联，热情地讴歌了被认为是本族祖先的名人显宦。兹举数例如下。

赣州郭氏宗祠楹联：

其一：

遥想当年，为将相封侯王，安靖两京，万代勋名昭日月；

福临此地，向崆峒环章贡，谊联十属，千秋俎豆荐馨香。

其二：

唐室溯宗功，辅一人定国中兴，社稷乾坤欣再造；

景山营祖庙，联八派同堂肇祀，衣冠文物耀双江。

赣州郭氏认为，唐代中兴名将郭子仪是该族先祖，因而其祠堂楹联以浓墨重彩赞颂他"安靖两京"、"定国中兴"之功勋。

客家人在其祠堂楹联中，不仅热情地歌颂祖先的功德业绩，而且还反复告诫族中子弟，不能数典忘祖，应时常思念祖先、祭祀祖先。例如：

宁都邱氏宗祠楹联：
崇德报功毋忘千秋礼典，
本仁祖义允迪万古纲常。
安远杜氏祠堂：
堂势尊严昭奕代祖功宗德，
宗支蕃衍承万年春祀秋尝。
南康董氏祠堂：
敦一脉之宗支敢忘水源木本，
崇百代之祀典毋忽春繁秋露。
宁都李氏祠堂：
立祖庙，安先灵，一脉源流千古还；
祭公堂，修祀典，四时萍藻万年芳。

在客家祠堂楹联中，表现出客家人极浓厚的崇祖观念。这固然与祠堂本身是祭祀祖先的场所这一因素有关，除此之外，还有两个重要原因。第一，传统文化的影响。早在原始社会后期，我国的氏族部落中就出现了崇祖观念。自进入阶级社会以来，各朝统治者更是把祭祖作为"国之大事"。殷商甲骨文中，有相当一部分就是关于统治者祭祖情况的记载。宗庙建筑，至迟在商代就出现了。并且，"营建宫室，宗庙为先"。宗庙的兴建往往优先于宫殿。商周之后，每一个王朝在其创建之初都建起了宗庙，无一例外。每一王朝的统治者还都对宗庙建制、祭祖时享、祭祖礼仪等问题作了相应的规定，这就使得中国的祖先崇拜获得了几千年持续不断的制度上的保证。这在世界各国中是绝无仅有的。儒家思想对于中国的祖先崇拜起了推波助澜的作用。儒家学说鼓吹"人本乎祖"、"无祖则无天"，极力提倡"尊祖敬宗"等。作为中国封建社会的统治思想，儒家的崇祖理论对于中国传统文化的影响至为深刻。客家人是汉民族的一支。其文化、观念与中国传统文化一脉相承。而客家人的祖先中有不少原本是中原士族，经传传家的优势与继承传统的责任感，使得客家人的崇祖观念不仅长期地延续下来，而且比其他地区为盛。第二，客观境遇所需。客家人从中原举族南迁，跋涉千里来到新的环境，面临着新的挑战。这种挑战来自两个方面，一是人为的，如土匪、贪婪的官吏、某些持敌视态度的土著等；二是自然环境。南方山区与他们祖居的中原地区迥然不同，这是一片陌生而近乎险恶之地：气候潮湿，虫兽出没，丘陵众多，土地瘦瘠，存在着许多的困难。要在这新环境下求得生存和发展，就要求宗族内部团结一致，齐心协力。而要做到宗族成员的团结一致，强化宗族成员的崇祖观念是至为重要的前提，因为共同的祖先意识（或共同血缘意识）、崇敬共同祖先的观念，能在宗族成员之间形成巨大的凝聚力，并在此基础上实现宗族内部的大团结。认识到这两个重要原因，对于传统客家祠堂楹联中具有如此之多的崇祖内容就不难理解了。

（三）

在客家祠堂楹联中，还有不少训诫、劝勉方面的内容。例如：

> 上犹黎氏祠堂楹联：
> 祖宗有灵，孰是孰非祸福终有报应；
> 天地无私，为善为恶休咎总无负人。
> 樵岭林氏祠堂楹联：
> 念乡饮之望重，存善心，为善事，道德仁义绳祖武；
> 想铎音之宏远，讲圣学，体圣言，诗书礼乐大家声。
> 同祠堂楹联：
> 看尽圣贤书，唯全吾忠，唯全吾孝，乃不愧实学；
> 率由祖宗训，果勤尔读，果勤尔耕，更何让前人。

南康辜氏宗祠楹联：

作忠作孝门庭乐，

为友为恭世业兴。

由上可以看出，在传统的有关训勉族人的客家祠堂楹联中，两方面的观念表现得较为突出。其一是"善"的观念，客家人勤劳、善良，他们提倡"为善"、"兼善"、"存善心"、"行善事"、把"善"当作为人处世的出发点；其二是儒家的伦理观，客家人重视"道德仁义"，勉励族中子弟"讲圣学、体圣言"、"欲仁至仁"、"全忠全孝"、"为友为恭"，并把这些作为判断是非的准则、家业兴衰的关键。由此可见，客家人受儒家伦理观影响的程度之深。

在客家祠堂的劝勉类楹联中，有的不落俗套、视野开阔、气势恢宏，令人耳目一新。例如，赣县戚氏祠堂对联：

联一：

祠宇鼎新，绍起鸿图崇世德；

宗友衍庆，重开骏业焕人文。

联二：

蔚和平景象，振国是风声，发扬章贡英灵，崆峒秀气；

恢家族规模，建民治基础，光大楚丘宏业，阀阅宗功。

联一是提出"绍起鸿图"、"重开骏业"，已表现出积极进取的可贵精神；联二则更以宏大的气魄、开阔的视野，达到一种新的境界。该联跳出围绕宗族写祠堂楹联的传统框框，将"蔚和平景象"、"振国是风声"、"建民治基础"等内容写进楹联，使人深受启迪、鼓舞和振奋。写这副楹联（联二）的作者不是别人，正是伟大的中国民主革命的先行者孙中山先生。[①] 原来，在 20 世纪 20 年代，戚氏祠堂

① 此联现仍在赣县湖江夏府村戚氏"聚顺堂"内，孙中山先生撰写此联缘由系戚修朝先生所述。

"聚顺堂"重修工程竣工，据说，戚氏宗族通过一个在孙中山先生身边工作多年的本宗族人，请求孙中山先生为"聚顺堂"题写楹联，孙中山先生欣然应诺，遂写下了这副无论是在思想境界上还是在撰联艺术上都堪称上品的楹联。

除孙中山先生之外，还有不少历史名人曾为客家祠堂题写楹联。其中，民族英雄文天祥赣县陈氏宗祠题联一事，堪称为千古佳话。相传，文天祥在少年时曾到赣县白鹭吉唐寻找父亲，并在此地就读3年，受到当地客家父老乡亲的热情照顾。后来，文天祥一举考取状元，他不忘此恩，专程到吉唐看望乡亲们。乡亲们兴高采烈，纷纷设宴相迎，适逢当地陈氏宗祠新近落成，大家就请他为该祠堂题联，文天祥欣然命笔，撰写楹联两副：

其一：昔年韦衣来章贡，今日紫袍登颍川。
其二：苜蓿不妨风味淡，游扬最喜道情真。

既写了自己从"韦衣"到"紫袍"的境况的变化，又抒发了自己对客家乡亲的一片谢意与真情，为客家祠堂留下了一副精品楹联，为客家文化增添了一段奇韵异彩。

在客家祠堂楹联中，除"溯源"、"崇祖"、"劝勉"类之外，还有一些是阐述人生哲理、旨趣方面内容的，例如"人生义命千锤铁，天地规模一部书"（崇义萧氏宗祠）、"官场率性脂书缺，林下陶情岁月长"（大余李氏祠堂）、"黄鹂高歌鸣翠柳，泥窗倚景影澄潭"（全南李氏宗祠）等。

由上可知，客家祠堂楹联文化内涵丰富，意蕴深刻，是我们研究客家民系形成、客家观念、客家精神的珍贵资料，同时，也是一块有待客家文化研究者大力开垦的肥沃土壤。

五　戚继光祖居地及远祖新证

戚继光是我国历史上著名的抗倭民族英雄，但他的祖籍是何处？

数百年来众说纷纭，大致有安徽定远说①、山东东牟（莱芜）说②、山东蓬莱说等数种。这些年来，学术界的看法渐趋一致，认为戚继光的祖籍是山东蓬莱，其祖先曾一度迁居安徽定远。

然而，山东蓬莱说也有一个明显的缺陷，即戚继光的祖先只能追溯到他的前六代即戚详——戚斌——戚桂——戚谏——戚宁——戚景通（戚继光之父），而戚详之前则为空白：既不知其先祖是谁，也不清楚这些先祖是世居蓬莱，抑或是居住于他处。萃集了一大批地方志以及戚继光研究专家的《山东省志诸子名家志》编辑委员会编辑的《戚继光志》写道，戚继光的祖先"至六世祖戚详时，因避战乱曾一度迁居安徽定远县"，此时，也不无遗憾地承认说，戚继光的"远祖活动已不详"。③

最近，新发现的清光绪《府江戚氏族谱》（以下简称《戚氏族谱》）以及围绕着此问题展开的调查，揭开了戚继光祖居地及远祖之谜：戚继光的祖居地原为江西省赣县（隶赣州市）湖江乡夏府村，其六世祖由夏府迁往山东。

据《戚氏族谱》夏府戚氏前六世世系：

始祖：戚文盛（重四郎）

二世：仲礼、仲贤、仲开（无后）

三世：元海、元达

四世：均福（元达子）

五世：以庄

六世：明德④

---

① 戚继光的同僚汪道昆所撰《孝廉将军传》（收入《太函集卷二七》）以及范中义《戚继光的祖籍与卒年》（《江淮论坛》1987年第2期）、熊鸣涛《戚继光是不是定远人》（《志苑》1987年第2期）等持此说。

② 戚继光之子戚祚国等所编：《戚少保年谱耆编》、谢承仁著《戚继光》（上海人民出版社1978年版）等持此说。

③ 《山东省志诸子名家志》编辑委员会编：《戚继光志》，山东人民出版社1999年版，第10页。

④ 在此处，《戚氏族谱》注曰：戚明德"明初从戎立功徙居山东登州"。

笔者认为，夏府戚氏六世祖戚明德就是戚继光的六世祖戚详，（为戚继光在山东的始祖）根据有四。其一，两地世系相接，蓬莱戚氏是"六世祖戚详"之前不详，夏府戚氏明德一支是六世之后记载中断，前后恰恰相衔接；其二，徙居时间相同，戚明德"明初从戎立功徙居山东登州"，戚详"从戎"时间，一般也认为是在元末明初，大致相同；其三，徙居地点相同，戚继光祖先"世登州卫指挥佥事"，其祖先迁徙之后的定居点为山东登州，亦即蓬莱。《戚氏族谱》记载明德"徙居山东登州"，两者相吻合；其四，徙居原因相合，所有有关戚继光祖先迁居山东的记载都认为，迁居原因是戚详立有战功，《戚氏族谱》记载是"从戎立功"，完全一致。

这么多的相同和一致，当然不能简单地理解为偶然的巧合。

另外，调查获得的资料还可直接证明戚继光与夏府戚氏的血缘关系。兹从三个方面予以论证。

第一，族谱资料之证。证一，据戚斌《戚氏族谱序》："康熙七年，予因漕运北上于通州故衣铺，遇一长者，询予乡贯，予答曰：'江西赣州。'长者又问：'赣县戚家？'予答曰：'吾即姓戚。'即引予至其家出见其子，曰：'我字光乾，祖居高楼为木工，缘事戎定边卫，先朝住张家湾南城门内，族有庠士十八名，隶通州学。本朝基址地亩悉皇转庄，故族人散居本州石坝及烧酒胡同前门外。我入教门，幼时，戚将军继光来京，寓我家，语我父曰："吾祖世职登州，尔祖戎定边卫，今虽异处，原同一家。"及予赴部考选，又遇光乾之子于赣州会馆，亦备述如前。予思，长者殷殷相告，实有同条共干之谊，为我族属无疑也。'"证二，据《戚氏族谱》所录熊秉哲《太学戚君传》："君与余言，曩赴铨部考选时，与遇老人字光乾者，叙及原系赣州戚氏，因先世遣戎定边，住张家湾南城门内，子孙繁衍，列学者数十人。又云，少时会见戚宫保，亦云是同祖所分。"证三，魏礼《戚氏族谱序》："明嘉隆间有太保继光者，所至立勋，庸著戚氏《新书》，亦府江之苗裔也。"

由这些记载可知，戚继光自己也认为他与赣州夏府戚氏后裔"原

同一家"，是"同祖所分"，清代著名学者魏礼①则明确指出戚继光是
"府江之苗裔"②，这都证明了戚继光与夏府戚氏存在着血缘关系，其
祖居地是夏府。

第二，祠堂对联之证。祠堂前厅仪门两边墙面向中堂联：

太保③新书捍卫家国，
西江问鼎光耀中华。

祠堂中厅石柱对联：

联血族崇尚武精神实纪新书勿忘祖烈，
承先志辅佑文治理儒行经籍蔚为国光。

第一联的"太保"是指戚继光所任的官名，《新书》是戚继光撰
写的军事著作《纪效新书》，第二联的《实纪》和《新书》分别指戚
继光的军事著作《练兵实纪》和《纪效新书》。该祠堂修建于元、明
之际，最后一次重修距今也有百年之遥，上述对联被郑重其事地刻于
祠堂的墙面和石柱上，说明夏府戚氏对此很早就产生了一种共识，即
戚继光为夏府戚氏的后裔。

第三，调查口碑资料之证。2004 年 10 月，江西省赣县"戚继光
祖籍考证工作小组"一行 6 人前往山东省蓬莱市进行调查考证，调查
工作不仅得到当地政协以及戚继光后人的大力支持，同时也获得了重
要的佐证材料。尤其值得注意的是，戚继光的第十一代后裔戚兆华谈
到，小时候他的母亲曾对他说过：他真正的祖籍是在遥远南方的虔
州。④ 这是戚继光祖居地研究方面的极为重要的口碑资料，它不可能

① 魏礼为清初文学家、学者，江西宁都人，著名的"易堂九子"之一。
② 魏礼：《戚氏族谱序》。
③ 此应为"少保"之误。
④ 虔州即赣州，据考证，夏府是戚姓在赣州的发祥地，现在赣州的戚姓大部分仍聚居
在赣县夏府，散居于赣州其他地方的戚姓基本上都迁自夏府。

是空穴来风，当源自祖辈的说法，这有力地说明《戚氏族谱》所载戚继光与赣州夏府戚氏后裔"原同一家"之言并非虚拟，说明夏府是戚继光的祖居地这一观点，得到了山东戚继光后裔与夏府戚氏双方的认同。在戚继光祖籍与祖居地的研究方面，两地资料相互印证，两地有关戚继光祖先的世系实现对接，填补了"戚继光远祖活动情况不详"的空白。

戚继光祖居地研究的这一新进展，在戚继光研究中具有重要意义，这是因为，在对历史人物的研究中，历史人物的背景研究是非常重要的。这种背景研究包括横向与纵向两个方面，横向研究包括对历史人物所处时代的政治、经济、文化以及社会结构与社会矛盾等情况的研究；纵向研究主要是指对历史人物的世系及家族背景的研究，包括对历史人物所处的地域文化以及家族传统——家学、家风、家族精神等方面的研究。这样的纵横背景研究，能使得我们的研究视野更为开阔，探讨也更为深入。例如，《史记》的问世，既与司马迁所处的"呼唤史记出世"的时代背景及他本人所做的巨大努力有关，也与他"世为史官"的家学渊源不无关联，这就较好地解释了他能写出《史记》这部"史家之绝唱，无韵之离骚"的不朽史学名著的原因。可见，这种背景研究在历史人物研究上的重要性。戚继光是我国历史上著名的民族英雄，他不仅成功地抗击了倭寇的侵略，捍卫了民族尊严，而且，治军严整，战术神奇，还编著了《练兵实记》、《纪效新书》等军事经典著作，文韬武略，彪炳千古。在这样一位杰出历史人物的研究方面，其祖居地的新发现以及因此实现的其祖先世系的对接，显然具有不可忽视的意义。

六　苏东坡与赣南客家文化

宋哲宗绍圣元年（公元 1904 年），苏轼贬官惠州，途经赣南，并在此逗留一个半月，1101 年，苏轼由儋耳（海南岛）北归，再度翻越大庾岭，在赣南复流连四十余日。在两次途经并逗留赣南期间，苏轼以浓厚的兴趣和极大的热情，参观了赣南的许多山川胜景、文物古迹，访问了一些赣南客家名士，并挥毫写下了近百篇诗、词、赞、记等，这在苏轼的创作生涯中以及在赣南客家文化史上，都是一件颇有意义的盛事。

赣南"于江南，地最旷"①，这里，山峦叠翠，清溪纵横，风景独好。尤其是晋代以来，随着中原土底的南迁，经济、文化都逐渐兴盛起来，发展成与中原文化同源而具有自己特色的赣南客家文化。苏轼游于斯，感于斯，兴意盎然，灵感顿生，吟出了一首首脍炙人口的优美诗篇。兹撷几首如下。

《郁孤台》

八境见图画，郁孤如旧游。

山为翠浪涌，水作玉虹流。

日丽崆峒晓，风酣章贡秋。

丹青未变叶，鳞甲欲生洲。

岚气昏城树，滩声入市楼。

润云侵岭路，草木半炎州。

故国千峰外，高台十日留。

他年三宿处，准拟系归舟。

《独秀峰》

倚天巉绝玉浮屠，肯与彭郎作小姑，

独秀江南知有意，要三二别四方壶。

《岭上红梅》

梅花开尽杂花开，过尽行人尽不来，

不趁青梅煮黄酒，要看细雨熟黄梅。

苏轼的这些吟景诗，清新奇丽或豪迈奔放，如大江东去，或悠扬婉转，似赣南山区四季不绝的涓涓溪流。诗中有景、有情、有思、有怨、有忧、有乐，种种复杂的情感诉于胸臆、溶于笔端，构成这些中

---

① 王安石：《虔州学记》。

国古代山水诗中的上乘之作。

　　赣南"为先贤过化之邦，有中原清淑之气"①，在赣南客家人中，素有不少"抗节笃志"之士。苏轼在赣南期间，非常注重同这类人士的交往，其中，苏轼与阳孝木的交往及其友谊，千百年来，一直在赣南传为佳话。阳孝本字行先，赣县人，"学博行高"②，他年轻时，左承蒲宗孟曾聘请他为家庭教师，两年之后，他辞职回家，隐居在虔州府城西二十华里处的通天岩凡二十年。苏轼初到赣南，即慕名前往拜访，两人一见如故，言谈甚欢，有相见恨晚之憾。遂同游虔州名胜古迹，如八境台、郁孤台、祥符宫等处。一日，他们游到廉泉，时天色已暮，而他们谈兴正浓，遂在廉泉畔秉烛夜话。后来，人们特在此地建立"夜话亭"，以纪念此事。苏阳两人皆善诗，苏轼在赣期间，他们酬和甚多，其中，以苏轼《次韵同行于先》最为著名。诗曰：

> 空空淮法喜，心定有天游。
> 摩诘原无病，须洹不入流。
> 苦嫌寻直枉，坐待寸田秋。
> 虽未麒麟阁，已逃鹦鹉洲。
> 酒醒风动竹，梦断月窥楼。
> 众谓无德秀，自称阳道州。
> 拔葵终相鲁，避谷会封留。
> 用舍俱无得，飘然不系舟。

　　诗中赞誉了阳孝本的高风洁行，这与苏轼的另一首赞（赞曰："道不一二，德不孤，无人所有，有人所无"）一样，表现出苏轼对阳孝本的推崇。

　　赣南客家人"士知向学"③，保持了中原文化重教崇文的传统，

---

① 同治：《南安府志》。

② 《宋史·阳孝本传》。

③ 同治《赣州府志》。

在古代建立了不同层次、多种类型的学校，例如府学、县学、书院、义学、社学、私塾等。苏轼对此感慨很深，亲撰《南安军学记》盛赞此事。他在文中屡称："江西之南境，儒学之富，与闽蜀等"，"南安之学，甲于江西"。① 而这篇以极大热情颂扬赣南客家文化教育盛况之作，竟是他一生中写下的最后一篇记叙文。唐、宋时期，赣南客家地区佛、道二教渐为盛行，修建了不少寺院宫观，而苏轼晚年对于佛老的兴趣也渐浓，因而，在赣南期间，游览寺观是他活动的一项重要内容。他在赣南所游览过的寺观，有确切资料记载的就有光孝寺、天竺寺、景德寺、慈云寺、南塔寺、崇庆禅院、祥符宫等处。其中，他去的次数最多的是崇庆禅院，他对该院耗费两千万元，号称"江南壮丽第一"的藏经楼赞叹不已，亲撰《崇庆禅院经藏记》以志之。该院长老南禅很有学问，他不仅通禅，而且写得一手好诗。苏轼对他颇为敬重，两人关系密切，经常相互赠诗唱和，其中，苏轼赠南禅的诗词，流传至今的就有近10首，这些诗与山水诗相比，又有不同的意境与风格。例如

《赠提老》

嗣宗虽不言，叔宝犹理遣。

东坡但熟睡，一夕一展转。

南迁昔虞翻，却扫今冯衍。

古佛既手提，诸方皆席卷。

当年清隐老，鹤瘦龟不喘。

和我弹丸诗，百发亦百反。

耆年日雕丧，但有犊角茧。

时来窥方丈，共笑虎毛浅。

诗句亦禅亦俗，亦庄亦谐，风格别具。

虔州东郊有一名寺叫天竺寺，始建于唐代，苏轼还在少年时代就

---

① 苏轼：《南安军学记》。

已对它十分向往。在他 12 岁那年，父亲苏洵从虔州出差归来，兴致
勃勃地给他谈起虔州天竺寺。他告诉苏轼，天竺寺中藏有一幅唐代大
诗人白居易赠该寺原住持的律诗真迹，它"笔势奇伟，墨迹如新"，
又兼诗歌清新优美，一气呵成，实诗中之珍品。说着竟情不自禁地朗
诵起来：

> 一山门做两山门，两寺元从一寺分。
> 东涧水流西涧水，南山云起北山云。
> 前台花发后台见，上界钟清下界闻。
> 遥想吾师行道处，天香桂子落纷纷。

诵完犹赞叹不已。这件事，在少年苏轼脑海中留下了极深刻的印
象。多年来，他一直想亲游天竺寺，一睹白诗真迹，但毕竟远隔数千
里，夙愿难以实现。四十七年之后，由于南贬岭外途经虔州，他亲游
天竺寺的愿望竟意外地得以实现。可是，当苏轼兴冲冲地来到天竺寺
时，白诗真迹早已沦失，唯留后人所镌之白诗石刻。此时的苏轼，痛
惜白诗手稿之沦失，联想起自己在垂暮之年被贬岭外、沦落他乡的遭
遇，禁不住涕泪纵横，感慨万千，遂赋诗一首，以抒感怀，诗曰：

> 香山居士留遗迹，天竺禅师有故家。
> 空咏连珠吟叠璧，已亡飞鸟失惊蛇。
> 林深野桂寒无子，雨涩山姜病有花。
> 四十七年真一梦，天涯留落涕横斜。

同时，为此作序文一篇。

早在苏轼初到赣南的十七年前，苏轼就应前虔州太守孔宗翰之
请，按图为赣南作胜景诗八首，即著名的《虔州八境图诗》。

其一
坐看奔湍绕石楼，使君高会百无忧，

三犀窍鄙秦太守，八咏聊同沈隐侯。

其二

涛头寂寞打城还，章贡台前暮霭寒，

倦客登临无限思，孤云落日是长安。

其三

白鹊楼前翠作堆，紫云岭路若为开；

故人应在千山外，不寄梅花远信来。

其四

朱楼深处日微明，皂盖归时洒半醒；

薄暮渔樵人去尽，碧溪青嶂绕螺亭。

其五

使君那暇日参禅，一望尘林一怅然；

成佛莫教灵运后，着鞭常恐祖生先。

其六

烟云缥缈郁孤台，积翠浮云雨半开；

想见芝罘观海市，绛宫明灭是蓬莱。

其七

却从尘外望尘中，无限楼台烟雨蒙；

山水照人迷向北，只寻孤塔认西东。

其八

回峰乱嶂郁参差，云外高人世得知；

谁向空中弄明月，山中木客解吟诗。

这八首诗的内容，涵盖了虔州石楼、章贡台、白鹊楼、螺亭、丛林佛寺、郁孤台、尘外亭、上洛山等八处胜景，仅凭一图在手，作者即浮想联翩，以其妙笔生花，写就了上述千古传诵的著名诗篇。当然由于苏轼在写这些诗时尚未到过赣南，因而，这些诗篇在确切地描述这八处胜景方面并非是完美无缺的，但是，这毕竟是苏轼为赣南而写的最早的一批诗篇。在后来的两次逗留赣南期间，苏轼饱览赣南的秀美景色，以极大的热情，写出了更多的诗文，为赣南的山川、文化增添了异彩。赣南客家人非常喜爱苏轼的作品，人们争相传诵他的诗文，并纷纷仿效以作，苏轼有关赣南的著名诗篇，几乎都有赣南客家人步韵而和，这无疑促进了赣南客家人诗文欣赏水平与创作水平的提高。

苏轼在赣南，与赣南客家人结下了很深的友谊。客家人好客重礼，苏轼所到之处，人们都热烈的欢迎他，并不因苏轼是被贬之官而冷遇他。尤其令苏轼深受感动的是，在他谪迁惠州之后，赣县人王子直（号鹤田居士）竟不顾千里之遥，专程去惠州探望他，并"留七十日而去"①（苏轼《别王子直》），表现出客家人正直、重义和崇尚友谊的精神。1101 年，苏轼北上归途中，经大庾岭，岑上一老翁听说来者是苏轼，赶紧上前向苏轼行礼，感慨地说："我闻人害公百端，今日北归，是天佑善人也！"② 苏轼笑了，非常感谢老翁，遂提笔写诗一首，题曰《赠岑上老人》：

> 鹤骨霜髯心已灰，青松合抱亲手栽。
> 问翁大庾岑头住，曾见南迁几个回。

颇值得一提的是，1132 年（绍兴二年），赣南的一支以谢达为首领的起义军，南下攻破了惠州，他们将城内官府房屋付之一炬，却唯独保存了苏轼的故居，并在那里烹羊致奠，以表赣南客家对于苏轼的爱慕与怀念之情。至今，在赣南客家人中还流传着一些有关苏轼在赣南的故事，其中，"苏访贤"的故事几乎是家喻户晓。当时，南康县一个叫柳树塘的地方隐居着一位名叫田僻的贤人，苏轼在赣南期间曾专程前往拜访。那一天，苏轼手提用稻草拴着的一条草鱼来到田家，故意不暴露身份，时值田僻外出未归，田夫人开门一见，便直呼"苏先生"，苏轼反问道，"你如何便知我姓苏？"田夫人指着苏轼的手提之物笑着回答说，"先生不是自己亮着牌子来的吗？"（苏的繁体字为

---

① 《苏东坡集》第 7 册。
② 《夷坚志》、《东坡书院记》。

"蘇"，从草从鱼从禾）苏轼沉思了片刻，意味深长地说，"田先生的夫人尚且这样的智慧，田先生就更不用说了，看来我这趟访贤是访得对啰！"后来，人们就将柳树塘改名为"苏访贤"。

　　赣南客家人还以种种形式来纪念苏轼在赣南的经历，在苏轼初访阳孝本的通天岩（现为国家重点文物保护单位），人们建立主岩祠，祠内供有苏、阳之石刻像；在苏、阳夜话之廉泉畔，后人建起"夜话亭"，并刻苏、阳石像于兹；在苏轼散过步的南康县城，人们建起"苏步坊"及苏步坊小庙；甚至赣州城北郊的明代石塔"玉虹塔"，也是取苏轼《郁孤台》诗中的"水作玉虹流"之句而命名的。

第四章　客家民俗文化与旅游发展构想

一　略论客家茶文化的特色

在客家饮食文化中，茶文化是其重要的组成部分。客家人喜茶，客家人的生活离不开茶，茶成为客家人生产、生活的重要组成部分。客家茶文化具有丰富的内涵，体现出客家民性及客家文化特质，具有鲜明的特色。

（一）客家茶文化的内涵极为丰富

人们一般将文化理解为与精神文明相关的内容，实际上，广义的文化应包括物质文明与精神文明两个层面。客家的茶文化在物质文明与精神文明两个方面的内容都非常丰富，是物质文明与精神文明的高度统一。

在物质方面，客家茶有绿茶、红茶、擂茶等；茶具有茶几、茶壶、茶杯等；客家制茶方式有冲泡茶（最普通的一种，以开水浸泡）、涩茶（以中草药加茶叶炮制）、滑茶（以陈年老茶叶浸泡）、苦茶（以葛树叶炮制）等。客家茶从其功能方面还可分为几类：祭奉茶：为祭祀祖先的茶，清晨，洗净茶具，泡好清茶，放在祖先神龛前以供奉祖先，是为祭奉茶；消暑茶：以一些性寒的中草药煎熬，以消解暑气，是为消暑茶；敬宾茶：以普通的茶叶浸泡，有时加上适量的白糖或冰糖，招待一般的宾客，是为敬宾茶；贵宾茶：以家中最好的茶叶浸泡，以招待最尊贵的客人，是为贵宾茶；行善积德茶：以普通茶叶或茶子壳煎熬，免费招待行人，行善积德，以济困厄；清凉茶：用一些清凉的中草药如：夏枯草、竹叶、菊花、车前草等，以清泻心火。客家人的茶点很讲究，很有风味特色。如花生米、南瓜子、豆子、油酥的红薯干、南瓜花、醋浸的生姜、大蒜头、芥菜梗等。

在精神方面，客家人喝茶有一套"规矩"，如茶具应洗涤干净、先给长辈敬茶等；采茶时有山歌、采茶歌，在采茶的生产实践中还产生了"茶蓝灯"、采茶戏，在岁时节日中还有许多与茶有关的民俗活动，可谓是五花八门、丰富多彩。其中，尤以采茶戏流传广、影响大，在客家茶文化的精神层面具有典型意义。采茶戏起源于江西赣南九龙山茶区，赣南是客家民系形成的重要发祥地，也是许多客家文化发源的地方。在采茶戏的初期发展阶段，其歌唱曲调以当地茶农所唱的山歌为主，而以民间的采茶灯为舞蹈基础。赣南采茶戏于乾隆年间传入嘉应州一带，后来，又流传到台湾等地，现仍在许多地方尤其是客家地区流行。采茶戏的特色之一是艺术形式的独特性。采茶戏的角色为"二丑一旦"，其服饰：丑角一般着素色布衣，头上戴着瓜皮帽，腰间常围一白布裙，裤脚一边卷起，一高一低，脚穿布鞋，手拿扇子，脸上贴着八字胡，有时也挂眼镜框。旦角则身着农妇衣服，头戴笠帽或头巾，头花，手执巾帕，脚穿绣花鞋。其乐器：包括大锣、小锣、拍板、铁弦、小钹、扬琴、通鼓等。其声腔、舞蹈：声腔方面是灵活使用多种声腔，与各种不同的小调，因此有"九腔十八调"之说，舞蹈则有令人叫绝的"矮子步"等。特色之二是与茶有着密切的关系。客家人在采茶劳动中创作了采茶歌、"采茶灯"，然后，再加上一些情节内容、增添角色，糅合多种唱腔、舞蹈，遂形成了采茶戏。从采茶戏的内容来看，也大多与"茶"有着密切的关系，如《茶童戏主》、《上山采茶》、《卖茶郎回家》等，洋溢着一股"茶味"。

可见，客家的茶文化无论是物质层面抑或精神层面都非常丰富，而且客家茶的物质方面与精神方面熔为一炉，达到了高度的统一。

（二）客家茶文化体现出其儒家文化特质

客家作为汉族的一支重要民系，既表现出汉民族的特征，又具有与一般汉民系不同的特点。客家文化的特质是什么，学术界对此颇有争论。笔者认为，客家文化的基本特质就是儒家文化。① 自西汉武帝"罢黜百家，独尊儒术"以来，儒家思想就成为在中国占统治地位的思想，儒家文化也就长期成为中国传统文化中的强势文化，是中国传统文化三大支柱中最重要的支柱。应该说，汉族的各个民系受儒家文化之影响都是非常大的，而在客家文化中，儒家文化的因子似乎比其他民系保留得更多、更浓厚，也更为持久。

从客家人的茶文化中，清楚地表现出客家的儒家文化特质。

儒家重"孝"。"孝"，"善事父母者，从老省，从子，子承老也"②。可见，"孝"的基本含义是"善事父母"。儒家始祖孔子重视"孝"，"孝"后来成为孔子伦理道德规范中的一个十分重要的概念，他要求"弟子入则孝，出则弟"③。又据《论语·为政》："孟懿子问孝，子曰：'无违。'樊迟御，子告之曰：'孟孙问孝于我，我对曰："无违"。'樊迟曰：'何谓也？'子曰：'生，事之以礼；死，葬之以礼，祭之以礼。'"孔子又说："孝弟也者，其为仁之本与！"④ 把孝悌视为实行"仁"的基础。孔子关于"孝"的思想，为后世儒家以"孝"作为伦理的指导思想奠定了基础。客家人的茶文化中，"孝"是其突出特点。清晨起来，子女为父母沏上一壶茶水，滚烫的茶水溶入了儿女的深情和孝心；饭前、饭后或酒宴上，年轻人也一定是主动地先为父母和长辈沏茶倒水，突出地表现出其了"孝"和尊老的礼俗。

儒家讲"善"及助人为乐。孔子提倡"尽美矣，又尽善也"⑤，孟子说"君子莫大乎与人为善"⑥。客家人的茶文化中就突出地体现出儒家行善的思想。客家茶亭堪称是客家人以茶为媒介，表现其善良之心的典范。传统的客家乡村的路上，建有许多的茶亭，有的路上茶

---

① 林晓平：《客家文化特质探析》，《西南民族大学学报》2005 年第 12 期。

② 许慎：《说文解字》。

③ 《论语·学而》。

④ 同上。

⑤ 《论语·八佾》。

⑥ 《孟子·公孙丑上》。

亭相望，成为一道特殊的景观。在过去，仅一个客家县武平县就曾有茶亭数百座。茶亭建筑面积一般都不大，但其功能却不小，来往行人可在此休息。尤其是烈日炎炎的酷暑，劳作或赶路的人们在此小憩，山风吹来，暑气消散，再喝一杯清香的茶水，顿觉心旷神怡。到了夏天，总会有人每天大早将烧好的茶水送至山亭，倒进茶桶，供路人解渴。这被称为"施茶"。客家人建茶亭及施茶的原因：其一，出自人生记忆。客家人从中原扶老携幼，南迁到赣闽粤地区，饱受旅途奔波困厄之苦，从人生经历中感受着旅途人的艰辛，一路上，长亭短亭给他们带来的身心慰藉，也是他们所难以忘怀的，因此，茶亭的修建既有实用价值，也有纪念意义。其二，更重要的是发自善良之心。客家人心地淳朴善良，世所公认，他们大多居住在山区，交通极为不便，去采茶、耕田要上山，出门做生意要爬岭，暑天出门，更是酷热难当。因此，客家人有钱的出钱，有力的出力，建造茶亭，善心济众。茶亭可谓是客家民系以人为本、关怀别人、广行善事的精神品格的一种写照，反映出客家人真诚的人性美与人情美。而这，是以茶为媒介的，是客家茶文化精华的体现。

此外，儒家讲中庸之道，认为"过犹不及"①，客家的茶文化中，喝茶讲究茶道、规矩，喝茶时速度不紧不慢，姿态从容优雅，强调"坐相"与"吃相"。儒家讲礼仪，好客，"有客自远方来，不亦乐乎"②，客家人热情好客，客人无论来自何方，客家人都会笑脸相迎、热情招待，沏好茶水，端上茶点，使人们感到亲切温暖，主客之间其乐融融。总之，客家茶文化体现出客家的儒家文化特质，继承了中国文化的优良传统。

（三）客家茶文化表现出客家文化的创造性

客家民系是一个非常具有创造力的民系，他们在困厄中发明了许多的生产方式与生存方式，能在极为艰苦的环境中顽强地生活下来并

---

① 《论语·先进》。
② 《论语·学而》。

繁衍生息；他们将荒山变成沃土，并走南闯北，闯荡海外，乃至有人惊呼：客家人无处不在，有太阳的地方就有中国人，有中国人的地方就一定有客家人。

客家的茶文化不是简单地喝茶、品茶，也是一个系统的文化创造过程。

从种茶树到摘茶叶、制茶，到劳动过程中产生的山歌、采茶歌、茶蓝灯、采茶戏等，从泡茶、品茶到由此引起的心灵愉悦，是一种从物质到精神的升华，是一种从生产到生活、娱乐的交融，是一种全方位的文化创造过程。

客家茶文化的创造性还突出地表现在客家人创造的颇具特色的茶饮料精品擂茶方面。客家人热情好客，以擂茶待客更是传统的普遍而隆重的礼节，无论是婚嫁喜庆，还是亲朋好友来访，都往往请客人们喝擂茶。与其他茶饮料相比，擂茶具有十分鲜明的特色。

特色一，丰富的用料。擂茶的主要原料为芝麻，再按一定的比例配上花生、黄豆、茶叶、生姜、茴香、八角、茶油、食盐、薄荷等。擂茶的材料因各人喜好而异，食用方式也跟着有所不同。如果以绿茶、花生、芝麻、谷类、麦类、豆类（绿豆、黑豆、红豆、黄豆等）以及中药材（淮山、莲子、薏苡等）为原料的，大多就是混合研磨后加水，单纯当作饮品用。而如果是用来取代正餐的擂茶，则会加入大量的米籽，并且搭配一些热炒小菜。

特色二：工具与制作。擂茶有一套称为"擂茶三宝"的工具："一宝"是陶制擂钵，一般口径为 50 厘米且内壁有粗密沟纹；"二宝"是擂棍，约 80 厘米长，以上等山楂木或油茶树干加工制成；"三宝"是"捞子"，是用竹篾制成，用来捞滤碎渣的。制作擂茶，用一把好茶叶，加上适量的芝麻、花生、生姜等，置入擂钵，手握擂棍沿钵内壁顺沟纹走向，进行有规律的旋磨，将茶叶等研成碎泥后，再用捞子滤出渣，钵内留下的糊状食物叫"茶泥"，最后，将茶泥放入茶罐，冲入沸水，适当地进行搅拌，就制成了颇具特色的擂茶。

特色三：口味与功用。擂茶是一种非常可口、食之难忘的茶饮料，它清香甘甜，不仅有茶叶的清香，还有芝麻、花生、豆子等的混合香味、生姜的辣味以及茴香、八角、薄荷等的特殊香味，可称得上是一种集香、甜、辣于一体的复合型的浓烈多味茶。擂茶的保健功能也是为世人所称道的。擂茶对常年生活在大山幽谷、瘴气较重地区的客家人有着独特的祛邪健身功效。擂茶加上一些中草药还有其他功能，如加上甘草、夏枯草、茵陈、白芍等有清热之功能；加上藿香、鱼腥草、陈皮等，则有防暑之功能。

总之，客家茶文化是一种内涵非常丰富的文化，是一种充满活力、颇具魅力、极具特色、富有创造性的文化，是一种表现出客家民性、民俗以及客家文化特质的文化。继承和弘扬客家茶文化中的精华，创造出富有民族精神与时代气息的新的茶文化，乃是我们的历史使命。

二　客家民间禁忌功能分析与文化解读①

（一）赣南客家民间社会的禁忌意识

客家是指中原汉族向南中国迁徙的历史运动中产生的一支民系，主要集中分布在赣、闽、粤三省边界地区。赣南是客家南迁的第一站，素有"客家摇篮"的美誉。现在的赣南是指赣州市所辖的十五县二市一区，赣州总人口现已突破 800 万大关，而其中客家人占总人口数的 95% 以上。赣南史称"先贤过化之地"，崇文重教，遵礼知耻。文天祥在《文山集》中说赣南"人物伉健，大概去南渐近，得天地阳气之偏，不可以刑威慑，而可以礼义动"②。清同治年间赣州知府魏瀛夸赞赣南"熏陶于圣贤诗书礼乐之林，有以化其武健之风，而涵夫文明之教，故文物衣冠后先蔚起，清淑之气磅礴郁积，焕乎与中州比隆"③。经过文天祥、王阳明等历代统治阶级的治理，以客家

---

① 本文是合著，其主体部分由笔者的硕士研究生温小兴在笔者的指导下完成。

② 文天祥：《与吉州刘守汉传》，《文山集》卷 8，四库本。

③ 魏瀛：《重修赣州府学记》，同治：《赣州府志》卷 23，《学校》。

先民的世代耕耘，中原汉民的礼义、礼乐、文教渐渐内化为赣南客家人普遍遵守的乡俗规矩。赣南地方文史资料中初见"禁忌"一词始于20世纪80年代修撰的地方志中，此前的赣南文史资料中多以"忌"、"讳"、"禁"、"不宜"相称。

20世纪80年代起赣南各县掀起修撰地方志的热潮，"禁忌"成为各县地方志中《风俗》篇目的重要内容。《赣南概况》认为"乡俗禁忌极多，有意识忌、行为忌、言语忌、服色忌等"，稍后的《赣州地区志》则将禁忌分为了时日忌、数目忌、言语忌、颜色忌、妇女禁忌和其他禁忌六类。各类禁忌简单明了，与日常生活密切相关，避免因违背这些禁忌而产生"不吉利"的心理阴影是对客家人最直接的行为约束。然而这些禁忌多被与陋习迷信归于一处，据统计，其中有五个县的县志将禁忌与迷信、陋习独列，有三个县的县志将禁忌归于陋俗，几乎所有的县志都将禁忌与忌讳等同。成书于1989年的《赣南概况》认为"忌讳俗称'禁忌'，即日常生活中的清规戒律"，《宁都县志》进一步解释说"大凡忌讳多为封建迷信、愚昧无知所造成的"。因此，在时人的眼中禁忌和忌讳是两个相同的概念，而且是封建社会遗留下来的陋习，这可以作为官方和地方文人对禁忌的理解。

那么民间社会的禁忌观又是如何呢，赣南客家话中没有"禁忌"一词，禁忌作为一个专有名词很难出现在民间社会的交往中。"或许，这是因为普通的老百姓，他们往往更多的注意力不是放在如何禁止他人方面，而是放在如何抑制自我方面。"① 因此赣南客家民间社会所称禁忌多指规矩和忌讳，这部分规矩和忌讳用通俗的话讲就是"一定要这样做的（不能不做的）和一定不能那样做的"两部分内容。如赣南普遍传说农历五月瘟疫滋生，是恶月，五月五又为最不吉利的日子。因此家家门上插艾蒿、菖蒲或用百草煮水洗澡以防百病。不插艾蒿是禁忌，所以家家都插艾蒿这样才不违禁。再如中元节前后几天，外出人必须回家住宿，且睡不掩扉，帐不垂帘，传说是让祖先清点儿

---

① 任骋：《中国民间禁忌》，作家出版社1990年版，第4页。

孙数目。中元节回家住宿的禁忌也是一种肯定性行为，如果转化为否定性行为，就是中元节不能在外住宿。从这个意义上说禁忌除了包括否定性行为外，还应包括与否定性行为相对应的肯定性行为。不要做的你做了（否定—肯定）是违禁，要做的你没做（肯定—否定）也是违禁，而违禁就会带来"不吉利"。

综合赣南客家社会官方与民间的禁忌观，禁忌其实是客家乡土社会中规矩的一部分，而这部分规矩可以指否定性的行为规范，也可以指肯定性的行为规范，一旦破坏这些行为规范，必然遭到惩罚，这种惩罚由精神上的或当事人自发的内心力量来实行，是客家人社会心理层面上的民俗信仰。因此禁忌的外延宽泛，忌讳、禁令、规矩、族规、家法都可以成为赣南客家民间禁忌的组成部分。

（二）赣南客家民间禁忌的功能分析

禁忌作为人类社会最早的社会规范，一经产生，就与社会文化生活结合在一起，显示出强大的生命力和约束力。如上文所述，赣南客家人把禁忌作为民间规矩的一部分，忌讳、禁令、规矩、族规、家法都中含有禁忌的内容，这些内容是赣南客家社会传统文化的来源之一，被赣南客家人世代固守，发挥着多重功能。这些功能既是禁忌得以世代相承的原因，也是禁忌世代相承的结果。

1. 调整人与人的关系

禁忌作为人们日常行为规范之一，在不少方面有助于使社会成员循规蹈矩，人与人之间和谐相处。如客家人忌呼长者名字，忌虐待父母，忌笑话别人，忌坑蒙拐骗，忌说不吉利的话等，实际上为人们的日常交往建立了一个良好的行为模式，有利于人与人之间的友好相处。又如客家地区忌在妇女的衣裤下经过，妇女的衣服忌晒在高处，这类禁忌不仅告诉人们不要在晒衣服的地方行走，以免弄脏别人的衣服，也告诉人们不要在供行走的地方晒衣服，给别人造成不便，特别是妇女的衣服，有碍观瞻，妇女把衣服晒在高处是不守妇道的表现。"这类忌讳让大家都关注如何地对待他们如何地约束自己，才能尊重别人也尊重自己。"①

在家庭成员之间，在亲戚交往中，禁忌民俗也起着重要作用。如客家地区公公和儿媳忌同桌，吃酒席父子忌面对面坐着，嫁出之女不能和丈夫在娘家同铺同宿，更不能在娘家生小孩，晚辈在长辈面前要克己复礼，不能有违反礼数的行为等，这些禁忌把家庭成员的言行约束在一定范围内，以维系家庭和谐，也间接地稳定了社会秩序。

2. 调整人与社会的关系

禁忌调整人与社会的关系主要体现禁忌对人们社会言行的规范上，促使人们顺应社会文化的发展，维护社会秩序的稳定，形成一个社会共同体。如客家地区岁时节日众多，从新年初一到第二年的年底，月有节，节有忌，清明节要祭拜祖先，祭祀时祭品要三荤三素，祭拜时长幼有序，重申家法，不得做危害家族，危害社会的事情，否则祖先在天之灵将不得安宁。平时忌偷盗，忌过河拆桥，注意维持良好的邻里关系。忌同姓结婚，忌近亲结婚，维持了一定的婚姻秩序。各种人生礼仪，如诞生礼、成年礼、婚礼、丧礼等都有相应的禁忌意识贯穿其中，告诫和强化着人们在不同人生阶段应履行的社会责任。木匠、渔夫、风水先生等不同职业的行业禁忌，也有强化行业意识，规范社会行为的作用。

3. 调整人与自然的关系

赣南地理环境恶劣，开发较晚，"赣之为郡，处江右上游，地大山深，疆隔绣错，握闽楚之枢纽，扼百粤之咽喉，汉唐以前，率以荒服视之"②。加上南方山区阴霾多雨，虫蛇出没，各种疾疫容易流行，在这样的环境里生存和发展，除了需要吃苦耐劳，勇于开拓的精神外，客家先民还总结出了一整套经验教训，其中就包括某些生产禁忌，通过这些生产禁忌调整着人与自然的关系。例如屋后树木严禁砍伐，免伤来龙，另有伯公树、水口树、社官树也属于禁伐之列；摘油

---

① 万建中：《禁忌与中国文化》，人民出版社 2001 年版，第 516 页。

② 天启：《赣州府志》卷首，《顺治十七年汤斌重刊〈谢志〉序》。

茶有开山的禁忌，未至开山日，不准进山摘油茶，以免过度采摘；渔民逢农历三、五日，忌开船捕鱼。这些禁忌有助于保护赣南的生态环境，维护自然界的生态平衡。除了保护自然生态外，有的禁忌对保护人在生产、生活中的安全也有实际作用。例如客家地区忌用凶器对人，以免发生危险；木工进山砍伐树木时忌大声说话，以免分神发生意外事故等，这些禁忌起到了提醒注意的作用，有利于保护人在生产中的安全。民间禁忌适应了客家先民南迁，开发赣南山区的需要，调整了客家人与赣南自然环境的关系，使得客家人得以在赣南山区生存繁衍。

4. 调整人与信仰世界的关系

禁忌是客家人心理层面上的民俗信仰，"从某种意义上讲，他们对禁忌的笃信是为了满足一种精神上的需要，减少由于技术力量的不足和环境条件的恶劣而引起的忧患和失望，以达到调适心理的目的"[1]。赣南客家的民间信仰丰富，庙宇寺观众多，围绕这些信仰的庙会和祭祀活动俯仰皆是，禁忌依附在神灵的祭祀活动中，强化着神灵的神力和百姓的虔诚。客家人路过社官坛、百公坛忌在坛边撒尿，在庙会现场忌乱说话，作出怀疑神仙灵力的言行，只有尊重了神灵，神灵才会尊重自己，通过在神灵面前设禁，调整人神之间的关系。又如于都的黄屋乾庙会有给许真君菩萨换新衣，用清水给他洗脸的习俗，"此项工作在人员的选择上必须是常年吃斋，而且有一定吃斋史的人。在更换的衣服及用具要求上是必须重新制作或新买的，绝不能用旧的或用过的毛巾"[2]。通过禁吃荤、禁用旧毛巾，客家人在拜祭许真君时得到了心理上的满足，转而认为许真君必为大家的虔诚所感动，保佑大家。人和神在这时获得了一种平衡。

5. 禁忌的消极作用

赣南客家禁忌如同一把双刃剑，只是警告人们要回避危险，而不

---

① 白兴发：《彝族传统禁忌文化研究》，云南大学出版社 2006 年版，第 231 页。

② 熊佐：《黄屋乾真君庙庙会》，转引罗勇、劳格文主编《赣南地区的庙会与宗族》，国际客家学会、海外华人研究社、法国远东学院 1998 年版，第 168 页。

是指导人们如何战胜危险，因此禁忌体系在对人们的社会生活发挥积极作用的同时，其消极落后性和负面影响也不容忽视。

（1）加重恐怖心理和心理负担

赣南客家民间禁忌中充斥着鬼神观念和神秘思想，一旦违禁就会遭到鬼神的惩罚。对鬼神的恐惧制约着人们的言行，加重了人们的恐惧心理和心理负担，有些甚至危害到人们的生命。如七月半鬼节，忌夜行，忌小孩外出，更忌游泳，因为怕野鬼缠身被拖走；婴儿出生三天内要保密，以防"阴生鬼"；身死异地的人的尸体运回家乡时忌放屋内，要在屋外搭棚治丧，谓之"野死鬼不能进屋"。以致老人生病，忌看医生，忌打针吃药，怕死在医院不能进家门，致使许多老人越病越厉害，甚至请巫师到家中驱鬼作法治病而白白送命。赣南民间还重视生辰八字，婚俗中忌女方比男方大一岁，忌男女同一属相，忌八字相克，这活活拆散了许多家庭。这些禁忌建立在相信神灵和巫术观念的基础上，具有明显的迷信色彩。①

（2）妨碍生产和生活，不利于社会进步和发展

赣南客家民间禁忌许多都是客家人生产生活经验的总结，是在生产力低下，对自然界恐惧的条件下的产物，存在明显的历史局限性和消极作用。如客家人认为分龙日忌挑尿桶，否则会触犯雨神，遭受天旱不雨之灾；花朝日是天女送花的日子，妇女忌做针线活，否则会伤花苞；春社日忌推磨、犁田、用针，推磨、犁田会推破社公的头，用针会刺破蛇胆，会病手指头；逢乙日不栽树、不下种。几乎每个月都有几天不事生产或不下种，累积起来就是一个很大的数目，特别是误了农时将给农业生产带来无法估量的损失。而一些生活禁忌，如猎户出外打猎，忌听到"吃斋"，忌碰到妇女；居丧期间水浆不入口，三日不举火，忌理发，忌外出等，对人们的生活处处设禁，明显不利于社会的进步和发展。随着科学技术的进步，社会文明的发展，这方面的禁忌越来越虚妄，终将退出历史的舞台。

---

① 黄卫国：《赣南客家禁忌》，载《南方文物》2001年第4期。

（3）限制人身自由，在某些方面损害人际关系

虽然禁忌有调节人际关系的作用，但禁忌在限制人身自由，损害人际关系方面的消极作用也不容忽视。在这方面，对妇女的禁忌尤其明显，客家妇女长期被一些世俗偏见所束缚，无端地受到歧视。如禁止妇女参与祭祀，忌妇女上桌吃饭，忌妇女跨过男人的生产工具，特别是忌妇女改嫁，改嫁被普遍视为不祥和下贱之举，赣南客家地区对改嫁设置了种种禁忌，改嫁须在破庙或烂茶亭进行，写过婚契的砚笔必须丢弃，改嫁只能于夜间从侧门或后门悄悄离开，寡妇忌参加婚礼，忌进新娘房间等。"寡妇、鳏夫，在人生的中途就失去了终身伴侣，本应该受到社会的同情和帮助，但是却被视为'禁忌的人'、'不吉祥的人'，因而不欢迎他们参加人家的喜庆活动，在心理上使他们受到屈辱和压抑，更增加了他们的孤独感。禁忌在这些人同别人之间垒起了无形的墙壁，造成了人间不应有的隔阂。"① 除了妇女禁忌破坏人际关系外，赣南客家的风水禁忌的贻害也不容小觑，赣南客家人信风水，忌别人破坏祖先坟茔，民间常常因为抢占风水而挤占山林良田，破坏生产，因为争夺风水而发生大规模械斗，致使赣南民间社会"争讼"不断，人际关系紧张。

（三）赣南客家民间禁忌的特性与文化解读

从赣南客家的禁忌意识及禁忌发挥的功能来看，民间禁忌已渗透到赣南客家社会的方方面面。赣南客家民间禁忌作为中国民间禁忌的重要组成部分，除了具有中国民间禁忌的一般特性外，还兼具"赣南"与"客家"相对应的地域性与族群性，并在此基础上衍生出次生性的文化特征。

1. 族群性

赣南客家民间禁忌是赣南客家族群的重要文化表征与身份标识，是维系赣南客家人"族群认同"的文化载体。"族群的维续及其边界的变化的内在本质在于族群认同，族群认同内化于族群意识

---

① 李绪鉴：《民间禁忌与惰性心理》，科学出版社 1989 年版，第 138 页。

或族群性。"① 赣南客家民间禁忌是赣南客家人生活面貌的仪式化展示，从唐末客家先民南迁赣南开始，这些民间禁忌就作为重要的生活和生产经验为赣南客家人所遵守和传承。因此是否遵守赣南客家民间禁忌成为赣南客家族群认同的重要文化符号和族群边界，特别是沉积于独具特色的赣南客家民俗中的禁忌事项，为赣南客家人所独有和遵守。正如万建中所言："族群内的人们除了完成众所共有的民俗仪式程序之外，还要求有一些特殊的、他地没有的民俗事象来作为群体互相认同的文化符号。这是强化群体凝聚力的内在因素之一。"② 如赣南的客家方言为赣南客家地区所独有，是赣南客家人区别于非客家人以及其他客家地区的客家人的重要文化符号，而依附于赣南客家方言中的语言禁忌既是赣南客家方言的重要特色，更是说赣南客家话的赣南客家人的族群标识之一。

2. 地域性

赣南作为一个独立的地域整体，其区域内共享的民间禁忌，是赣南之所以为赣南而区别于其他地域的重要特征。例如赣南是江西形势派风水术的发源地，也称赣南派风水术。其理论的特点是主形势，定向位，强调龙、穴、砂、水的配合，与福建的理气派风水术有很大不同。其间的赣南派风水术中的风水禁忌与福建理气派的风水禁忌也有明显区别，赣南的风水禁忌强调地形、方位方面的禁忌，要因地制宜，因形选择，观察来龙去脉，追求优美意境，特别看重分析地表、地势、地场、地气、土壤及方向，尽可能使宅基于山灵水秀之处。而福建理气派的风水禁忌则强调五行相克，阴阳八卦的禁忌。这两种风水禁忌的形成与两地不同的地域环境和文化氛围是分不开的。而在赣南内部不同地域之间，有些民间禁忌也各不相同。如上犹营前存在的所谓"新客"过十四、"老客"过十五的中元节，俗称"七月半"习俗就是一个典型的实例，至今营前一带的客家人还禁过七月十五的中

---

① 黄向春：《客家界定中的概念操控：民系、族群、文化、认同》，载《广西民族研究》1999 年第 3 期。

② 万建中：《中国民间禁忌风俗》，中国电影出版社 2005 年版，第 275 页。

元节。再如石城有胡姓不拜后稷老爷的禁忌，相传后稷老爷看上当地一胡姓女子，而与其通奸，致使胡姓女子守寡，胡姓族人以此为辱，从此告诫族人不许进后稷庙，不许拜后稷老爷。

3. 次生性

禁忌是原始文化的遗存，最早产生于人类的"蒙昧时代"，即在人类还没有分节语言，不能借助语言进行思维的时代。① 赣南客家文化是移民文化，从赣南客家民间禁忌的来源上看，赣南客家民间禁忌带有移植性和融合性的特征。赣南客家民间禁忌的次生性，并不是指赣南客家民间禁忌没有原生性的特点，而主要是为了突出客家文化的移民特色，强调在继承中原汉族禁忌和当地土著民族禁忌的基础上，在赣南这一特殊地域形成的再生性禁忌。如前文所述，次生性禁忌是客家先民南迁后，从中原传承下来的禁忌习俗顺应赣南地理环境，一部分得以保留，一部分遭到摒弃，还有一部分经过改造，增添进新的内容后成为客家民间禁忌的一部分。这部分禁忌是再生的，既具有迁出地特征，又具有迁入地特征。例如在服饰禁忌中，赣南客家人为了适应生产的需要，平日忌穿裙子，忌穿艳色，而穿蓝色褶裤和腰便裤，但在寿诞婚庆等喜庆活动中则无此忌讳。再如赣南客家民俗中有许多关于火的禁忌，是北方火神信仰与南方巫术融合下的产物。"作为曾是中原居民的客家人在南迁后，依然保留了北方原始萨满教火神信仰的遗韵，使古老的北方萨满教在巫术占统治地位的南方有了一席之地。"②

虽然禁忌的具体内容与表现形式随着社会的发展产生转化与消亡，但是客家民间禁忌依附于"赣南"地域与"客家"族群而不断传承与再生，仍在现实生活中担当着重要角色。可以说禁忌是常见于赣南客家人生活中的日常生活常识，是客家族群区别与其他族群的重要特征；是一套存留于客家人头脑中的历史记忆和社会规范；更是客家人生存和发展的斗争策略，深刻反映了赣南地方社会的历史面貌和

① 徐德明：《民间禁忌》，广东教育出版社 2003 年版，第 4 页。
② 钟家莲：《客家巫术初探》，载《南昌大学学报》（人社版）2002 年第 4 期。

客家族群文化内涵。

4. 赣南客家民间禁忌是一种日常知识

俗话说"入境而问禁，入国而问俗，入门而问讳"，禁忌与客家人生活息息相关，从出生那刻起，客家人就接受着民间禁忌的教育，其而成为他们日常生活中的生活常识。正如本尼迪克特所言："个人生活史的主轴是对社会所遗留下来的传统模式和准则的顺应。每一个人，从他诞生的那刻起，他所面临的那些风俗便塑造了他的经验和行为，到了孩子能说话的时候，他已成了他所从属的那种文化的小小造物了。"① 如果不违反禁忌，似乎感受不到禁忌的存在，而一旦违背禁忌，禁忌就会显示它强大的威力而彰显它的存在。所以禁忌是一种"没有外在行为的民俗"，带有潜移默化、润物无声的特点。随手抽出一些客家饮食禁忌方面的条目：忌吃饭时将筷子插在饭碗中央、忌跪在凳子上吃饭、忌吃饭时用筷子敲击饭碗，这些习俗既是禁忌，更是客家人生活中的日常知识。

5. 赣南客家民间禁忌是一套社会规范

如前文所述，禁忌发挥着多重功能，无论是禁忌的积极作用，还是消极影响，归根结底都在说明禁忌是一套社会规范。德国学者卡西尔指出："禁忌是人类迄今为止所发现的唯一社会约束和义务体系，它是整个社会秩序的基石，社会体系中没有哪个方面不是靠特殊的禁忌来调节和管理的。"② 赣南客家的民间禁忌作为一种文化现象，其功能是多元的，积极意义与消极作用共生共存，各有彰显。有的禁忌禁锢了人们的思想，对社会的发展起了消极的作用，但这只是问题的一个方面。而另一方面，有的禁忌扮演着习惯法和社会规范的角色，调节着人与人之间的关系，起着规范、约束、教化的作用。如赣南客家民间禁忌规定，同一姓氏、同一宗族内的男女不得通婚，在现在看来，这项禁忌规范了两性之间的婚姻关系，在保证优生方面发挥了积极作用。再如出于教育孩子的目的而设的禁忌，如忌在客人面前打骂

---

① ［美］本尼迪克特：《文化模式》，浙江人民出版社1987年版，第221页。

② 恩斯特·卡西尔：《人论》，甘阳译，上海译文出版社1985年版，第138页。

孩子，忌骂孩子是猪等牲口，忌孩子目无尊长等，有助于孩子在这种强制性的训诫中逐渐懂得为人处世的道理，养成良好的行为规范。客家民间禁忌同客家社会的伦理道德一起，维系着赣南客家社会的稳定和发展。

6. 赣南客家民间禁忌是一种生存策略

把禁忌简单地归于封建迷信、社会陋习无疑是错误的，禁忌之所以能够长盛不衰，除了禁忌表现出积极的作用外，最重要的一点在于禁忌是客家民间社会的一种生存策略和斗争手段。禁忌作为一种社会规范，对人们的行为产生巨大的约束作用，但赣南客家社会违禁的故事层出不穷，其原因在于：或许在常态上禁忌固然不可违，但危及自身生存与发展时，禁忌就显得微不足道了，违禁就显得情有可原。例如赣南客家地区盛行的风水禁忌，关于争夺风水引起的争端在赣南社会俯仰皆是。法国著名汉学家劳格文先生认为："在典型的以农业为基础的经济体系中，中国东南部的宗族发展不可避免地和争夺有限的资源相连；没有其他东西可以充分地解释传统中国中风水的重要性。"又说："不管怎么样，风水是生存下去的一个基本策略的资源，也是中国乡下的政治协商的共同货币。"①

至此，我们也许可以得出这样一种结论，禁忌能够长盛不衰，禁而不止，特别是在科学昌明的今天，仍然有广大的市场，根本原因不在于禁忌的迷惑性和某些合理性，而在于禁忌是人们生存的一种策略，人们对禁忌有自身生存上的依赖。因此简单地把禁忌归结为封建迷信、社会陋习加以打压，或者利用行政命令加以禁革，只能是收效一时，终究不能彻底解决。要改革不良的禁忌习俗，除了需要提高人们的思想觉悟和文化素质外，更需要大力提高人们的道德意识和法律意识，建设德治社会与法治社会。用道德的、法律的约束力覆盖禁忌的约束力，只有这样，不良禁忌习俗生存的土壤才可能土崩瓦解。

---

① 劳格文：《梅州河源地区的村落文化·序论》，国际客家学会、海外华人研究社、法国远东学院 1997 年版。

三　客家地区的"风水先生"群体研究①

（一）引言

近些年来，民俗传承主体在传统建构中的作用正日益受到民俗学界的重视，不少民俗学者强调了个人叙事与民俗事象之间的关系，与此相关，"语境"也成为学界的热门话题。② 人们试图通过"分析个人叙事和民俗事项的关系，从中发现民俗传承、发展的机制以及传统在具体的语境中被建构的过程"。

"风水"是一种传承了数千年之久的民俗信仰，而风水师则是这种民俗事象的"传承人"。风水师亦称堪舆师，民间一般尊称为地理先生、风水先生，其职业主要是帮委托者察看、择定阴宅或阳宅的具体位置，通常也兼具看相、卜卦、择日等技艺。风水师对于风水民俗文化的承继常常是通过个人叙事的形式来实现的，而在特定语境中的

---

① 本文是合著，其主体部分由笔者的硕士研究生雷天来在笔者的指导下完成。

② 自20世纪末起，民俗学界开始强调语境研究的重要性，"强调在田野中观察民俗生活、民俗表演的情境、民俗表演的人际互动、民俗表演与社会生活、社会关系、文化传统之间的复杂关联等，呈现出民族志式的整体研究取向"（刘晓春：《从民俗到语境中的民俗——中国民俗学研究的范式转换》，《民俗研究》2009年第6期），以改变传统的割断研究对象与生存环境、生活背景之间的研究，这一转变一改只就民俗事项研究民俗的研究思路，赋予文化以整体观的意义（［美］乔治·E. 马尔库斯、米开尔·M. J. 费彻尔：《作为文化批评的人类学》，王铭铭等译，生活·读书·新知三联书店1998年版），使民众、表演、社会等也成为民俗研究的主要对象，并通过加入对民众口头文本、日常生活、行为习惯等一系列细节的挖掘来充分理解民俗活动的生存语境。在此背景下，民间叙事在语境研究中发挥出极为重要的作用，它以传说、故事、叙事、记忆等多种形式对民俗生活进行传播和总结，通过口头形式使民众与民俗生活产生关联，便于理解民俗与语境之间的生成关系。因此部分民俗学者将目光投向不同群体的民俗生活，深入研究场域以获取最直观的感受，将其置于语境中考察、梳理其中的关联，并与历史文本、文献资料、传说故事等相印证。此类研究有定宜庄关于旗人妇女的口述历史研究，臧艺兵通过民间歌手来研究口述史的模式，赵世瑜关于山西洪洞大槐树传说与祖先记忆、家园象征、族群历史的牵连，黄向春关于闽江下游民俗生活中的族群关系与历史机记忆等。同时研究者们也通过不断改进研究方式，以追求更为自然、真实的民俗活动，以此作为叙事研究的长远目标。

个人叙事也是风水师本人身份建构的主要方式。以往的风水师研究,是将民俗学作为"过去之学"的学科定位及视角来进行的,因此,研究郭璞、杨筠松等古代著名风水师的论著可谓是汗牛充栋;而当代风水师尽管是古代风水文化的直接传承者,是当代社会的一个极为特殊的群体,但对其生存方式、生存环境即所谓的"生态"如何?可以说学界关心的人并不多,研究者就更为罕见,这与当今已达成共识的作为"现代之学"的民俗学的学科定位是不相符的。虽然如此,但为数不多的相关研究仍值得思考和借鉴。刘昭瑞是国内目前最早对风水师群体进行田野调查的学者之一,他调查的对象为赣南三僚风水师群体。他认为,"风水师"是当代中国乡村社会最大的数术从业者群体,也是极有特色并值得关注的群体,并且会将关注者的视线引向更为广阔的中国社会。[①] 李静静对当代风水师生存环境进行简要描述,她指出无论是学院派的风水研究者还是社会上从事专职、兼职的风水师,都需要承受来自社会的各种压力,这使得他们处于一个十分尴尬的境地。一方面中国社会群体对传统文化的态度不够明确;另一方面,现在科学对生产力的巨大推动和对生活水平的显著影响也使得更多的人笃信科学,大众认为"风水热"的再度兴起是被封建迷信钻了空子。因此,对于风水活动而言,"响应"和"抵制"两派之间的僵局依然存在。[②] 梁景之在其对山东省潍坊市某地的风水师调查中强调,看风水向来被认为是属于下九流的职业,尽管这一职业是民俗社会所需要的,但社会地位的高低并不取决于社会的是否需要,风水师低下的社会地位与其在民俗社会中的影响形成鲜明的对照。以上看法突出了风水师"底边阶级"和"特殊群体"的色彩,带有学术关怀意味,也反映出全国庞大的风水师群体尴尬的社会地位。[③] 陈进国对福建风水的社会文化史进行过深入研究,他从风水师关于"看风水"

① 张成福:《个人叙事与传统建构——以即墨"田横祭海节"为例》,《青岛农业大学学报》(社会科学版)2011年第23卷第1期,第80—84页。

② 李静静:《中国风水师"角色"的演变》,《北方经贸》2012年第1期。

③ 梁景之:《寒亭地区风水民俗调查》,《民俗研究》1996年第2期。

和"做风水"的叙事资料中反观近世风水形势派与理气派文化之变迁因素。他认为风水师的风水认同选择在很大程度上受外在的社会变迁因素影响。这反映出在风水传布的过程中，风水师、风水术也参与了地域文化的改造和民间道德秩序的建构，融入了地域文化特色。①从上述研究中不难看出，风水师在我国当代社会中的"参与度"之广泛，社会地位之复杂，也更凸显出该群体具有极高的研究价值，等待学界发掘。

　　赣南是风水术形势派的发祥地，也是孕育风水师的温床。自唐末杨筠松在赣南从事堪舆实践并传授弟子起，赣南就出现了数不胜数的风水师，据统计，《古今图书集成》及附录所列历代风水名人总计111人，其中江西达48人，占总数的40%以上，而江西风水师人数的80%均为赣南人。②最为典型的是赣南兴国的三僚村，在历史上该村曾、廖二姓出国师24位、明师72位，其中由皇帝直接封为钦天监博士的有36人，③尤其是在明代，兴国三僚村的风水先生成为皇家御用风水师。先后有数十人奉诏供职于钦天监衙门，专司皇家风水职事，最为辉煌的当属为明代皇家勘定十三陵的廖均卿等人。现今，赣南仍有较为庞大的从事风水职业的队伍，其中，仅兴国三僚村就有上百人常年在外从事风水职业。④风水师在赣南民间可谓是一种根深广植的民俗行业。风水术在赣南兴盛，离不开从业者风水师的传承与推动，并且，作为一个特殊且古老的职业，自古至今，赣南风水师们就有不断地通过具有类型性、代表性的叙事来肯定自身风水理论水平和实践能力的传统。

　　我们近年来多次深入赣南乡村进行田野调查，共访谈当代风水师32人，获得了大量风水师口头叙事的资料。通过调查访谈我们发现，叙述其风水技艺传承的合法性，讲述其作为风水实践的成功者以及

　　①　陈进国：《事生事死：风水与福建社会文化变迁》，厦门大学出版社2002年版。

　　②　周小艺、魏志龙：《赣南"风水"及其和谐意蕴》，《黄冈师范学院学报》2011年第31卷第2期，第144—146页。

　　③　胡玉春：《中国风水文化第一村——三僚》（自刊本）。

　　④　同上。

"风水斗法"胜出者的案例，是风水师通过个人叙事来构建其身份的三大母题。本文试图以此为线索，分析风水师个人叙事的意蕴及意义，探索当今风水师行业身份在个人叙事的具体语境中被建构的过程，并以此管窥笼罩着神秘光环的当今"风水师"们的真实面貌及其生态之一豹。

（二）风水师个人叙事的三大母题

我们所访问的风水师，无论是健谈或不善言辞者都有一个共同的特点，即有三种母题是必然要叙及的，这就是自己的在风水技艺方面"合法传承者"的地位、自己的风水实践及"风水斗法"方面的成功案例。

1. 风水技艺的"合法传承者"

本文在这里"合法"之"法"的含义显然不是指法律，而是指一种约定俗成或社会认可。在与人们的交谈中，寻找适当的话机来陈述自己在风水职业方面的出身，以使得人们认可自己的技艺是有根源的，自己风水职业的"合法传承者"，这是风水师叙事的一个显著特点。而风水师在这方面的叙事，其强调的重点不外乎为两大类。

（1）追根溯源至"杨公"

"杨公"即风水师们对杨筠松的尊称。杨筠松是赣南一带家喻户晓的人物，被公认为赣南风水术的开山祖师，在赣南风水文化中，其地位至关重要。

杨筠松是唐代人，而在新旧《唐书》中却无其人踪迹，直到宋代，才出现鳞爪记载。"杨救贫正子龙经一卷，曾文展（曾文辿）八分歌一卷。"① 明、清时期则涌现出大量记载，明天启年《赣州府志》卷九《方伎》载曰："杨筠松，窦州人，唐僖宗朝国师，官至金紫光禄大夫，掌灵台地理事。黄巢破京城，乃断发入昆仑山，步龙过虔州，以地理术授曾文迪（曾文辿）、刘江东诸徒，世称救贫

---

① 《宋史》（第一五册），中华书局1977年版，第5258页。

仙人是也。卒于虔，葬雩都药口。"清代，有关杨筠松的记载较多，《赣州府志》、《赣县志》、《兴国县志》、《宁都直隶州志》均有所记载，然而内容大同小异，与明代记载无太大出入。但正是从明、清开始，民间逐渐流传开无数有关杨筠松的传说。传说杨筠松来到赣南定居之后，亲自为赣南的百姓堪定阴阳宅址。同时，他广收门徒，传授技艺，堪舆术于是在赣南广为传播，并逐渐形成中国风水活动中的一个重要派别——江西形势派。在中国南方尤其是赣闽粤客家区域，流传着大量有关杨筠松勘察风水的神奇传说，以及他赈济贫民的事迹，因此，人们一般都称他为"杨救贫"或"杨公"。在他去世后的一千多年至今，赣南风水师们无不以"杨氏传人"而自豪、自重。

这方面最为典型的是兴国三僚村。在兴国县三僚村，有关"杨公"的景点随处可见，当地人对杨公的传说故事如数家珍。曾、廖是三僚村两大姓氏，据相关记载及二姓风水先生所言，他们的开基祖（曾文辿、廖瑀）都是杨筠松的嫡传弟子。笔者所采访的 11 位曾姓风水先生都提及他们的开基祖曾文辿与杨筠松的关系，并均向笔者肯定自家风水技艺的正统性、合法性——源于杨筠松。对于此，曾宪良特地作了一番陈述。

曾宪良年届 70，20 个世纪 80 年代即外出做风水，已是名气较大的风水师。他说，杨筠松只有一个徒弟，就是三僚人曾文辿，三僚这个地方就是曾文辿首先发现的。有一次曾随杨筠松勘察风水来到三僚，发现该地"前有金盘玉印，后有凉伞遮阴"，是一块山环水绕的肥美盆地及风水宝地。曾的判断得到杨筠松的认可，于是杨筠松就和自己的弟子一起住了下来。后来，三僚曾姓子孙繁衍、人才辈出，"卓然峻拔之士达于中外"。曾宪良所言，欲以说明自己的风水师身份师承的祖师爷是杨筠松，肯定自己风水师身份传承的正统性及合法性，同时还试图说明，其祖先曾文辿是杨筠松唯一的徒弟与继承者。当然，其他姓氏的风水师并不认同他的这种说法，如三僚廖氏所有的风水师皆郑重其事地将其风水术的师传追溯到杨筠松。①

（2）风水术的"祖传"与"拜师"

杨筠松堪称是风水业的一块金字招牌，风水师将其风水技艺的渊源追溯到杨筠松自然是一种聪明的做法。但是，杨筠松毕竟是唐末人，距今已千余年，一方面，以杨为师传渊源其可信度存在着一定的问题，不见得能获得同行及社会认可；另一方面，杨筠松毕竟距离当今相隔时间太远，靠千年之前的名人的光环来笼罩自己，其效果也有着一定的局限性。因此，不少风水师舍远求近，以一般的、更加具体的"祖传"与"拜师"来说明自己风水术的根源，以取得在风水行业的合法地位。

例如，在兴国三僚村，风水师们除在渊源方面极力追溯到杨公之外，许多风水师也力图说明他们的风水技艺由本宗族长辈祖传而来，使其在师传方面的身份地位更加具体化和明晰化。曾昭塘说，其风水术传自其父曾广宏、伯父曾广琨两兄弟，而其父亲与伯父的风水术系祖传；曾久长说，他在十几岁时，跟从本族曾昭亮老先生学习风水术，曾昭亮的风水术系祖传；曾宪亮更进一步解释说："三僚村风水拜师学艺，在眼前传内不传外，传男不传女，主要传于子孙，外姓孙不在传授范围"；曾宪柏至今还留有风水不传外人的祖宗遗训："我祖先秘诀一书，诚得趋吉避凶之宝书，亲传后代为人造福。家藏抄本，考技精详细用。曾广镇先祖授上代明师传后人。江西赣州兴国三僚村堪舆曾鉴祖公亲手抄本传下。"

而在赣县白鹭村，"拜师学艺"出身的风水师则更显普遍，那里的风水师不世袭、不传代，做风水师之前各行各业的都有，而且师父不限同姓外姓、本地外地。如笔者采访白鹭村79岁的风水师龚先钊，他强调是跟外公、舅舅学的风水。他本人新中国成立前是裁缝，新中国成立后归入供销社系统，风水只是其日常爱好，直到48岁才开始

---

① 三僚村有两个杨公祠，村东杨公祠近曾氏聚居区，安放的是杨救贫与三僚曾氏祖曾文迪的塑像；村西杨公祠则安放着杨救贫与三僚廖氏祖廖金精的塑像，三僚廖氏与曾氏都认定其家族的风水源自杨筠松。

正式帮人看风水。白鹭村的 C 风水师，他师从于吉安市万安县的风水师王传芳老先生，他认为风水传承主要看爱好和缘分，不仅限于传子传孙，他叙述了其拜师学艺的经历："解放后，土改、文革搞得没有时间没机会去学地理。直到 1973 年 12 月，我利用这段时间，搞点小生意，卖香烛纸火，利用这个机会到他（王传芳）家里去。因为那位王老师傅是个地主，不能随便拜访，否则当地的老百姓会怀疑、举报。我打听到王老先生好吸烟。第一次去时，专程买了两斤上等茶叶，三四斤上等香烟。头一次王老先生没讲什么，第二次的晚上便留我在他家住了，平日里主要的是教秘诀，其他的一般的不教。当然，只看书不行，还是需要师父点拨，没有师父教，看的书也用不上。"

在现今的赣南，拜师学艺不少要举行仪式。下面是 G 先生给我们提供的一份拜师仪式之议程。

主持人：L 老师

时间：2010 年 8 月 25 日

一、介绍仪式参与人：

（师父）×××大师

（弟子）×××女士

二、拜师仪式：

1. 师父拜祖、敬香；

2. 介绍师父简历：

×××风水堂堂主

×××风水文化传播有限公司董事长兼总经理

三、入室弟子叙述简历及拜师意愿：

结束语："最后，我真诚做您的弟子，学生深感荣幸"！

四、入室弟子拜祖、敬香。

五、行拜师礼，下跪向师父敬茶、赠师父师礼；

六、宣读门规；

七、师傅赐证书，回赠师礼；

八、师傅训话；

九、请起；

十、礼成。

可见在当代，"拜师"学习风水不能仅是说说而已，其"拜师"仪式还是受到一定的重视的。

风水师们无论是强调风水术的"祖传"或"拜师学艺"，目的皆为说明其职业身份是有根源、有"来路"的，具有在该行业的从业的"合法性"地位。风水行业讲究出身，在风水行业以及普通民众眼中，有没有"来路"、"出身"亦即传承渊源是从事风水行业者是否"合法"的重要判断标准，也是关系到其能否在风水行业立足的必要前提。

2. 风水术成功实践的案例

我们所采访的风水师们都热衷于叙述其风水术的成功实践案例。

对这些听来充满神奇、扑朔迷离的许多风水案例进行归类，大体上可分为两类，即做风水之前的"明察"、"神算"以及做风水之后的成功，兹分别举例介绍之。

白鹭 C 先生讲述了这样一个故事。

"大概在 1995 年前后，广东有个做生意的，在山上修了一座房子，修的时候也请了本地风水先生堪地择日，做下去四年，家中出了事。带我去看后，我说你做下的这个风水，死了人，遭了火灾，吃了官司。房子底下有个瓮（棺材），瓮中有黑水，这是不好的风水。他花了十几万的房子，不舍得拆掉。我当时说我敢打赌，2000 元，如果没有黑水，我就输钱。结果挖开地板，村子里有四五十个人过来围观，瓮里面果然有黑水。这种事很古怪的，但是一般风水师看不出来。"C 先生还强调说，很多事情不能用科学解释，但是不能用科学解释不代表就是迷信。由于 C 先生的这一"明察"、"神算"，他自然获得了重新做这一风水的资格。

安远县的 L 姓风水师叙述道，该县龙布镇中邦村有位刘先生请他去勘察他家的一座祖坟，师傅到达现场后，用罗盘勘察了龙、穴、砂、水向，仅仅用了三分钟，便下断语："你这个坟墓，不管好事，专管坏事。"问："出了什么样的坏事呢?""轻者破财、官非(诉讼和牢狱之灾),重者死少年人,生灾祸的年份是寅午戌年(地支逢寅、午、戌)。"东家叹服,承认其家中发生灾祸的时间和情形与风水师所述基本相同。继而,请这位风水师重新做该坟墓的风水。

以上两例是风水师在做风水之前的"神察"故事,而赣县的 S 先生叙述了另外一类故事,即做风水之后的灵验故事。

他说,有一年春节之后他给一户人家选择葬父墓地,这家有三兄弟,起初,大家对 S 先生看中的墓地的意见并不一致,最后是由老大拍板敲定:照 S 先生的意见办。结果,在将这三兄弟的父亲埋葬之后的当年,就陆续传来了好消息——老大的孩子生了个男孩,老二的孩子由副科级干部转为正科级,老三的孩子考上了名牌大学。

尽管这些结果都可用三个孩子各自本身的原因来解释,但 S 先生毫不客气地全把它们视为其风水大作之后的硕果,其叙述绘声绘色,俨然一派风水术成功实践者的口吻。

"看风水"的成功案例便成为风水师叙事时最能体现其功底的材料,这也是风水师获得民众信任的基本条件之一。风水师通过叙述其看风水的成功案例,使其获得更多的社会信众的认可,以在竞争激烈的风水市场中占有立足之地。这些案例对于风水师本身的行业身份起到了很好的建构作用。

3. "风水斗法"及其胜出

本文所述的"风水斗法",是指风水师之间为争夺客源市场而显示自己风水技艺"功力"的一种竞斗。(另一种常见的"风水斗法"是,风水师运用相生相克理论,通过对建筑物造型进行精心设计或在建筑物外增设某些特定的物质,以达到克胜周边建筑物,给自己的顾客带来财富及好运的目的)

我们采访的风水师,几乎都会津津乐道自己在风水斗法中的事迹。

案例一:据白鹭风水师 Z 先生所言,"前段时间我碰到一个姓徐的,他说他是徐茂公的十五世孙,名号很响,平日都在香港、新加坡做风水。我有意去考察他有没有特异功能,结果发现他没有。我说前面那个山冈穴位在哪里，他没能讲出来，其实刚上山时我就已经发现了，我的手有感应。他没有"。曾师傅得意的认为，真正高明的风水先生需要懂气功，甚至要具有"特异功能"，不然仅靠罗盘，大家都差不多，都是盲人摸象。

案例二：笔者采访到赣州市某文化公司总经理 L 先生。他古文功底深厚，对传统文化与风水的关系有自己的独到见解，似乎对自己"学者型风水师"的定位比较感兴趣。他叙述了一则其引以为豪的"斗法"经历：

> 某年我受一位大学老师的邀请，在福建三明为一家祠堂做风水，请我去整修祠堂，顺便把握择日时间、注意事项和修缮方式。该祠堂共有三十多户，三十多户又主要分成 4 个房派，而这位老师是其中一房，同时也是发起人，修缮需要 6 万元，他出一半，所以他有绝对的话语权。其他房派对他提防，唯恐风水先生被他收买，做完风水对其他房派不好，于是各房都请了风水先生。第一次去喝茶，人很多，我一看那个阵势我就怀疑其中有风水先生。第二次吃正餐后，喝清茶时，我就看出哪些人是风水先生了，他们开始发问了，我也知道他们的心态。我就渐渐发觉那几位都是什么流派的，而且我慢慢的以请教的语气问他们风水流派里核心的、最重要的内容，结果他们讲不出来，于是大概第三餐饭就少了两个风水先生。第四餐饭三个人就都没有来，为什么呢？这是因为我在风水方面比他们娴熟，对他们风水功底的局已有所了解，他们不能抵挡我的诘问。他们碍于以后还要保留自己的风水市场，保留自己的风水东家，只有告辞返家。所以我们风水先生在外面一定要有实力，没有实力就会被他们所戏弄，甚至是驱除。

上述"风水斗法"分为两种，一是较量他们之间的"功夫"，尤其是所谓勘察风水时的"特异功能"，如案例一；二是风水师们在风水理论方面的较量，如案例二。当然，在我们所采访的数十个风水师中，绝没有谁讲述自己风水斗法失败的故事。

有一个很有意思的现象，赣南风水师们在叙事时似乎都非常注意语境问题。他们在叙述其职业出身时，往往用肯定的、且带有自豪感的语气谈论自己出身的渊源，或赞扬自己师傅的"高超技艺"；他们通过对自身成功案例的叙述，以加深听者对自己的印象及好感，并增强听者对其风水术灵验的信服力，因而常常在讲述时营造神秘兮兮的氛围，使人感到其功底深不可测；在讲述风水斗法的故事时，风水师对于对手一般采用蔑视的语言，神态显得不屑一顾，而对自己的胜利，似乎自我陶醉，溢于言表。风水师进行叙事很注意关注听众的身份及其反应，且善于营造一种既神秘又似乎无可置疑的气氛，并经常借他人之口来体现自己的"睿智"。

（三）个人叙事对于风水师身份建构的意义探析

在赣南，几乎所有的风水师都自觉或不自觉地采用了个人叙事的方式来建构自己的职业身份，对于这种现象，我们千万不要简单地视之为风水师的一种"吹牛嗜好"。据此提出的问题是：风水师们为什么热衷于通过个人叙事来构建其职业身份？根据我们的调查与研讨，似应从如下几个方面来解释。

一是风水行业的特殊性。

风水这一民俗信仰及民俗事象在我国已有数千年的历史，在现代，有人论证了风水文化的某些观点和景观学、建筑学、心理学等现代学科理论有某些相通之处，但是，"风水"一词在现今我国还是具有一定的敏感性，这是因为，风水所涵盖的唯心主义、神秘主义与我国当代主流意识形态并不吻合。因此，风水行业在我国也处于一种极为尴尬的境况，"在现代民族国家，国家意志是民间信仰生长和发展的前提性条件和合法性空间。官方采取怎样的意志和立场，对民间信仰的成长和发展至关重要"[①]。由于受意识形态限制，目前在我国内

---

① 符平：《中国民间信仰研究的主体范式和社会学的超越》，《浙江社会科学》2007年第6期，第92页。

地，风水并不属于现有法定行业。近年在某些城市，有关风水文化的门市、中心陆续开业，使得现代交易方式出现在风水行业中，但它们多以"堪舆"、"环境规划"、"易学"等同类词汇打"擦边球"。"风水"行业也不能如其他行业那样大张旗鼓地做广告，进行宣传。因此，风水师群体不得不保留其世代相传的"江湖习性"来获取社会认可，这种"江湖习性"的重要表现之一就是风水师通过个人叙事的方式进行自我建构，以获得在风水行业的一席之地。

风水行业同行的竞争也是促使风水师重视个人叙事的原因之一。风水从业人员间不仅存有"同行相轻"的现象，还存在某种分层，而分层缘于多方因素，有社会因素、市场因素，也有技术因素。除此之外风水行业派别林立，互不认可也加剧了风水师们的"同行相轻"的行为。风水师们为争夺"市场"，赢得东家信任，销售更多"风水产品"，竖立自身"品牌"形象就显得尤为重要。例如，在风水师的三大叙事母题中，他们都重视自己"出身"的叙事，这是因为，师承路数无异于一块执业"敲门砖"，这是取得民众信任的必由之路，也是风水师能否顺利被雇请的关键。风水师必须以此力证自己的技艺"根正苗红"。因此，几乎没有风水师在对外宣传时会称自己自学成才，否则难以在行业立足。无论是"祖传"还是拜师之说，均是风水师对自身技艺渊源的一种建立形式，是风水师们自证、彰显其正宗性、专业性的方式。风水师们除了千方百计地要在自己的"出身"方面做足工夫外，他们还要以大量风水实践成功事例的叙事来树立自己的品牌形象。而"风水斗法"之胜出的叙事，既贬低了潜在的或直接的竞争者，更为自己在风水行业的形象和地位加了分。

在当代，风水师之间相互贬低、攻讦的现象变得非常普遍。这在赣南地区表现得尤为明显，它使得赣南地区风水师个体间的竞争更为突出、激烈，这也是促使赣南的风水师们特别注重形成自身独特的行业文化和意识的重要原因。

二是"东家"的心理及其与风水师的微妙关系。

在访谈进行过程中，笔者注意到所有风水师俱称请其看风水的民众为"东家"，这与我们习惯上从民众口中听到的"请风水师看风水"之间存在某种不对称。这主要缘于在现实情境下，多数风水师的酬金是根据民众的家底、慷慨程度以及风水师自身水平所决定的，而这其中存在的种种不确定因素是难以依靠制定某种行业标准或法律条文来规范的，所以最终酬金的决定数额以及交易方式实为民众所控制；另外，在"请"风水师的过程中，民众或需为风水师提供来回路费、看风水期间的饮食、住宿等，因此犹如风水师对民众的称呼，双方之间的关系实为"雇佣关系"。风水师还可以同时受雇于多个雇主，同时他们之间的交易以及纠纷也不受《劳动法》的保护，即为"特殊的从属关系"，受雇人的劳动须"在于高度服从雇方之情形下行之"。①

"东家"与风水师们之间存在着一种微妙的关系。一方面他们对风水师存在着一定的敬意并怀有较大的期望，他们迫切期待知道风水师的水平如何，于是风水师口中关于其出身以及"光荣的"从业经历，就成为其最有力的现实依据。长久以来的传统和职业需求甚至已经使风水师的叙事形成一个个范式，风水师乐于从历史与传统中或者职业生活中挖掘出种种故事，以使其身份立体化、丰满化、完整化；另一方面在现代社会的背景下，风水行业毕竟是买方市场，民众有着较大的选择余地，因此，他们对一般的风水师往往抱以不屑与怀疑的态度，甚至鼓动风水师之间的"斗法"以便自己挑拣。因此，在风水师与民众中间存在某种"博弈"，长此以往，程式化的叙事行为成为风水师对民众的最优推销方式。

相对应的，我们发现，有经验的风水师们能很好把握"东家"的心理和基本需求，于是，晦涩玄妙的风水实践在风水师的叙事中都转变为一个个轻松易懂的灵验故事，这是"东家"易接受且喜闻乐见的。同时，民众对风水师的回馈便是以同样的叙事方式与风水师形成"互构"，即"帮助"风水师去义务宣传。笔者在崇义县寻访一位知名风水师的途中，便有同路的几位村民以数个独立、完整的小故事来

---

① 史尚宽：《债法各论》，中国政法大学出版社 2000 年版。

向笔者义务介绍、证明该风水师技艺之高超、灵验。笔者问他们是从哪里听得这些，村民表示这些故事村里人都知道，也都是这么说的，该风水师还因为这些故事在附近数个村落都享有"盛名"。由此可见，风水师单靠个人叙事来进行宣传的效果是有限的，而之所以风水师如此看重个人叙事，还缘于个人叙事对良好的民间口碑的形成有着重要影响。民间口碑质量由风水师个人叙事及其风水"成果"所决定，其中，个人叙事较风水"成果"有着更为明显的传播优势。因此，民间口碑与个人叙事之间存在着一定的促进关系。另外，与其他术数行业不同的是，风水活动从"作业"到"成果"的产生通常需要相当长的时间，不会立竿见影见效，这也对风水师有利。以做坟墓风水为例，"东家"期待通过风水可以使家族长盛不衰、子孙世世兴旺，显然，这一期待结果在短期内不会实现。于是接下来会有两种情况：一种情况是将来的风水成果满足了"东家"的需求。那么在生活中遇到同类事件时，"东家"极有可能会想到这位风水师的"灵验"，从而对其进行宣传或向其他人介绍；另一种情况是风水成果未能改善"东家"生活。"东家"此时或难以将做风水一事与当前的状况联系到一起，或是认为世事无常，而通常不会将责任都推给风水师。对"东家"来说，风水是传统民俗，也是民间信仰，风水会带来心理慰藉以及"灵验"，但这一切的因果并不为严格的契约所约束。因为在功利性色彩浓厚的民间风水信仰中，风水更似一种"愿打愿挨"的"买卖"。因此，综上所述，风水行业的禀性和社会心理往往有利于风水师，"做得好的风水"会给他们带来另一种建构，"做得不好的风水"则会被渐渐淡化。

对于一般的民众来说，对待风水亦如对待鬼神，祈祷敬事，为消灾免祸、逢凶化吉，他们所期望的并不是高深的风水理论内涵，而是风水能给人们带来平安幸福的实效。因此，不如风水师般有着缜密、模式般的叙事技巧，支撑民众进行风水叙事的也只是有关风水如何灵验，风水师如何技艺高超的小故事，他们凭着自身经验不自觉地对风水师的叙事建构起到"协助"作用。"面对变幻莫测的世界，草根民众首先想到的是记忆中的地方性资源，运用草根民众特有的认识世界、把握世界的方式。"① 在行业传统和长期执业经历指导下，风水师依据民众心理需求琢磨出并形成一套行业"叫卖"体系。在该体系中，风水师关于其出身、看风水及风水斗法的成功事例的叙事，是最符合东家心理的内容。依靠该体系，风水师获取民众信任的"工作效率"得以提高。同时因为长期的职业习惯与需求，风水师较其他行业群体更善于自我表达，特别是年龄较大或经历丰富的风水师，他们在讲述的过程中，会自觉依据"叫卖"体系，老练地将自身经历分解为发生于多场域的不同故事，在此过程中，上述三类母题是风水师最乐意渲染、叙事情节最为饱满的内容。风水师们大多都依靠对这三类主题的叙事，逐步获取民众的信任，完成对自身身份的初步建构。

三是从风水师本身境况来看。

风水师是一个极为特殊的群体，我们在调查采访中做了一些问卷调查。

1. 年龄：

65 岁以上的风水师占 18%；

51 岁至 65 岁的风水师占 41%；

40 岁至 50 岁的风水师占 26%；

40 岁以下的风水师占 15%。

2. 文化程度：

小学文化程度的占 20.2%，初中文化程度的占 41.8%，高中文化程度占 28.3%，大学及以上学历的占 6.1%（包含部分伪造学历），无学历和完全没上过学的占 3.6%。

3. 性别：

全是男性。

4. 收入：

一般风水师都不愿意公开自己做风水的实际收入，原因是多了怕

---

① 王院成：《社会记忆、风险社会与文化调适——现代民间风水信仰的人类学解读》，《焦作师范高等专科学校学报》2011 年第 27 卷第 4 期，第 51—53 页。

别人眼红，不安全，少了则不好意思。但 L 先生给了我们一份收费表，从中我们可根据风水师的名气及业务量大致推测其收入。

阳宅修造	省内：风水师：120 元；高级风水师：300—600 元起；专家：1000—2000元起； 省外：风水师：1600 元；高级风水师：3600 元起；专家：16000 元起
阴宅修造	省内：风水师：120 元；高级风水师：300—600 元起；专家：1000—2000元起； 省外：风水师：3600 元；高级风水师：6800 元起；专家：26000 元起
单位、企业	省内：风水师：1600 元起；高级风水师：2600 元起；专家：6000 元起。 省外：风水师：每次 18000 元起；高级风水师：26000 元起；专家：68000 元起

对以上调查数据做个简要分析。

年龄方面，50 岁以上的风水师占了近60%，而 40 岁以下的仅占15%。这种情况在一般行业中是极为罕见的，这也从一个侧面反映出，风水界中年龄越大的风水师反而能作为某种经验、灵验、老练的一种象征。

文化程度方面，这个数据比较有意思，显示出小学文化、初中文化程度的风水师的比例竟然超过半数——他们大多数是农村出身的风水师。另外，高中文化程度、大学及以上学历的风水师为少数，他们主要生活在城市，不少人开设了自己的风水咨询门市。对于学历较低的风水师而言，这批人的视野更为开阔，也更夸夸其谈，善于"场面话"，他们对风水行业前景的态度较农村出身的风水师普遍更为乐观。

性别，都是男性，这反映出风水业"传男不传女"的行规。

收入，可谓不菲，但灵活性大，所谓"风水师"、"高级风水师"、"专家"，其实并无具体的标准，这与风水师的名气大小有密切的关系。

在赣南，当今风水行业也有点"与时俱进"的意味，有的风水师也拥有专门的门店甚至网站，收费也开始明码标价，有的业务种类甚至还包括了风水培训。但受行业特点以及总体上风水师文化程度偏低的局限，许多风水师并不方便采用现代化的营销手段来推销自己的"产品"。可以预见的是，在相当长一段时间内，传统的风水师与民众的"交往"方式仍将维持。在此过程中，一个风水师的"成功"很多时候并不在于他们技术的高超，而在于其名气的大小，因此，运用低成本、高效率、便于口耳相传的叙事来增强自身"名气"的方式，顺理成章地成为风水师群体获取更多利益的不二选择。

　　不同于历史学等侧重文字史料解读的学科，民俗学研究的对象是信仰、风俗、口传文学等活态的东西，其研究对象及范式的特殊性决定了民俗学者必须进行"在地化"研究，从而得出研究结论。"在当下的社会环境中，抛开个人叙事去研究传统发生的变化、传统被建构的过程将会面临很多困难，也会忽略很多重要的信息。"[①] 风水师作为风水文化传承载体，被挖掘出一个个立体、草根的同时也不缺乏现代气息的口头叙事文本。对于风水师群体来说，这一切叙事都自然而然发生于他们的生活中，我们姑且不去讨论此类叙事中的具体内容是否存在虚假欺瞒，其推销方式是否欠妥当，我们需要关注的是，这些真真假假始终存在于这个古老行业，已成为这个行业的一部分规则或特性；正因为如此，那些隐藏于叙事材料背后的风水师生活，才得以一览无余地展现在研究者眼中，也就是说，叙事内容囊括了风水师们从业的"基本需要"。因此，基于民俗研究的角度，风水师群体的所有个人叙事都是"真实"且自然的。

四　赣县田村客家花灯的文化内涵[②]

　　田村古镇位于江西省赣州市赣县东北部，是一个客家人聚居的村落。田村灯彩，当地人俗称花灯。田村花灯闻名遐迩，素有"灯彩之乡"的美誉，它源于唐代（公元785—804年，唐僖宗年间），盛于宋代，迄今已有1300多年历史。田村花灯种类繁多，内容丰富，在

---

　　① 张成福：《个人叙事与传统建构——以即墨"田横祭海节"为例》，《青岛农业大学学报》（社会科学版）2011年第23卷第1期，第80—84页。

　　② 本文是合著，其主体部分由笔者的硕士研究生郭修彦在笔者的指导下完成。

种类繁多的田村花灯中，蕴含着丰富的文化内涵。

（一）田村花灯与儒家文化

儒家文化是中国传统文化的核心，儒家文化重教育，讲求奋斗、入仕、有所作为，这与客家民众心理正吻合。"客家先民来自中原，深受儒家文化之浸染，素有读书为贵之观念。"① 客家人有重文教的传统，花灯会的举办时间正是科举考试所逢的大比之年，本身就有为考生壮行的意味。"儒"的思想还具体体现在田村花灯上。有些花灯直书"金榜题名"以求莘莘学子一朝高中，在许多花灯的宝盖中还绘有"鲤鱼跳龙门"等图案。鲤鱼跳龙门是大家都熟知的传说，在民间，鲤鱼也是吉祥之物，登龙门是所有学子的愿望，也是过去人们改变面朝黄土背朝天命运的重要途径，这种思想在客家地区尤盛。鲤鱼跳龙门寄托着民众最朴素的理想，也是儒家思想在民间渗透的体现。大禹凿门和鲤鱼登龙门的故事，在民间流传很广，《水经注》、《三秦记》等古籍中均有记载。《太平广记》卷四六六"龙门"条引《三秦记》："龙门山，在河东界。禹凿山断门阔一里余。黄河自中流下，两岸不通车马……每岁季春，有黄鲤鱼，自海及诸川，争来赴之。一岁中，登龙门者，不过七十二。初登龙门，即有云雨随之，天火自后烧其尾，乃化为龙矣。"而清张澍辑的《三秦记》复云："江海大鱼薄集龙门下，数千，不得上。上则为龙，不上者鱼，故云曝腮龙门。"后世民间传说，遂谓为鲤鱼跳龙门。在科举时代，参加会试获得进士功名的，被称作为"登龙门"。鲤鱼跳龙门，既是这个优美传说的形象表述，更寄托着祈盼飞跃高升、一朝交运的美好愿望。尤其是那些指望子弟靠读书应试以博取功名前程的人家，都把它当作幸运来临的象征。田村花灯的"金榜题名"、"鲤鱼跳龙门"等内容，较好地体现出了儒家文化。

① 罗勇：《客家赣州》，江西人民出版社 2004 年版，第 49 页。

（二）田村花灯与佛、道教文化

佛教自两汉之际传入中国，至今已有两千多年的历史。[①] 田村圩上的契真寺是座历史悠久的汉代古刹，为赣南最早的寺庙之一。在农历的八月要举行罗汉法会，以纪念罗汉显灵遗留真经，祈祷风调雨顺、国泰民安、岁和年丰、疫病不作。每逢到大比之年的八月罗汉法会则正好与花灯会同时举行，这时候两大盛事相辅相成，更为热闹，场面颇为壮观。因此，田村花灯会与佛教也有着很深的渊源，龟纹灯就是法会必挂的灯，另外还有"佛光普照"、"罗汉献瑞"等主题的佛教灯。田村花灯中还有一种特殊的"佛教"供灯——十供灯，即香灯、花灯、灯灯、油灯、果灯、茶灯、食灯、宝灯、珠灯、衣灯。一供香，香焚上方熏佛天；二供花，花开磐若涌金莲；三供灯，灯光普照道场会；四供油，油洒法筵遍大千；五供果，果是猿猴来供奉；六供茶，茶味堪夸赵州俊；七供食，食积香味厨中办；八供宝，宝内含光照万缘；九供珠，珠玑朗润为意地。十供衣，衣是袈裟即福田。[②] 这些都直观地体现了"佛"对灯彩的影响。

中国道教产生于东汉时代，东汉以前，中国有道家而没有道教。[③] 田村境内虽有两座名寺，但土生土长的道教在这里却有着很坚实的群众基础。在田村花灯中，道教人物灯是很重要的一个种类，最典型的就是"三星高照"，即福、禄、寿三星人物灯。另外还有二十八星宿斗灯、乾坤大吉灯、太极八卦灯，这些灯都明显受道教影响，民间用以镇宅辟邪，供奉神明，期盼岁岁平安、日日吉祥。在花灯的装饰图案上，还有龙马定乾坤等吉祥图案。田村的中秋花灯会三年一次，有其严格的规矩，主要包括开场、接灯挂灯、送灯规矩，其中的送灯规矩就有着道教色彩，类似于做法事，有着典型的道教色彩。

---

① 据史书记载，西汉哀帝元寿元年（公元前 2 年），已有佛经传入中国，但不被注意。到了东汉明帝时（公元 1 世纪中叶），由于受到朝廷的重视，佛教才开始在以宫廷贵族为中心的上层社会里传播。

② 李景云：2004 年甲申岁八月田村契真寺佛灯盛会暨客家花灯会有关资料集录。

③ 谭家健主编：《中国文化史概要》，高等教育出版社 1997 年增订版。

（三）田村花灯与民间信仰

田村花灯作为一种集纸扎、剪纸、绣花等民间工艺于一体的综合手工艺，不仅具有很高的观赏价值，其间包含更多的是村民们求吉祈福的朴素愿望，体现着丰富多彩的民间信仰。在客家话中"灯"与"丁"同音，故花灯就蕴含着许多与添丁有关的信仰。例如，最具代表性的龟纹灯就有着"瓜形龟纹寓长寿"的含义，瓜果有着腹肉子多的特点，其藤蔓又象征绵延不断，所以瓜果象征子孙兴旺。而以龟甲纹为图，在龟甲上附上"五福捧寿"、"福寿双全"等吉祥图案，突出了祈求健康长寿的愿望。在宝盖花灯的宝盖上还经常绘有"龙马定乾坤"、"麒麟八宝"等吉祥图案。麒麟是吉祥神兽，主太平、长寿，古有麟吐玉书的传说。[①] 八宝又称八瑞相、八吉祥，佛教有八宝、道教有八仙的八宝，而这里的麒麟八宝应该指的是珠、钱、磬、祥云、方胜、犀角、书、画、灵芝、元宝、金锭、银锭等杂宝中的 8 种凑成的。八宝是中国传统图案的一种，宝珠象征热烈光明，方胜比作连续不断，磬是乐器以示喜庆，犀角象征胜利，金钱象征富有，棱镜以示美好，书本是智慧的象征，艾叶可作避邪。[②]

各式各样的祥兽灯体现着万物有灵的朴素信仰，"福禄寿"三星人物灯寄托着人们祈福的美好心愿，千变万化的吉祥图案、吉祥语和吊坠装饰表达了人们"五谷丰登"、"国泰民安""六畜兴旺"等祈望。田村的龟纹灯不仅在工艺上很讲究，其实它的特别还在于内涵的丰富。它是一个信仰集结的大型祭祀花灯，其精美的工艺中蕴含的是人们深深的民间信仰。

1. "上团冬瓜中团莆，下团金线吊葫芦"

龟纹灯是一种特殊的祭神花灯，也就是说，它的功用主要是用来娱神。龟纹灯只能够悬挂在寺庙内，一般为大雄宝殿内，用于保佑一方百姓平安。龟纹灯制作的最大难度就是在其内部要点亮 108 盏油

---

① 中华吉祥装饰图案大全：吉祥动物，钱正坤，2009 年 9 月 1 日，第一版。
② 同上。

灯，象征 32 天罡和 76 地煞。据花灯艺人介绍，由于灯内天罡地煞的特殊象征，龟纹灯的"煞气"必须要挂在庙堂上才能化解，普通百姓家对此灯是"消受不了"的。因此，龟纹的寓意也比一般的花灯更加丰富，当 108 盏油灯点亮，花灯从灯会八月初一一直亮到十五落灯。过去，田村分上中下三团（三村），在三团同一范畴式样，各有不同造型的象征吉祥，寓意传统的大型龟纹灯，它是各村村庙地方定点特色花灯。每当灯会到来，各团便要定做龟纹灯并置于本团祠堂或庙堂之上，以保一方平安。

2. 绵绵瓜瓞、民之初生

龟纹灯形有异而意相同，要以瓜果为体，是因为其间包含着深深的民间信仰。冬瓜、蕃蒲、葫芦等蔬菜作物，其腹内子多，象征人丁兴旺、子孙发达、世泽绵长。这三种瓜果都可做菜食用，其"菜"字比喻"财源滚滚"，瓜果的藤蔓寓意"源远流长"，瓜果里的籽寓意"子孙发达"。《诗经》有："绵绵瓜瓞，民之初生，自土沮漆。"[①]绵绵：延续不断的样子；瓜，即葫芦；瓞：小瓜。这句话形容一根连绵不断的藤上结了许多大大小小的瓜，引用为祝颂子孙昌盛。《毛传》有："绵绵，不绝貌。瓜，绍也。瓞，胸也。"后因以"绵绵瓜瓞"喻子孙绵延不绝。在这些"吉祥瓜果"中最具代表的就是民间的"葫芦信仰"。葫芦又称"蒲芦"，谐音为"福禄"。其枝茎称为"蔓带"，谐音"万代"，故为"福禄万代"，葫芦与它的茎叶一起被称为"子孙万代"。另外，很多神仙、神医的形像也都是身背葫芦或腰悬葫芦，如寿星，济公，八仙中的铁拐李等，所以葫芦自古以来又是"健康长寿"的象征。葫芦最初作为一种食用蔬菜，在长期的食用过程中，人们发现葫芦多籽而且有旺盛的繁殖能力，这正是古代先民所羡慕和追求的，葫芦浑圆的外形特征，类似怀孕妇女，使人们自然地联想到了自己的生殖繁衍，所以从很早的时候起，人们就开始了对葫芦的生殖崇拜，把它当成吉祥的物品，祈求多子多产。龟纹灯用三种瓜果为型塑造，充分体现了人们祈求多子多福的质朴信仰。

①《诗经·大雅·绵》。

3. 龟甲为纹"寿"为饰

既然叫龟纹灯，龟纹自然有其重要之处，球形灯身以中轴线为贯穿，上顶下底为两个六边形，圆形灯身上则为五边形凸出式龟甲，龟甲下大上小，共三层，以金边围绕示之，凸显轮廓。每片龟甲上、龟甲间隙中都有各式的"寿"字吉祥图案，强调突出了龟纹灯喻寿的主题。龟甲上的图纹并不是单调的寿字，而是组合型的吉祥图案，如：五福同（捧）寿、福寿双全等。吉祥图案是以含蓄、谐音等曲折的手法，组成具有一定吉祥寓意的装饰纹样，它的起始可上溯到商周，发展于唐宋，鼎盛于明清。明清时，几乎到了图必有意，有意必吉祥的地步。据《吉祥物在中国》的统计，"寿"字有300多种图形，变化极为丰富，可用多种字体表示。字形长的叫"长寿"，字形圆的，叫"圆寿"（无疾而终），也有用多字来表示，如"百寿图"。在龟纹灯上就采用了"长寿"的吉祥字样。另外还有"五福捧寿"的图案，即五只蝙蝠围绕着一个寿字。"福寿双全"，是由蝙蝠和寿字组成的图案，"蝠"与"福"同音，表示幸福长寿。龟甲、寿字以及之前提到的种种精巧设计，无不体现着民众朴素的信仰，人们将许许多多的愿望化成了吉祥的造型和图案，将其集结到这样一盏灯彩中，使得龟纹灯成为田村灯彩中最具个性也是制作工艺最复杂的"灯王"。

另外，值得一提的是田村花灯制作时尺寸配置有着一定的规矩，反映了客家地区广泛流行的风水观念，客家人重风水，讲求"天人合一"、"天人感应"。"客家人每逢婚丧喜庆，盖房子、打灶、挖井、选坟地乃至于修桥筑路等，都要请风水先生堪地利，看风水，择良辰吉日。"在灯彩的制作中，每一盏花灯依据用途都有不同的尺寸要求，要过不同的"道"。由于资料暂缺，暂时无法详尽描述其中玄机，加之艺人对此规矩尤为保密，称其为传艺的"终极秘诀"，切不可轻易外露。以下只能依田村花灯艺人刘盛涵之手稿做一些简单介绍。做灯为红事喜庆时，以尺为单数俗称"过步"，做灯为白事丧事，俗称"过道"。尺寸的选择有两条口诀，黑道"生老病死苦，神灵鬼哭哀"，逢"生、神、灵"为吉，其余为凶；黄道"道远几时通达，路遥何日还乡"，逢"辶"部的为吉，即"道、远、通、达、遥、还"。在制作花灯时要选择合适的尺寸，过掉不吉利的"步"或"道"。在汪毅夫的《客家民间信仰》中，曾经提道："高贤治、张祖基《客家旧礼俗》记：客家人墓碑上的字，中间的一行须用'小黄道'，即'生、老、病、死、苦'五个字来对数，数到最后一个字时应合于'生'或'老'二字，墓碑上三行的总字则须用'大黄道'，即'道远几时通达，路遥何日还乡'十二字来对数，数到最后一个字应合'道、远、通、达、遥、还'六字中的一字。"① 这种口诀运用很广，最常见的即是在墓碑上，田村灯彩制作的尺寸选择亦说与此相关，体现了风水思想在灯彩中的运用。

五　发展富有特色的赣州旅游散论②

（一）赣州旅游资源的五色

赣州旅游资源的特色，笔者认为可将其概括为"群星璀璨，五彩缤纷"八个字。

所谓"群星璀璨"是指赣州旅游资源非常丰富，且分布广泛；"五彩缤纷"是指赣州旅游资源色彩斑斓，特色多多。这里，彩就是色，五彩即五色，这五色既不是泛指，更不是虚指，而是有具体内涵的五种旅游资源。

一是红色。赣州是中华苏维埃共和国首府的所在地，还有将军县、长征第一渡等，红色旅游资源非常丰富。毛泽东同志有一首很著名的词《清平乐会昌》写道："东方欲晓，莫道君行早。踏遍青山人未老，风景这边独好……"毛泽东同志这首写于会昌的词实际上抒发了他在困难时期仍然持有的对事业的信心，而"风景这边独好"恰

---

① 汪毅夫：《客家民间信仰》，福建教育出版社 1995 年版，第 68 页。

② 这两则短文分别是笔者在赣州市《市民大讲堂》以及《瑞金红色旅游论坛》演讲的概要。

恰是对以红色故都为中心的区域的红色旅游资源特点的写照。除瑞金之外，兴国、会昌、于都等地都有许多红色风景、红色旅游资源。而在红色故都瑞金，仅被国务院公布为全国重点文物保护单位的旅游景点就有 15 处。

二是绿色。赣州到处都是青山绿水，是休闲度假、开展农家游的理想境地，绿色旅游资源极为丰富，具备了美丽花园的基本条件，如上犹陡水湖的美丽风光可以与桂林风光相媲美。

三是灰色。赣州建城于东晋永和五年（公元 349 年），太守高琰在章贡二水间筑城，即今赣州城筑城的开始，距今已 1 千多年。因此，赣州是一座名副其实的千年古城，其间，宋代最为辉煌。赣州号称"宋城"，保存了大量宋代的建筑和文物，其中，尤以全国仅存的长达数华里的宋代古城墙最具代表性，城墙砖是灰色的，所以，赣州宋城旅游资源可以灰色来代称。

四是蓝色。蒋经国先生曾经在 20 世纪 30 年代至 40 年代主政赣州，蒋经国在赣州留下了不少的遗址、遗物。

五是赭色。赭色即红褐色，赣州是客家摇篮，也是世界上客家人最大的聚居区，客家人的生活习俗崇尚红色，但这个红色与苏区千百万烈士用鲜血染成的红色相比，当然没有那么鲜艳、亮丽，因此，用赭色来象征客家文化旅游资源较为适宜。

赣州广大乡村保存着极为丰富的原生态的客家民俗，而这些民俗风情正是很有特色、颇具魅力的旅游资源。例如，其一，名扬遐迩的客家围屋，如关西围、燕翼围；其二，客家古村落，如赣县的白鹭古村，是人与环境和谐、天人合一的文化宝库；其三，客家饮食，如客家小炒鱼、蝴蝶鱼等，味美鲜嫩；其四，客家民间文艺，如赣南采茶戏、兴国山歌等，已经被列为国家非物质文化遗产。

（二）关于瑞金红色旅游的改革发展思路

瑞金红色旅游的改革和发展，可以参考以下思路。

其一，由单调到丰富。一是要增加景点项目，例如，大型全景画或半景画、大型室外情景再现等，丰富观赏的内容。二是要将红色旅游与客家民俗文化旅游、绿色旅游结合起来，丰富旅游内容，共同打造红色故都品牌。

其二，由静态到动态。增加参与性、体验性项目，如穿红军装、戴红军帽、扛红军枪、举红军刀等，也可参与编草鞋，制八角帽等活动，还可参与红军歌舞以及当地民俗风情等。

其三，由平淡到生动。通过创新展示方式，丰富展示内容，增加参与性及互动性项目等，使得原本较为平淡的参观变为生动活泼，充满新鲜气息的旅游活动。

其四，由浅显到深刻。游客对红色景点的参观，不能是走马观花式的，只留下一个表面的印象。而应该通过参观，使游客在认识上大有收获，这就要求展示内容既要通俗易懂又要丰富而生动、深刻。要使游客通过参观能够理解和认识：当年我党为什么要在瑞金建"国"，是如何建"国"、如何在中央根据地发展壮大的？苏区军民是如何多次粉碎强大敌人的围剿而创造奇迹的？后来又为什么被迫撤离中央苏区而开始万里长征？这样，就使得游客在认识上得到深化，心灵上受到震撼。

其五，由单一性到全方位。游客到瑞金来，不能仅仅是看看而已，应为他们提供吃、住、行、游、购、娱等全方位的服务，使他们吃得惬意，住得舒适，行得畅通，游得尽兴，购得满意，娱得开心。

其六，由小市场到大市场。目前的情况是红色故都的旅游市场做得还不够大，要扩大游客市场，除了加强上述内涵建设外，还应专门设立市场研究和开发的机构，在一些重要的城市设立办事处，使得游客能够源源不断地来到红都，建立一个数量巨大而稳定的客源市场。

六　赣南旅游事业的发展前景与战略构想

自第二次世界大战结束以来，世界旅游业以其强劲的、经久不衰的发展势头令人瞩目。在战后几十年中，国际旅游的人次增长了约20倍，国际旅游的收入更是增长了100倍左右，现在，旅游业的收入已超过钢铁工业和军火工业，而仅次于石油工业，被誉为"发达的无烟工业"、"20世纪的经济巨人"。旅游事业是一项充满生机、前景风光无限的事业，据世界旅游组织预测，到20世纪末，全世界每年参加旅游的人次将达到30亿，其中，国际旅游人次将达到10亿，国际旅游收入相应将突破两万亿美元的大关。面临旅游业发展的汹涌大潮，人们不禁驻足反思：赣南旅游业发展状况及发展前景怎样？应采取哪些积极的措施来促进赣南旅游事业的大发展？这些重要而具有紧迫感的问题，正是本文试图进行探讨的主要问题。

上篇　赣南旅游事业：丰富的旅游资源和诱人的发展前景

赣南拥有极为丰富的旅游资源。旅游资源按景观属性大致可以划分为两类，一类是自然旅游资源，另一类是人文旅游资源，而赣南的这两类旅游资源都非常丰富。

首先，从赣南的自然旅游资源来看。赣南位于赣江上游，地处东经113°54′—116°38′、北纬24°49′—27°09′，属中亚热带南缘。它东与福建交界，西与湖南接壤，南与广东相连，北面是本省的吉安地区和抚州地区，扼赣闽湘粤之要冲，面积达3万9千多平方公里，是江西省最大的行政区。赣南的地貌以丘陵为主，此外，还有一些山地、平原等。由于该地区土地辽阔、气候温和、雨量充沛、地形地貌复杂多样，因而形成了其丰富奇特、秀丽多姿的自然旅游资源。

从一定意义上来说，旅游是一种审美活动，是审美主体（旅游者）对审美客体（自然景观和人文景观）的观察、欣赏及评价。自然景观的美主要表现为雄、秀、奇、险、幽五种形式与特征，而赣南的自然旅游资源则兼具有这五种自然美的类型。

雄，即雄伟，是一种壮观、壮美、崇高的景象，赣南的山水之中，不乏这方面的杰作。例如，崆峒山，雄峙于赣州市东南部，气冲牛斗，昂首云天；齐云山，位于崇义思顺乡，海拔高达2000多米，劈地而起，直插霄汉；大庾岭，盘亘于赣粤之间，连绵起伏，一望无际……它们均给游人以气势雄伟的深刻印象。发源并流经赣南的赣江，气派也很宏大，它由章、贡两江汇合而成，在赣州市八境台下合流，然后奔腾北去，经吉安、樟树、星子直泻鄱阳湖。赣江流经赣南近一百华里，江面辽阔，蔚为大观；有时礁石险滩棋布于江中，致水流湍急，巨涛汹涌，更增添磅礴气势。

秀，即秀丽，是一种清秀、柔和之美的景色。赣南山水相依、山环水绕、山清水秀，秀色可人之处甚多。例如，上犹江水库，库区蜿蜒百里，宛如一条碧玉带；它波平如镜，静若处子，两岸青山苍翠，回清倒影于水中，构成一幅幅绝美的画面。泛舟其上，令人心旷神怡，陶醉其间。又如宁都莲花山，云雾缭绕，树木参天，山势逶迤回环，状如莲花，更有古寺一所，建于莲花瓣内，恰似花芯，游客至此，几疑仙境。

奇，即奇特，是一种不同于一般的、罕见的，颇具特色的自然景物。赣南有不少的奇山异水，还有一些国家级保护的珍贵稀有植物，如水杉、金茶花、观光木、银杏、江南油杉等；并有一些国家级保护的珍稀动物，如华南虎、猕猴、云豹、金猫等。这些景物，在一定程度上能满足游客们的好奇心理。尤其是崇义聂都的地下溶洞，洞洞相通，洞中有洞，洞内景象奇特，宛似地下宫殿，使游人惊叹不已，流连忘返。

险，即险峻。险峻的自然风景对游客来说也是极富有吸引力的，因为"无限风光在险峰"，攀上险峰，极目而望，一方胜景，尽收眼底，美不可言。并且，涉险本身也是奋力进取的精神体现，是游赏者审美本质力量的一种表现。赣南有诸多的险山峻峰，它们中的一部分自古即闻名于世，为游客所称道。例如，峁美山："高数百丈，四面险峻"；汉仙岩："崇岩叠巘；凌霄竞耸如列戟然"；观音山："悬崖绝壁，鸟道一线，攀援而上"；小武当山："形如玉笋，壁立万初，四周无路。山半置梯栈五六丈许。又凿石为蹬，倒悬铁链四十余丈，以供攀援。半途有石突出，登山者胸皆磨石而过，为险绝处。"[①] 宁都翠微峰更是犹如南天一柱，拔地而起，它四壁陡峭，几乎与地面成90°角，攀援而上，十分困难，稍不留意，即出险情。早在20世纪50年代，一部剿匪故事片《翠岗红旗》，已将翠微峰之险让全国家喻户晓。

---

① 《同治赣州府志·舆地》。

幽，即幽深。幽深的自然风景一般观赏空间范围不大，常常是一个空间套着另一个空间，环环相扣，但其内涵丰富，表现出一种含蓄的、幽雅的美。赣南地貌多丘陵、多山地，突出地表现出一种幽深美。游览赣南山水，每见峰回路转，曲径通幽，常闻鸟鸣蝉噪，空谷传响；那清澈见底的山泉，弯弯曲曲地流淌着，时而"山重水复疑无路"，突然"柳暗花明又一村"。游人置身其间，能感受到一种莫大的乐趣。有的景点，同时具备几种美的特征，例如，宁都翠微峰就是熔雄、秀、奇、险、幽为一炉的著名景点。赣南的自然旅游资源可谓是种类丰富、数量繁多、美不胜收。

其次，从赣南的人文、旅游资源来看。远在新石器时期，赣南就有人类在此繁衍生息；早在秦汉时期，赣南就设置了地方行政机构。在历史上，赣南曾经长期成为南来北往的交通枢纽，许多历史名人曾到过这里并留下了活动痕迹，是著名的"先贤过化之地"，也是南迁客家人聚居的重要地区。在漫长的历史岁月中，赣南先民们在这块土地上创造出了灿烂的文化，尤其是在第二次国内革命战争时期，中央苏区政府就设在赣南，留下了许多珍贵的文物和重要旧址。

赣南有一大批被列为国家重点文物保护单位的历史名胜和旧址，如通天岩、红井、中共苏区中央局旧址、中华苏维埃共和国临时中央政府旧址、中华苏维埃共和国中央人民委员会旧址、红军烈士纪念塔、红军检阅台等，这些名胜和旧址均保存完好。赣南还有一大批被列为省、市（县）级重点文物保护单位的历史遗址，它们之中有不少也是久负盛名、颇具特色的。例如，江西省唯一、全国也罕见的赣州宋代古城墙，江西省现存规模最大、保存最完整的文庙，苏东坡曾亲自登临并为之吟诗作赋的八境台，因辛弃疾一首《菩萨蛮》词而驰名遐迩的郁孤台，江西省仅有的唐代四方玉石塔赣县田村宝华寺玉石塔，江西省最早的摩崖石刻上犹双溪摩崖石刻，孙中山先生的祖先唐东平侯孙言利之墓，享誉海内外的大庾岭梅关和古驿道等，还有赣州玉虹塔、信丰大圣塔、安远无为塔、宁都莲花山青莲寺、石城如日山普照寺，以及龙南、安远等地的大型客家围屋等。

然而，长期以来，由于经济、交通等因素的制约，赣南的旅游事业却没有得到应有的发展，至今仍显得落后，主要表现在：其一，游客稀少，旅游线路单调，旅游业尚处于初级阶段，未形成规模和气候；其二，旅游景点的开发和修缮工作滞后，旅游景区的管理工作基本上也还处于粗放的、自发的状况；其三，为旅游服务的设施，包括旅游饭店、交通等，亟须增加或改善；其四，还缺少足够的素质较高的旅游管理、开发、导游人员。随着改革开放的不断深入以及赣南经济的持续发展，外来这里从事经贸活动与观光的人日益增多，这对于促进赣南旅游事业的发展无疑是有利的因素。特别值得一提的是，纵贯我国南北的大动脉京九铁路即将修通，这条铁路线穿过赣南的兴国、赣县、赣州市①、南康、信丰、定南、龙南等县、市，届时，南来北往的客人可能大量涌入赣南，这就为赣南旅游事业的大发展带来了空前良好的机遇。基于上述论述和分析，我们确信，只要能抓住机遇，制定正确的发展赣南旅游事业的政策和措施，积极地促进赣南旅游事业的振兴和发展，那么，赣南的旅游事业一定会有一个诱人的、十分辉煌的前景。

下篇　发展赣南旅游事业的战略构想

1. 既要加强赣州市在赣南旅游事业发展中的龙头作用，又应建立全区一盘棋的战略格局

赣州市是江西南部最大的城市，是赣南的政治、经济、文化的中心，理应发挥强劲的龙头作用，以带动整个赣南旅游事业的蓬勃发展。

第一，赣州市应进一步发挥其作为赣南旅游事业决策中心和研究中心的作用。赣州市是赣南党政首脑机关及旅游管理机构的所在地，理所当然地成为赣南旅游事业的决策中心，有关决策机构要适时地推出有利于赣南旅游事业发展的各项措施。而要科学地进行决策，就要善于发挥和利用赣州市的科研优势。赣南仅有的三所国家正规高等院校都设在赣州市，高校图书资料丰富，有一大批专职或兼职的素质较高的科研人员，有的高校已开设了旅游类课程；此外，赣州市还有不少的中专、职

---

① 本文中的"赣州市"现为赣州市章贡区。

业学校和文化机构。若能调动这些单位和科研人员的积极性，围绕着如何促进赣南旅游事业的发展这一大课题出谋划策、著书立说，就能将科研优势转化为决策优势，有益于赣南旅游事业的进步。

第二，赣州市应成为赣南旅游业人员的培训基地和旅游宣传中心。随着旅游事业的发展，赣南对训练有素的旅游业管理人员、服务人员的需求量将大大增加；现有的旅游业人员中，也面临着一个提高素质的问题，因而，建立旅游业人员培训基地一事势在必行。而此基地当然只能设在占尽教学、科研、文化优势的赣州市。赣南地区一级的电台、电视台、报社、杂志社都设在赣州市，它责无旁贷地应该成为赣南旅游的宣传中心，要积极地向海内外宣传赣南，为赣南旅游事业的发展大造舆论，鸣锣开道。

第三，应加强赣州市作为赣南游客接待中心和交通中转枢纽的功能。赣州市具有全区一流的宾馆、饭店，旅客接待能力也是全区最强的；赣州市又是赣南的交通枢纽，从公路可直达赣南其他 17 县市，并可通过 105、323 等国道通往全国各地，此外，还有定期的水上航班和空中航班通往各地。然而，从发展的眼光来看，赣州市在游客接待和交通中转方面的硬件（设施）和软件（管理水平、服务质量等）都不能满足旅游事业的要求，尚需大力加强。

第四，赣州市应成为赣南旅游事业的样板。赣州市被列为国家级历史文化名城，历史遗迹甚多，旅游资源丰富，加上它作为赣南的中心城市，具有许多得天独厚的有利条件，在发展旅游事业方面优势显著。因而，赣州市的旅游工作应走在其他县市的前面，起到一种示范作用，成为赣南旅游事业的样板，以推动赣南其他县市旅游事业的发展。在重视赣州市在旅游事业方面龙头作用的同时，我们又应树立全局观念、整体观念，重视除了赣州市之外的赣南所有县、市的旅游工作。原则上实行全方位开发赣南旅游资源的方针，并使赣南各县市的旅游景点能联成网络，连接成有机整体，形成赣南大景区规模。但在另外，资金的投入、景区的建设，又有个轻重缓急的问题，不可能是各地平分秋色。因此，在旅游事业的发展上，要建立全区一盘棋的格局，各地既要积极地做好旅游方面的工作，又应以整个赣南的旅游事业的大局为重，服从大局利益，使得赣南的旅游事业能协调地、健康地发展。

2. 突出赣南历史文化特色，推出系列旅游线路

发展旅游事业，应尽可能地体现出本地的特色，这样才能增强对游客的吸引力。赣南的历史文化特色，主要表现在如下三个方面。

第一是客家文化特色。赣南是历史上客家民系形成的重要区域，赣南现有的16个县基本上都是纯客家县，赣南720万人口中，客家人占了95%以上。赣南民间的语言是客家语言，赣南人民的民风民俗，乃至饮食、服饰、住宅建筑等方面，在很大程度上保持了客家人的传统。现在，随着"客家热"在中国大陆地区以及海外的升温，越来越多的人想到客家地区来走一走，看一看，了解或观赏客家文化特色。因而，赣南在旅游线路的开辟，旅游景点的开发设置，旅游活动的策划安排等方面，都应考虑如何尽可能地体现客家文化特色的问题。

第二是宋文化特色。赣南历史悠久，在漫长的古代历史中，宋代是赣南人民尤其引以为自豪的时期。在宋代，赣南经济得到了较大的发展，文化方面也写下了光辉的篇章，至今赣南各地仍保存有不少著名的宋代建筑物或遗址，如赣州宋代古城墙、慈云塔、八境台、七里窑、安远无为塔、石城宝福塔、兴国安湖书院、全南宋窑遗址等。在宋代，许多历史名人如苏东坡、岳飞、辛弃疾、文天祥等都曾到过赣南，他们之中有的还为赣南的文物胜迹题诗作赋，为赣南的历史文化增添了异彩。1994年12月在赣州举行的"宋城文化节"，在宣传赣州古城宋文化特色方面取得了一定的成效，在这方面，还应进一步做工作，以扩大赣南宋文化特色在海内外的影响力。

第三是苏区特色。在第二次国内革命战争时期，赣南是著名的红色苏区，是中华苏维埃共和国临时中央政府的所在地，毛泽东、朱德、周恩来、邓小平等老一辈无产阶级革命家都曾在赣南苏区长期工作和生活；赣南的不少县市都保存下了苏区时期的珍贵历史文物和重要旧址。其中，瑞金一市就有被列为全国重点文物保护单位的苏区旧址15处。若能加强赣南苏区特色方面的宣传工作，并改善交通、住

宿等方面的条件，一定能获得大量的国内外客源。

要使得赣南旅游事业形成规模，还必须推出众多而非单调的旅游线路。这些旅游线路的设计，既要体现出赣南旅游资源的特色，又要考虑能适合有着不同兴趣、爱好的各种游客的需要，总之要具有科学性、多样性、特色化、系列化。以下旅游线路可供参考。

（1）赣州古迹游览：通天岩——玉虹塔——郁孤台——八境台——古城墙——文庙——慈云塔——马祖岩——七里窑——峰山。

（2）苏区旧址游览：瑞金（中华苏维埃共和国临时中央政府旧址、红军烈士纪念塔、红井等）——兴国（江西省苏维埃政府旧址、毛泽东作长岗乡调查陈列馆、革命历史纪馆等）——于都（红四军司令部旧址、赣南省苏维埃政府旧址暨毛泽东旧居等）——会昌（粤赣省委旧址、会昌中心县委旧址、文武坝等）。

（3）客家围屋游览：安远（东升围、尊三围等）——定南（魏家围、田心围、胜前围等）——龙南（关西新围、燕翼围、龙江围、水中围等）——全南（时坊围、江东围等）。

（4）赣江游览：赣州——储君庙——白塔——小湖洲——大湖洲——万安水电站。

（5）小火车森林游览暨汽轮水上游览：赣州杨梅渡——上犹窑下——陡水电站、水库、树木园。

（6）自然景观览胜：龙南武当山——安远三百山——崇义聂都地下溶洞——会昌汉仙岩——宁都翠微峰等。

（7）宗教著名寺庙游览：赣州（寿量寺、海会禅寺、玉虚观）——赣县（宝华寺等）——宁都（金精洞、青莲寺等）、石城（如日山普照寺、玉盂寺等）。

此外，还可与相邻地区合作，开辟跨地区、跨省的旅游线路。

3. 全民动员，达成共识，尽一切努力把赣南的旅游事业搞上去

旅游事业是一项复杂的社会系统工程，它涉及社会的各个方面，牵涉到各行各业乃至千家万户。赣南旅游事业的发展，尽管前景很好，但由于起步晚，基础弱、底子薄，因而困难很大。要把赣南的旅游事业搞上去，绝非一朝一夕之功可成，也不是仅凭少数几个人的努

力就可实现的，必须动员全区人员，举全区之力来振兴赣南旅游事业。而要做到这一点，首先就要使全区人民达成这样一种共识，即旅游事业是一项能繁荣经济、造福于民的千秋功业，大家都有责任去关心和支持它；促进这项事业发展的光荣，阻碍这项事业发展的可耻。认识统一了，才能做到有力的出力，有钱的出钱，有点子的出点子，众人拾柴火焰高，促使赣南的旅游事业不断地兴旺、发达。

当前，赣南旅游工作尤其要重视的，一是资金问题，旅游景点的开发、管理，一些基础设施的上马或改造、人员的培训等，都离不开资金投入。应解放思想，开拓新路，可从国家、企事业单位，个人等不同的渠道筹集资金，还可积极地引进外资。二是旅游宣传，宣传工作是发展旅游事业的一个重要环节，赣南有不少重要景点"门前冷落车马稀"，甚至"养在深闺人来识"，这与对外宣传不够有一定的关系。宣传工作应加大力度，让世界了解赣南，使赣南走向世界。三是旅游景点的开发、修缮和科学管理，交通状况的改善，旅游业人员的素质及其管理水平、服务质量的进一步提高等，也是刻不容缓、亟须切实解决的问题。

第五章　客家田野调查个案

一　南岭卢氏源流与火龙节

1994 年 9 月（农历八月），我们来到江西省宁都县洛口乡南岭村，亲眼观赏了久负盛名的南岭火龙节的系列活动，并就该火龙节的有关问题进行了实地采访调查。由于南岭火龙节与南岭卢氏的历史文化有密切的关系，我们又对南岭卢氏源流问题进行了了解和探究。兹将笔者在南岭的亲目所睹、采访所获、探研所得略予整理，以飨读者并就教于方家。

（一）南岭卢氏源流概述

南岭是宁都县洛口乡南岭村委会辖下的一个自然村，它分为 8 个村民小组，共有人口约 1100 人，其住户的 95% 以上都是卢姓，是一个典型的"卢家村"。卢氏原来是北方人，是什么原因使得他们南迁呢？另外，他们的迁徙时间、出发地点以及南迁后分支、繁衍情况又是如何的呢？卢氏是客家民系的重要成员之一，弄清楚上述问题，对于我们了解赣南客家人南迁及发展的历史是很有裨益的。

1. 关于卢氏南迁宁都原因的探讨

有关卢氏南迁原因的记载主要见于如下资料：

资料一："唐开元癸丑（公元 713 年）宗泰公偕三子公明、公达、公显由幽州抵豫章虔化县清音里韶坊（宁都洛口一带）"；"第一世宗泰，讳大郎，唐玄宗朝为刺史，避安禄山乱迁居虔化清音之韶坊，生于唐高宗上元元年甲戌正月十五日，殁于玄宗开元二十五年丁丑十月十七日。"①

资料二："始祖宗泰，讳撤，唐玄宗时任豫章吉州刺史。因安禄山反，于开元元年由幽州避居虔州清音里韶坊，自始开基。宗泰生于高宗上元元年甲戌岁，殁于玄宗开元二十五年丁丑岁。"②

资料三："植公十七世孙盛，官恒州刺史：因家湖南常德府桃源县桃源驿白马渡巡检司前。生子一，名大郎，字宗泰，携三子二、三、五郎游虔化县清音韶房，见山水之盛，遂卜居焉，是为江西宁都县清音始迁祖。"③

资料四："大郎（宗泰）生三男，长曰二郎，次曰三郎，幼曰五郎。忽于燕闲之际，父子而相告曰：尝闻江西人杰地灵，多生珍奇，风俗淳美，但闻其名，未得亲游其地，不如径向吴头楚尾，一行择善而居之，……于是结束行装，登山涉水，未几行至虔州县上三乡，乡名怀德，里号青音，因登通衢一小山，回顾龙虎盘旋，溪山平坦，徘徊良久，于是父子相告曰：此间次第可止，兄弟三人遂于此分别，各以其便，择地安居。"④

根据上述材料，可见，关于卢氏南迁宁都的原因，有着几种不同的说法，其中第一种（见资料一、资料二）是避安禄山之乱说，即认为，卢氏南迁宁都的原因，是由于安禄山之乱的爆发，在安禄山发动叛乱后，为避战乱，卢宗泰乃携子南迁。第二种（见资料三）是"游"说，即因游宁都产生美好印象而决定在此定居。第三种是"忽于燕闲之际"，卢宗泰父子产生南迁念头，于是来到宁都并定居在那里，可称为"忽然想到"或"顿生灵感"说。对这几种说法略予分析，可知它们都存在着这样或那样的问题。首先来看避安禄山之乱

---

① 《宁都南岭九修族谱》。

② 《广东梅州卢氏族谱》。

③ 《江西全省卢氏通谱》。

④ 《宁都麻田十一修族谱》。

说。我们知道，安禄山之乱爆发的时间是天宝十四年（公元755年），而卢宗泰"殁于玄宗开元二十五年"（公元737年），即早在安禄山之乱爆发的18年前，卢宗泰就已经逝世，既如此，卢宗泰生前的南迁活动怎么会是由于避安禄山之乱而致呢？这种说法显然是站不住脚的。其次，来看"游"说，因"游"而发"兴"最终导致在该地定居，这种情况在古今历史中不是没有的，但关键在于卢宗泰缘何到宁都来"游"？他的这种"游"是公务旅行还是私家旅游，是寻觅胜景的雅游，还是逃荒避祸之流亡？该资料中并没有说清楚，也许是因不便说清楚，故有意不说清楚。再次，来析"顿生灵感"说，根据这种说法，宗泰父子之所以南迁并定居宁都，是由于其在"燕闲之际"即安闲无事时突然萌生了这样的想法。稍有历史常识的人都知道，在中国古代，人们是安土重迁的，只因一个陡起的念头，并无什么特殊原因，便离开故土，千里迢迢地南迁到江西宁都定居，恐难以令人信服。总之，这几种说法或有悖史实，或有违情理，或说得含含糊糊、遮遮掩掩、不明不白。那么，卢氏南迁宁都究竟是出于什么原因呢？笔者认为，其间原因较为复杂，可能涉及卢氏的难言之隐。

在中国封建社会，步入仕途表面上是非常荣耀的事，其实如履薄冰，稍不留意，就有可能卷入统治集团内部争权夺利斗争的旋涡中而招惹祸端；此外，得罪权贵，冒犯上司，违背朝廷纲纪等，都有被罢默、惩处的危险。卢宗泰在南迁之前任州刺史，极有可能遇到上述情况之一，因而大致可以推断，卢宗泰南迁宁都是被贬逐或惧祸逃亡的结果。这样的话按照封建传统观念，卢氏的南迁至少是不体面的，因此，卢宗泰就不一定将南迁的真正原因告诉后代，或者，他的子孙后代尽管知道南迁的原因，但受"臣为君隐，子为父隐"传统思想的影响，在修家史族谱时就有意地将其祖先南迁的真实原因隐去不提，或作曲笔，时间长了，卢氏南迁宁都的真正原因就成为一个谜。

2. 卢宗泰父子南迁时间与出发地

关于卢宗泰父子南迁的时间，据上引资料一、资料二以及其他有关卢氏历史的资料，经分析考证，基本上可以确定：宗泰父子南迁的时间是713年（唐玄宗开元元年）。关于卢氏南迁的出发地点，各种资料所记不一,第一种认为是从幽州(今北京、河北一带)出发,第二种认为是从湖南桃源县出发,第三种认为是从吉安出发。这三种说法表面看来不一致,但笔者认为它们其实并不矛盾,是统一的,这三处地方分别是同一条线路上的三个点。综合各种卢氏谱牒及有关资料,较为合理的解释是,宗泰父子最初是从幽州向南进发的,他们经河南、湖北,跨渡长江,来到洞庭湖畔的桃源县;在那里住了一段时间后,他们出洞庭湖、顺长江入鄱阳湖,再溯赣江抵达吉安,稍作休整后,再东行,最终到达宁都县洛口乡(吉安到洛口走小路的话不到300华里),卢氏的南迁遂告完成。

3."啼岭分居"及公明系在南岭的繁衍

卢宗泰率其3个儿子到达宁都洛口后不久,有一天,他带领儿子们登上洛口的一座高山,他俯瞰着山下那人烟稀少的大片土地,为繁衍子孙计,他决定让三兄弟分居一地、各立门户。于是,他指着山下的三个不同方向,嘱咐其三子各居其一。兄弟三人平素感情甚佳,不愿骨肉分离,但父命难违,只好在山上抱头痛哭(这座山岭因此被称作"啼岭"),然后依依不舍地分居各处。"啼岭分居"是卢氏家族发展上的重要事件。

按照宗泰之嘱,三兄弟中,长兄公明居南岭,老二公达居麻田,老三公显居下沽。他们不负父望,辛勤劳动,家室兴旺,发展成卢氏家族中的三大系,及至清朝,据当时的统计,这三大系的人口已繁衍至3万余人。这三系中,公显系在下沽居住数世之后,迁居于南康县。公达系一直以麻田为大本营,在那里居住至今。公明系的情况与公达系有相似之处,自啼岭分居定居南岭后,该系人丁兴盛,尽管因种种原因,不时地有后裔迁居他处,但该系始终是以南岭作为祖居地和大本营的,现已传至第58代,居住在南岭的该系子弟有一千多人。在明朝时,该系分为五大房,他们分别是政凯、政瀚、政器、叔雅、政弁房,除政弁之外,以上各房都建有祠堂,政弁房之所以没有建祠堂,是由于按照该系的规定,满100男丁的房方可建祠堂,而唯独政弁这房的男丁从未到达100大关,所以至今未建祠堂。现在居住在南岭的卢氏,基本上分属于公明系下面的五大房。其中,尤以政翰这一房最为发达，现已繁衍至男丁 700 人左右，在政翰这一大房下面又分了小房，建立了支祠汉冲祠与匪谷祠。公明系所居南岭，地貌狭长且又为群山所抱，几呈封闭状态，公明及其后裔就在斯地劳动、生息，延续至今已一千多年，在那里形成了卢氏单姓村的格局。在漫长的历史岁月中，南岭卢氏作为客家人的一部分，其民俗文化具有浓厚的客家文化特色，而其中的某些民俗文化，不仅表现出客家文化特色，又具有卢氏家族文化的特征，火龙节即为其中的典型。

（二）南岭卢氏的盛大节日

在南岭卢姓人家当中，流传着一个妇孺皆知的故事。据说，清朝光绪年间，有一年的农历八月，南岭村瘟疫流行，人畜大量死亡，人们万般无奈，只好乞求天神保佑。就在这个月的中秋之夜，月光如银，洒落大地，突然，天空中出现两条赤色的火龙，它们在天上腾飞盘旋，与瘟神展开激烈的搏斗，战至黎明，终于将瘟神击败，瘟神狼狈逃窜，火龙则溶于东方绚丽多彩的朝霞之中。此后，瘟疫在南岭竟奇迹般地消失了。[①] 南岭卢氏为了表达对火龙神的感激和崇敬之情，于是在村里建起了火龙神庙，长年祭祀为民除害的火龙神。人们又认为这两条火龙是两兄弟，一个名叫火龙，另一个名叫火虎。关于火龙的传说既夹杂着神话的成分，也包含着历史的真实，反映了清朝光绪年间南岭一带瘟疫流行及南岭人民最终战胜瘟疫的历史，更流露出南岭人民崇尚正义、鞭挞邪恶的品格与追求美好生活的愿望。正因为如此，南岭人民不仅对象征正义和善良的火龙设神庙祭祀，而且在每年的中秋节期间，都要举行隆重的纪念活动，在南岭，人们把火龙神视作驱邪佑民的一方福主。在南岭，中秋节实际成为火龙节，相沿至今，火龙节已成为南岭卢氏一年中最为盛大的节日。

南岭火龙节于每年的农历七月开始筹备，八月初一拉开序幕，至八月十五中秋之夜达到高潮，次日凌晨结束，前后历时半个多月，兹

---

① 该传说由南岭村书记卢北生、退休教师卢志尧分别给我们讲述，他们两人所述基本相同。

将该节日活动的整个过程予以介绍。

筹备。据自然地形，南岭村又分为三片，即围里片（包括4个村民小组）、排上片（包括两个村民小组）、陂头片（包括两个村民小组），每年的火龙节由这三片轮流负责筹备组织。而具体负责的，又是当轮各片的一些热心的志愿者。筹备工作最主要的有三项，第一是筹款，节日活动进行之前，筹办人要将活动开支做预算，然后将算出来的金额分摊到各村民小组（陂头4组中有两组人数较少合算作1组）费用主要包括请戏团演戏的费用、竹篙火龙所需燃油的费用等等。各村民小组所需交的经费，由村民小组长负责筹集，然后交给活动总筹办人。大多数村民小组采取的是将经费平摊到各户的办法，也有少数村民小组平时有一定的集体经济收益，则由村民小组出钱，不须再分摊到各户。另外，每村民小组还要准备7根用以扎火龙的粗大的竹篙，每根约需30元，由各小组自理。第二是请戏班子，宁都的剧团有国营剧团，如宁都采茶戏团，也有不少民间剧团，这两类剧团的演出任务都很繁重，演出活动都安排较满，因此，筹办人一定要事先与剧团联系，否则会误事。有时，筹办人为了火龙节活动的需要，不辞劳苦，到外县甚至外省去请唱戏的班子。第三是火龙节活动的计划、安排。火龙节要进行哪些活动？各项活动的时间、地点、方式、负责人和参与者等，都要事先周密计划安排好。另外，戏班子演员的食、住问题也须筹办人事先安排好。

拉开帷幕。农历八月初一，南岭火龙节的序幕由儿童们拉开。是日晚，各村民小组都有一队由七名儿童组成的小分队出来活动，儿童们每人手持一个半圆虎头形竹编道具，每个虎头上分别插着数十根点燃的香，他们先后到本村民小组所有的居民家里，每到一户人家，儿童们都到该家的各个房间包括厨房转一圈，一面说些吉利的话、诸如"火虎进村、生子生孙"，"火虎进屋、有鱼有肉"，"火虎进灶前、老人变少年"等等。从初一到十五，夜复一夜。"小虎队"都到各户走一遭，每户人家则一次性地送给他们4扎共72根香，另外再给1元5角以犒劳"小虎队"，也有多给钱的。

从八月初九起，请来的剧团开始演戏，一天演两场（一般是下午、晚上各演一场)，八月十三至八月十五，每天演三场。八月初九那天清晨，即正式演戏之前，村里人敲锣打鼓吹着唢呐，与剧团部分演员一道来到火龙庙，到那里之后，先演"打八仙"，对火龙菩萨说些恭敬、吉利的话，诸如请菩萨保佑村民老少平安、大吉大利等等。然后，众人将庙中火龙与火虎菩萨小心地抬出，依旧敲锣打鼓，吹着唢呐，把它们抬到演戏的广场，在距戏台约 30 米处的面对戏台的地方，早已搭好了一个棚子，众人将火龙神塑像安置在棚内的供案上，点燃香烛，摆上供品，使得火龙神既能清楚地观赏戏剧表演，又能舒服地享受供奉。此外，人们又以同样的方式请出东岳神像和汉帝庙七太子神像，把它们与火龙神安置在同一棚内。剧团所演节目，都是古装戏，有历史剧、神话剧、才子佳人剧，内容一般都是扬善诫恶的。在此期间，各个村民小组要赶制竹篙火龙，竹篙火龙是一根长约 3 丈，围约 1 尺的巨长毛竹，毛竹竹尾上横扎着一层层的竹片，每层竹片上又扎着许许多多的火把，这些火把全用山茶油、菜油等浸泡过，以利于燃烧，扎好后的毛竹成飞龙状。

　　节日高潮。八月十五晚上，也就是中秋之夜，火龙节达到高潮。20 时左右，由八个村民小组建的七支火龙队(其中有一支火龙队是由两个村民小组联合组建的)依次来到火龙庙前的大坪上，按照抽签结果规定的顺序，各队先后进行活动。我们目睹了这一幕幕激动人心的情景。首先是由第一队活动，他们将 7 根竹篙火龙逐一点燃，然后，缓缓地将它们竖立起来，再将它们高高地举起，霎时，天空照得亮如白昼，月亮似乎也失去了光辉，七根竹篙火龙直指云天，风吹动着火苗，犹如若干条窜动着的巨大火龙在与妖邪搏斗，一百多年前的历史仿佛在这一瞬间中得到重现。远望，竹篙火龙的朵朵火焰宛似镶嵌在天幕上的颗颗明珠，整个场面，气势非凡，十分壮观。接着，队伍绕村子进行游行活动，走在队伍前面的，是手持"火虎"模具的七名儿童，他们天真活泼，纯洁可爱。紧跟着，就是主力部队，即由青壮年组成的，抬举着竹篙火龙的队伍，一般是由两个人共同抬举着一根竹篙火龙，也有的竹篙火龙是由一名精壮汉子独力高举着。队伍最后是乐队，他们敲锣打鼓吹唢呐，吹吹打打，鼓乐齐鸣，使得气氛既庄重，又热烈。火龙队伍快步前进，他们所到之处，带来一片光明。一路上，村民们以笑脸和鞭炮来迎接火龙队伍。当队伍行进到目的地时，他们就将竹篾火龙放下，斜靠在本村民小组的一些高大建筑物的屋檐上或侧墙上（一般是安放在祠堂的墙上），让其慢慢地自行熄灭。在火龙队伍游行的过程中，我们发现了这样的有趣镜头，有的抬火龙的人走着走着，突然离开队伍，径直向自己的家奔去，将竹篾火龙放置在自己的屋檐下。人们认为，火龙神可以驱妖避邪，保佑人们吉利平安，但这种"自私"的做法据说以前是很罕见的，这些年却越来越常见了，这是否反映出人们的思想观念、社会心态的变化？接下来，抬着竹篾火龙的第二队开始活动，内容和程序与第一队相同，再接着，就是第三队、第四队……七队的活动一共持续了两个多小时。在这过程中，南岭村的大小路旁，挤满了本村的和外地赶来观看的观众，人们情绪热烈，似乎沉浸在一种介于宗教和世俗节日之间的特殊气氛中。竹篾火龙的燃点和游行活动结束之后，村里开始演戏并放映电影，一直要演出及放映到次日凌晨。散场后，人们排着队伍，虔诚地捧着火龙神像，在乐队的鸣奏声中，向火龙神庙进发，到那里之后，再毕恭毕敬地将火龙神像重新安放在火龙庙中，其他神像也各安置回原处，至此，历时半个月之久的火龙节才告结束。

（三）南岭火龙节的特色

南岭火龙节是一种颇具特色的民俗节日，其特色主要表现在如下方面。

第一，独一无二的民俗节日。中国许多的民俗节日，例如春节、清明、端午等，都具有普遍意义，为全国人民共同的节日。也有一些民俗节日，并不具有全国性的普遍意义，但一般也在特定的地方区域，如一省之内，一县之内，至少一乡之内具有普遍性，而南岭火龙节却与众不同，它不仅不具有全国性的普遍意义，也不具有地方上的普遍意义。根据我们的调查结果，南岭火龙节这样的节日，其他省没有，本省的其他县也没有，宁都的其他乡，甚至同乡中除南岭外的其他村也没有，堪称是独一无二的南岭卢氏节日。

　　第二，时间长、规模大。南岭火龙节从拉开帷幕到结束，历时16天，其时间之长，不仅超过我国民间一般的节日，甚至超过我国民间最为重要的节日春节（15天）。南岭火龙节的规模之大，南岭卢氏对该节的重视程度也非同一般，节日期间，不仅南岭卢氏户户参与，人人投入，而且外村，乃至外乡都有不少的人涌入南岭，参加及观赏各种活动，外来客人多时可达数千人。该节日活动之丰富、参加者之众，场面之大，气氛之隆重、热烈，都给人留下深刻的印象。尤其是八月十五之夜火龙的燃点与游行活动，更是万人空巷，火龙队伍所经途中，挤满了观赏者。是日夜至次日凌晨，南岭村的操场上挤满了广大的观众，他们兴致勃勃，通宵达旦地观看电影，欣赏戏剧。火龙节期间，整个村子都沉浸在节日的气氛之中，在南岭火龙节的规模，气氛以及人们对它的重视程度，超过了中国民间第一大节春节。

　　第三，筹备和组织颇有可称道之处。南岭火龙节因其时间长、规模大、牵涉面广，因而它的筹备和组织是一项艰巨而复杂的任务。从表面形式看，南岭火龙节是由该村围里、排上、陂头三片轮流负责。但无论是哪一片，最终都要由具体的人去筹备和组织，那么，由什么人来筹办和组织呢？带着这个问题，我们访问南岭不少的村民，他们回答是一致的，即"有兴趣的人"。这个答案，使我们多少感到有点意外，因为据我们所知，地方上民间活动的筹办和组织者，一般是由民众推举本地德高望重的人来担任，或者推举族中辈分大的、子孙满堂的人，有的，则干脆由村里的干部出面来筹办组织。南岭的方法与此相异，它没有什么条条框框，显得简洁、明快、自然，只要你对火龙节有兴趣，并对筹办和组织火龙节的活动有兴趣，你就具备了担任该节日活动筹办及组织者的资格。既然你是有兴趣的、自愿的，一旦获得了这一资格，你自然就会努力地去工作，尽管没有分文报酬。该节的筹备者也就是活动的组织者。从该节自筹备到活动展开至结束的整个过程来看，各项工作能有条不紊地进行。南岭龙节的活动之所以能够顺利地进行，这与筹办及组织者的兴趣与热情是分不开的。

　　第四，介于宗教与世俗之间。南岭龙节无疑具有宗教的某些色彩，从火龙节的起源来看，它与关于火龙的神奇传说有直接的关系；从火龙节的过程看：往庙中去"请"火龙菩萨，把它供奉在操场的棚中，烧香祭拜，让它从头至尾地观赏所有的戏剧表演，后又把它恭恭敬敬地送回庙中，这都包含并表现出某些宗教的因素。但另外，南岭火龙节与佛、道等宗教的仪式又不一样，表现出世俗节日的某些特点。首先，该节的组办及参与者都是世俗民众，没有请和尚、道士，其次，火龙节中的某些活动，例如演戏，虽然请了"神"参加，但"神"这时也只是观众的一分子，戏台上是由世俗的演员表演反映世俗内容的戏剧节目。综所述，可以看出南岭火龙节介于宗教与世俗之间的特点。

第五，兼具多种功能。南岭火龙节是一种综合性的民俗节日，它历时长、规模大，表现出多种功能。其一是宗教功能，通过隆重的火龙节活动，满足了一些人对火龙神的崇拜心愿；其二是娱乐功能，火龙节的诸多活动，如演戏、放映电影、火龙游行等，具有很强的观赏性和娱乐性，大大地丰富了人们的精神文化生活；其三是睦亲功能，亲朋之间，平时大家各忙各的，很少有机会聚在一块，火龙节期间，南岭卢氏一般都停止各种农活，大家欢度节日，并利用这一段时间走亲访友，增进亲情友谊，南岭卢氏嫁到别的乡村的女儿，也利用这一节日，携儿带女回到南岭，既可观赏节日期间丰富多彩的节目，又可借此与娘家人团聚，其乐也融融；其四是商贸功能，火龙节期间、南岭的商贸交易非常活跃，商贾汇集，有本村的还有外村的，甚至外乡都有商贩前来做生意。贩买卖的商品也很丰富，包括布匹、衣服、日用品、水果、糕点、玩具等，五花八门，成交量也不小，仅猪肉一项，节日期间就要购买4000多斤。从某种角度来看，南岭火龙节又是一次具有一定规模的山村商品交易会。

二　赣县夏府村的宗族社会与客家民俗

笔者第一次到达夏府，就被她美丽的山水风光所吸引。然而，数年来驱使笔者多次前往该村进行采访调查的最大动力，还是其悠久的历史、典型的客家传统宗族社会结构及颇有特色的民俗风情。

（一）村落概况

夏府村是赣县湖江乡的一个行政村。湖江，以前称作浒江、府江，近代以来被称作湖江；夏府，原又被称作下釜、下浒、夏浒，民国期间改称夏府，寓"华夏天府"之意。①

赣县是赣南诸县中赣江唯一流经的县，湖江则为赣县的赣江流域中最北端的乡，湖江往北，就是吉安地区的万安县。夏府作为湖江乡的 16 个行政村之一，所处地理环境较为特殊，既便利又不便利。便利的是，该村坐落在赣江之畔，有舟楫之利；不便的是，乡政府设在赣江的另一边，宽阔的江面，滔滔江水形成夏府村与乡政治中心的空间分隔。并且，夏府村从江边往相反方向走，即由东往西，山多路隘，交通不便，稍嫌闭塞。夏府村面积约 7 平方公里，原来有 1000 多亩耕地、少许水面，后因万安水电站建成，赣江上游成了库区，水位提高，夏府的许多稻田遂成了湖泊，耕地面积仅剩 600 多亩，而水面却增至 1000 多余亩。

夏府建村于北宋天圣年间（1023—1032 年），那一年萧观德从吉安泰和迁至此建村，迄今已有近千年的历史。此后，又有刘、欧阳、李、谢、戚等姓陆续迁入。在历史上，赣江曾经长期成为南北交通的要道，而夏府滨江占据地利，明、清时期船运、商业经济颇为发达。当时，高坑庙至大湖洲之间的十余里赣江航道，怪石、险滩星罗棋布，覆舟之祸屡有发生，载货船只很难顺利通过。因而，一般的做法是，顺水而下的货船，抵达高坑庙时即把货物卸下，由挑夫沿江边道路挑至大湖洲，再重新搬上船，继续顺江北上；而逆水行舟的货船在抵达大湖洲时，即把货物御下，由挑夫挑到高坑庙，再将它们搬上船，然后，继续逆水南进。夏府的地理位置，恰好在大湖洲与高坑庙

---

① 该村处上塘村下方，村后山似釜，故原名下釜，后来，人们认为釜为覆盖之锅，不吉祥，遂以江滨水浒改为下浒、夏浒。1941 年戚坦天创办夏府中学时，寓"华夏天府"之意改为现名。

之间，且同处赣江西岸，为挑夫挑运货物的必经之地。挑夫运货经过夏府时，如果天色已晚或将晚，他们就将货物存放在夏府，自己也就住在那里。为了方便挑夫们存货与住宿，夏府人就在江边盖起了许多房屋，其中，有住房，有仓库，也有商店。有外地来的挑夫，专以挑货物为职业，则干脆在此长期租用房屋，也有外地来此自建房屋的。据当地老人介绍说，当时夏府的江岸，房屋密密麻麻，鳞次栉比，绵延数华里，呈现一派繁荣景象。据说最盛时，夏府居民曾达万人之多。在过去，夏府一带还活跃着一批纤夫，当地俗称之为"拉滩的"，在逆水行舟，浪急滩险的地段，他们就用缆绳将船拉至水势平缓之处，并因此获取船主的报酬。当时，每日在那一带拉纤的船只都有数十艘之多，因而，就有人专拉纤谋生，但以此谋生的人多了，就难免出现僧多粥少的现象，在纤夫之间发生争执、纠纷。为了协调纤夫之间的关系，有人便组建了该行业的组织：纤夫公会。公会不仅协调纤夫之间的关系，还具有一定的管理性质，它为纤夫们编排拉纤顺序，使纤夫们能够机会均等从事这项工作。当然，纤夫们也要向公会缴纳一定的费用。大约清朝后期，纤夫公会在茶亭下的河边立了一块石碑，碑文内容为公会章程，对公会的性质、权限，纤夫的权利、义务及其应遵守的规则作出了具体规定。戚齐孟先生曾经亲眼看见了这块石碑，据他介绍，此石碑有1米多高、0.6米多宽，惜此碑今已不存。由于滨江的便利，夏府各姓都自购或自建船只，从事航运或捕鱼，以此获取可观的经济收入。并且，各姓几乎都建置了自家的码头，以便泊舟及装卸货物，从南往北，它们依次是：刘家码头、戚家码头、欧家码头、谢家码头、李家码头。这些码头的遗址如石阶等至今犹存，甚至连称呼也没有改变，夏府人现在仍分别称这些地方为"某家码头"。夏府各姓码头的设置。从一个侧面反映出当时这里航运的发达。房屋的大量建造，航运的发达，又带动了夏府其他一些行业的发展，如建筑业、商业、铸造业等。夏府的传统经济仍是以农业为主，主要农产品为水稻，还盛产枣子、李子、柿子等，其中，尤以枣子著名。夏府的枣子，个大肉肥，适宜加工制成蜜枣，数百年来驰名遐远。总的来说，在明、清时期，夏府经济较为发达。夏府各姓在积极从事各种经济活动的同时，又有所侧重，形成了各自的特色。在夏府，曾长期流传着一首民谣：

> 戚家铜锣响（喻戚家常出当官的，故常有鸣锣开道的盛况）。
> 谢家金子碗（以黄金铸碗，喻谢家极其富有）。
> 萧家枣子圆（言萧家种植的枣树收成好）。
> 欧家烂板船（指欧家以航运，捕鱼为重要生计）。
> 李家李打铁（指李家善于打铁铸造）。

然而，自明末以来，有两次大的灾害，使得夏府的经济，人口损失惨重。一次是明熹宗天启六年（1626），湖江全境遭"秋疫"，俗称"人毛瘟"，有的村庄已绝人烟，夏府死于此疫者甚众。另一次为乙卯年（1915）7月上旬，赣江洪水暴涨，夏府等地沿江房屋与庄稼被冲洗一空。

夏府人也进行农产品和商品交易，现主要在赣江对岸的湖江圩（以前夏府也曾有过圩场）。少数人赴二三十里以外的攸镇圩和五云圩。湖江圩的圩市比较热闹，除湖江乡人之外，外乡镇来赴此圩的人不少。湖江圩的圩日过去很长时间为农历一、四、七，前几年改为农历单日。

夏府现分为下山塘、夏府、大街、上街、街头、下倚、姜峇、中街、下街、新屋、井畔、绣花12个自然村，姓氏有戚、谢、欧、萧、李等。夏府的居民分布态势，具有明显的血缘特征，如谢氏主要聚居在中街、井畔、新屋、绣花四地，而下山塘、夏府、大街、上街、街头、下倚6个自然村，居住的几乎全是戚家人。

夏府现共有人口1276人（据1996年年底的统计），这些人口中，欧、萧、李三家加起来总共只有一百多人，而戚、谢两姓人口相加即有一千余人（两姓各五百多人）。显然，夏府是一个以戚、谢两姓为主体的行政村。换言之，以戚、谢两姓为俗称的夏府"大姓"。笔者在夏府的田野调查，就是以戚、谢两大姓为重点展开的。

（二）夏府戚氏源流与宗族社会

为了弄清夏府戚氏的历史及其宗族社会的情况，笔者先后采访了该村的十几个人物。选择被采访对象的条件的是：第一，年纪尽可能大些；第二，要有点文化（采访谢氏亦同）。这十几个人当中，接受采访最多（也是提供有关材料最多）的人有：戚齐豪（60岁，小学文化）、戚修雍（68岁，初中文化，退休干部）、戚齐平（54岁，高中文化，小学教师）、戚齐孟（75岁，高中文化，退休的剧团编剧）等等。这些人对笔者的采访和写作帮助很大。

1. 源流与分支

夏府戚氏的祖籍是江苏省，南宋末年，戚文盛（重四郎）从江苏到粤东做官，任期未满，因时局动荡，南宋王朝摇摇欲坠，重四郎就辞去官职，打道回府，欲返江苏老家。他先从广东抵达赣州，再从赣州乘船顺江而下，欲从赣江入长江，而后由长江返故里。当时的赣江航道中，赣州至万安200余里，滩险水激，有著名的"赣江十八滩"。十八滩中，高坑庙附近的天柱滩尤为"滩之最长而险者"，它"暗伏中流，舟必三折而过，浪涌如山，震荡心目，舟人始呼天柱"①。重四郎行舟于赣江，起初还算顺利，及行至天柱滩时，突遭覆舟之难，仅以身免。因船上财物损失殆尽，重四郎无法继续北上，只好栖息于赣江岸边，居于夏府，在那里生息、繁衍，成为夏府戚氏的开山始祖。关于夏府戚氏的源流，清朝赣南著名才子，"宁都三魏"之一的魏礼有一段记述：

> 戚本卫大夫采邑，因以为氏，而其后衍于三吴。旧谱载戚衮、戚同文，戚纶皆为名臣名儒。而府江则自汉临辕侯鳃分派居吴，至宋理宗端平元年，有重四郎者刺粤归过虔州，舟覆天柱滩，乃侨寓于高坑，迨景定中始迁府江，是为府江始祖。②

---

① 《同治赣县志》。

② 《康熙府江戚氏族谱序》。

　　重四郎生有三子：长子仲礼，次子仲贤，三子仲开，其中三子仲开绝后，仲贤生元海、元达，仲礼生元吉、元德、元宝。夏府戚氏于三世时分房：元海为久大房，其后裔主要在夏府。元达为宝善房，其后裔也主要在夏府。元吉为敦本房，其后裔分布地域较广，一支在夏府，一支在赣县田村，一支迁往寻乌，还有一支远涉湖南茶陵，迁往湖南茶陵的这一支，生活在一个交通很不方便的山区，现人口已非常稀少。元德为锡庆房，后裔主要在夏府。元宝为聚顺房，这是夏府戚氏中最为发达的一房，后裔主要在夏府，也有一部分分布于田村、白杨、黄公坑等地。

　　戚氏在夏府开基之后，自 6 世起，人口有了较大的发展。自 14 世起，夏府戚氏编排了辈分字号，后裔按照字辈起名字，依序是：国家一理，敦学仁义，修齐务本，培植祖懿，正宜明道，光大名器，正承缵绪，永裕来裔。现在，夏府重四郎的后代已繁衍至祖字辈，即已传至 28 世。在戚氏五大房中尤以聚顺房人口最盛，除 14 世、15 世、16 世、25 世之外，每一世的人丁，聚顺房都要比其他房多得多；锡庆房传至第 18 世即止；宝善房现已是单传。夏府戚氏 6 至第 28 世的人口情况见下表。

夏府戚氏 6—28 世人口发展表

世次 \ 房名	敦本	聚顺	久大	宝善	锡庆	合计
6	5	26	3	4	3	41
7	10	49	13	2	6	80
8	19	74	12	4	12	121
9	22	57	17	10	13	119
10	24	70	26	13	15	148
11	47	101	27	17	14	206
12	52	96	35	42	20	245
13	42	76	41	39	31	229
14	98	86	37	13	35	269
15	77	65	18	7	15	182
16	106	91	50	11	4	262
17	72	144	13	4	1	234

世次＼房名	敦本	聚顺	久大	宝善	锡庆	合计
18	92	216	59	3	2（止）	372
19	94	214	72	2		382
20	109	247	90	1		447
21	14	272	76	1		363
22	86	292	100			478
23	72	228	88			388
24	22	210	135			367
25		173	231			404
26		150	140			290
27		67	26			93
28		5	5			10

2. 祠堂

祠堂是家族从事祭祖及其他重要活动的场所，是家族中心与精神象征，从研究的角度说它是我们了解家族社会的重要窗口。但一个家族的祠堂往往不是单一的，夏府戚氏祠堂就是一个以宗祠为核心，再加上若干分祠、若干支祠的多层次的祠堂组织系统。其中，宗祠（又被称为总祠）追远堂是祭祀夏府戚氏共同祖先的，换言之，是夏府戚姓人人都有份的；分祠，有五座，他们是久大堂、宝善堂、敦本堂、锡庆堂、聚顺堂，这是各房建立的祠堂。重四郎的后裔于 3 世分房之后，各房都逐渐繁衍发展，随着丁口的增多，各房都建立了祭祀本房祖先的祠堂，叫分祠，也称房祠。后来，各房壮大了，各大房又分成若干小房或支房，随着支房的人丁的繁衍，支房又往往建立起祭祀该支房祖先的祠堂，叫做支祠，如聚顺堂下面建立起万鹏堂，含光堂，敦仕堂，绳武堂等支祠。现在，夏府戚氏的上述祠堂绝大多数已倒塌或被拆掉，其中，保存最为完整，也是戚氏祠堂系统中历史最悠久，规模最宏大，地位最重要的是其宗祠追远堂。

夏府戚氏祠堂表

宗祠	分祠		支祠	
	祠名	建祠时间	祠名	建祠时间
追远堂（约建于明前期）	敦本堂	明万历以前		
	聚顺堂	清康熙以前	万鹏堂 含光堂 敦仕堂 绳武堂	不详
	久大堂	清同治以前	元俊堂 洪清堂	
	锡庆堂	清同治以前		
	宝善堂	清同治以前		

戚氏宗祠建于何时？其兴建的目的、倡导者与参与人、筹资方式等情形如何？这是首先要弄清楚的问题。但是，由于年代久远及资料的缺失，要搞清楚这些问题又非常的不容易。在田野调查中，笔者发现了一件颇为珍贵的实物资料，它对我们了解其氏宗祠的有关情况极有帮助，这就是明万历二十七年（1599）第一次重修戚氏宗祠的祠碑。兹将碑文抄录如下：

重修戚氏祠碑

吾族自汉临辕侯繁衍至今，历世长远，枝叶盖殷殷茂矣。向有祖祠岿然轩豁，顾门廊堂寝，制未尽备。适今子姓缴惠，先灵衣冠文武皁而济美，籍今不乘此时一加修饰，似为阙典，将孝享之谓何？头人宠辂、治宣、继秦、继魁、贤元、汝栋、宜曾、汝柏、奖清，乃涓日集前头人若治戒、继秦、贤卿、治诏、治堂、继祖、辅国、辅世、辅元、汝桂、汝椿、宜思、可继、可大、可华等相与会同立盟，议将积年所萃财谷，募工缮葺，已而谋诸合族，佥曰：唯唯，乐为从事。乃择万历己亥七月吉日兴工，二、三月间，坊牌、廊、堂寝、门壁，森然焕然，猗欤休哉！庶可以妥神灵，申孝思而昭来裔矣。其勒名于石，俱以出银多寡为次序，此仿别姓祠之通例也，并祭田土名逐一详于石，以垂不朽。

计开三班头人生息银陆拾肆两，汝栋助银壹拾贰两，汝林助

银四两，油祠堂大厅，汝桂助银四两，修天井降阶，聚顺堂助银

四两……继兴助银五钱，继祀助银二钱……

大明万历二十七年岁次己亥仲冬月吉旦

头人宠辂、治宣、继秦、继魁、贤元、汝栋、宜曾、汝柏、

奖清

同立碑

十三世孙可仰书丹　　　　吉螺川邹桂勒石

根据此碑文，再结合采访当地老人所获取的材料，我们可产生以下几种认识。

第一，重修祠堂的目的，亦兴建祠堂的宗旨为"妥神灵，申孝思而昭来裔"，即妥善安置祖先神灵，表达族人对祖先的孝心与怀念，以此昭示启迪子孙后代。

第二，戚氏宗祠的第一次重修时间是明朝后期（万历二十七年），依理，重四郎之开基夏府，至宗族的繁衍、宗祠的兴建，宗祠的兴建至重修，都应有一定的时间距离，因此，我们可大致推断，夏府戚氏宗祠的兴建时间为明前、中期。

第三，戚氏宗祠重修工作的组织者。戚氏宗祠的重修是在"头人"的倡导和组织下进行的，此事先由头人们商议并"会同立盟"，然后"谋诸合族"，继后组织实施。所谓"头人"，为族中德高望重者或政治地位高，或经济实力雄厚的人。"头人"不是一人，而是一个群体，为族中大事的决策者，每个大房一般都有头人。

第四，重修祠堂的投资方式。据碑文可知，戚氏宗祠重修工程的资金来源途径有三，一是发族中积年所萃财谷，即动用族中多年积聚的钱物，包括头人们经营族中资产的"生息银"；二是个人捐资，其中，有的人捐助一定的银钱而已，也有的人既捐银钱，同时还承担部分工程的费用，例如，汝林除捐银外，还油漆祠堂大厅，汝贵除捐银外，并修整天井降阶；三是族中各房捐资，诸如聚顺、敦本、久大、

宝善等房，都以该房的名义捐助了资金。

第五，碑石上捐资者排名的顺序，不是按地位的高低，也不是按辈分的大小，而是按出资的多少，这是"仿别姓祠之通例"，而"仿别姓祠之通例"句，反映出当时在夏府一村或周围地区，各姓祠堂已为数不少，并且在修建过程中互相影响。

戚氏宗祠追远堂坐落于夏府景色秀丽幽雅之处，近濒碧波荡漾的赣江，远眺峰峦叠嶂，气势雄伟的群山。据当地老人说，建造该祠堂时曾先后请了三次地理先生，前两位所择地址不甚理想，第三位选择在此处，族人皆大为称道。该祠堂经民国初年最后一次重修后，气派十分宏大，它包括上、中、下三大厅，上厅设有神台，是祖先牌位的供奉处，中厅与上厅仅为一板之隔，每年春冬祭祖时就把隔板抽掉，上、中、下三厅便浑然一体，形成壮观的场面。下厅建有戏台，下厅的两侧各有楼梯登上二楼，二楼设有看戏的包厢。中下厅之间是天井，厅的两侧还建有堆放粮食、祠产的仓库，并备有几间供守祠人居住的寝室。与上厅一墙之隔的厅外，还建有存贮族人棺材（当地人叫"寿木"）的大房间。追远堂的占地面积达到 2093 平方米，可容纳上千人从事祭祖或其他活动。戚祠宗祠的建造用料也十分讲究，整栋建筑为砖木结构，砖为上等的青砖，木料也是精选的优质木料。最不寻常的是祠堂内的大石柱子，祠堂上中下三大厅共有 20 根柱子，这些柱子每根高 6 米左右，直径超过 60 厘米，一人不能合抱，它们采用完整的石料。据戚姓老人介绍，这些石柱子是在百里之外的兴国订购的，在兴国开采制成之后，经贡江入赣江再抵达夏府戚家码头。由于这些石柱既粗又重当时又没有任何机械运输设备，因而每根石柱都是由戚姓 36 名青壮年从码头抬至祠堂工地。在夏府也流传着一个故事，说是装载石柱的船到达戚家码头时，人们望着既粗大又沉重的石柱发呆，根本搬不动，这时天色已黑，人们只好离开码头回家。不料，第二天一大早，人们惊奇地发现：20 根石柱子已整整齐齐地堆放在祠堂工地上。

为了祭祀祖先以及族内其他活动的需要，戚氏宗祠还置备了许多器用物件，下面是一份清朝同治七年的追远堂物品清单：

台子三十张，沙灯二对，饭碗 248 只，杯子 244 只，酱油碟 248 只，小碗 60 只，合龙一担，吊灯二对，大塘锅 3 口，铺丁 3 口，火钳 1 把，上仓跳板一块，租桶印盒秤升一副，扛丧棍一根，锅盖大小四个，簟互 5 条，木茶桶一个，昭告 8 本，板凳 120 张，筷子一百只，大碗 247 个，盘 120 只，调羹 244 个，小碗 120 个，铜锣一面，炉甄 3 个，酒海 3 把，铁灯盏 2 个，锅铲 1 把，谷仓 2 只，小把桶 2 个，麻绳 1 根，莱盘大小 2 个，楼梯 1 张，水缸 2 个，故事架 2 个，铣条 2 根，三天架一副，书盒 1 个，大香炉 1 个，铁刨 3 个，戏台 1 只，条台 2 张。①

一般来说，这份祠产清单已够详细了，大到戏台一座，小至麻绳一根，都列入了清单，似乎是"纤巨靡遗"。但仔细分析，它还是有遗漏的地方，例如，祠堂最重要的功能就是安置祖先神牌和祭祖，但清单中却没有祖先的神牌。据报告人回忆说，以前，追远堂的神主牌位规模很大，在上厅的神仓内，陈列着戚氏在夏府的始祖重四郎的牌位，神室上则陈设着五大块牌位，他们分别是五大房祖先的牌位（久大、宝善、敦本、锡广、聚顺五房）。而其中，每一房的牌位又分隔成几个格子，每个格子代表该大房中的一个支房，格子内装着许多小排位，他们是该支房的列祖列宗的牌位，一面写着名字、生卒年等。又如，清单中列有饭碗却没有筷子，俗话称，"碗筷"，光有碗没有筷，怎么吃饭呢？不过总地说来，这份清单对我们了解戚氏宗祠的情况以及戚氏的家庭活动，还是具有重要的资料价值，例如，我们从"饭碗 248 只，酱油碟 248 只"等可以推想，当时戚族在宗祠举行宴会，最多时可容纳 248 人同时进餐，如 10 人一桌的话，可摆设 20 多桌；又从"铜锣一面"我们可以推断，以前，戚氏在祠堂举行重要活动前，常常"鸣锣聚众"。遗憾的是，经过一两百年漫长而动荡的岁月，这些祠堂物品已基本不复存在，当笔者第二次赴该祠堂进行考察时，有一个意外的收获，即在祠堂的一个角落里发现了清单上所列

---

① 《同治府江戚氏族谱》。

的古老的大香炉。

上述器用物品，作为祠堂的硬件，在戚氏的宗族活动中是必不可少的；另外，祠堂的软件：祠堂对联，作为维系宗族内部团结的纽带，激励后代进取的精神支柱，也是至关重要的。兹辑录戚氏宗祠的部分对联如下：

联一：堂基开宋代，昔自苏州分派；世系出临辕，频看赣水发祥。

联二：由粤解组而归，道经十八滩，只因择地开基，分得章江秀气；

自宋安居之后，丁逾千万指，叠出名儒良吏，足称贡水世家。

联三：粤东政显，虔南基开，当年燕翼贻谋孙系子尊昌族姓；

堂寝奎聊，门栖壁映，尔日鸠工告集春繁秋露告馨香。

联四：先人从宦海归来，历十八滩险阻风涛胥宇属天成，叠见名门生异彩；

此地有章江回抱，荐千百代馨香俎豆开基由仕籍，须教饮水共思源。

联五：联血族崇尚武精神宝纪新书勿忘祖烈；

承先志辅右文治理儒行经藉蔚为国光。

联六：世系承汉代侯封，凡为政治，为教育，为实业，克宏先绪；

祠宇据赣江形胜，统曰鳌口，曰天柱，曰努机，环聚大观。

联七：祠宇鼎新绍起鸿图崇世德，宗支衍庆重开骏业焕人文。

追远堂的对联，成于清朝末年，对联所述内容，对于我们了解和研究夏府戚氏的源流，家族历史及家族精神，均有一定的价值。这一系列的祠堂对联，概括起来，叙述了如下三个方面的内容。其一是追溯戚氏源流。联一与联三把戚氏的世系追溯到汉代，"世系出临辕"、"世系承汉代侯封"都是说的同一个意思，即把临辕侯视为戚氏始祖。临辕侯即戚鰓，西汉初年人，汉高祖十一年被封为侯，这在《史记》中有记载，[①] 夏府戚氏认为他是汉高祖戚夫人的父亲。西汉戚鰓与夏府戚氏是否有血统关系，因年代久远，资料缺失，实际上已很难考证了，然而夏府戚氏却一直是这样认为的。至于对联中的"堂基开宋代"、"赣水发祥"等句，叙述了宋代戚氏在赣江江畔的夏府开基创业的历史，应是可信的，它与作者在调查中所得的族谱、石碑、口碑等资料相吻合。其二是论说宗族发展，讴歌祖先功绩。联二指出，夏府戚氏"自宋安居之后，丁逾千万指"，说明了戚氏宗族人口繁衍的盛况，这并非夸大之言，从表中可以看出，夏府戚氏从1至28世，仅顺聚一房就繁衍了人丁3019口，五房共计繁衍人丁5750人。对联中"粤东政显"赞美其夏府开山祖重四郎在广东任官时的政绩，"叠出名儒良臣"，"叠见名门生异彩"歌颂了戚氏列祖列宗的功绩和荣耀。其三为勉励族人继承光大祖先事业，例如，"承先志"、"勿忘祖烈"、"蔚为国光"、"克宏先绪"、"绍起宏图"、"重开骏业"等句，就强烈地表达了这种愿望。追远堂的一副副对联，犹如夏府戚氏简史，对戚氏源流作了扼要的叙述，同时，又反映了夏府戚氏宗族的承祖绍业、自强不息的精神。

除戚氏宗祠追远堂之外，聚顺堂是唯一的，也保留得较为完整的夏府戚氏祠堂，它是三世元宝这一房的后裔为祭祀本房祖先而建的。从外表看，它与追远堂差异不明显，似乎是追远堂缩小了的模型（建筑面积约相当于追远堂的3/4强），但值得一提的是，也是该房人颇为自豪的是，聚顺堂中有孙中山先生于1920年为该祠重修所题的对联。

3. 人物

重四郎文盛公开基夏府后，安居乐业，子孙繁衍。重四郎本人是学而优入仕的，该族继承乃祖遗风，重视读书，于是，该族"繁衍硕

---

① 《史记》卷18。

大，文章理学，代有文人，遂为赣江望族"。重四郎后裔中，中举入仕的，也为数不少，形成戚家"铜锣响"的盛况。夏府戚氏所出人才中，"或有政绩，或名儒，或有懿行文名，为学者取则焉"兹列举部分显著者如下。

第 9 世嗣孙万鹏公，授镇江经历，"以才能稱"。

第 12 世嗣孙汝栋，任福清县尹，为政清明廉洁，体恤百姓，为民造福，百姓深爱戴之，在他死后，百姓为他建祠，常年祭祀。

第 13 世嗣孙可大，官至朝廷兵部赞画郎，刚直不阿，一身正气，为朝野所称道。

第 14 世嗣孙戚斌，在康熙年间担任漕运官，尽忠尽职工作，业绩甚佳。

第 21 世嗣孙义龙，热心教育事业，于清末民初创办"瀹智学校"以其办学成就获地方政府嘉奖。

第 22 世嗣孙修祺毕业于暨南大学，后赴南洋，历任中华中学校长、《中华日报》主编。鼓吹、赞助民国革命，享誉海内外。1929年，他以南洋华侨总代表的殊荣，率领各地首领，归国参加扶送孙中山先生灵柩由北京至南京的奉安大典。

第 22 世嗣孙修存，保定军校三期生，曾先后参加北伐战争和抗日战争，任南京陆军军官学校工科教官、主任，著《轻浮桥筏之研究》等书，为著名的军事工程专家。

在夏府戚氏中，人们最津津乐道且引以为豪的人物是大名鼎鼎的民族英雄戚继光。

一般认为，戚继光祖籍山东，这应该没有疑问。问题是，戚继光的祖先是自古以来一直在山东抑或是在其他地方，后来迁至山东？在访问时，夏府戚氏大多数人认为，戚继光的祖先亦文盛公的后裔，是从夏府迁至山东的，族谱中又有记载，不会错的。

带着这个问题，笔者查阅了《同治府江戚氏族谱》，该族谱完整地保留了康熙戚氏族谱中的一段资料，即 14 世孙戚斌的"序"。戚斌写道："康熙七年，予因漕运北上于通州故衣铺，遇一长者，询予乡贯，予答以江西赣州，长者又问赣县戚家，予答曰，吾即戚姓。长者云，我祖亦赣县戚姓，即引予至其家，出见其子，曰我字光乾，祖在高楼，为木工，缘事戍定边卫，先朝住张家湾南门城内，族有庠士十八名隶通州学，本朝基址地亩悉为皇庄，故族人散居本州石壩及烧酒胡同前门外。我入教门幼时，戚将军继光来京寓我家，语我父曰，吾祖世职登州，尔祖戍定边，今虽异处，原同一家。及予赴郡考察，又遇光乾之子于赣州会馆，亦备述如前。予思长者殷切相告，实有同条共干之谊，为吾族属无疑也。"又据戚氏族谱，重四郎次子仲贤，仲贤次子元达，元达长子均福，均福生以荘，以荘第四子明德"明初从戍立功，徙居山东登州"。魏礼则在《戚氏族谱序》中说得更明了："明嘉隆间有太保继光者，所至立勋，庸著戚氏新书，亦府江之苗裔也。"

从上述材料中，似可产生这样的认识，重四郎的后裔明德于明初离开夏府，从戍于山东登州，此后遂定居、繁衍于斯地，戚继光乃戚明德的后代子孙，因此，亦夏府戚氏之苗裔。但对于这种说法，山东方面却不以为然，看来要彻底弄清戚继光与夏府戚氏的关系问题，尚待做进一步深入细致的考证。

4.族田与族规

族田　为了进行祭祖及其他宗族活动，夏府戚氏从明代开始购置田产，以其田租收入来充作活动经费，这些田产叫田族，又称祭田、公尝田。至康熙四十年时，夏府戚氏所置田产已颇具规模。族田的购置是以大房为单位进行的，兹将这一年敦本堂所拥有祭田的清单列举如下：

乾道公享祭田街亭滩角四担五斗，石垄坑三担五斗，龙岩口二亩，水冲无收；汝槐公享祭田街亭上边田一担五斗；汝相公享祭田街亭大坑尾二担，荒；汝栋公享祭田对河花园内租三石、租五担；可佳公享祭田花园内过水丘租三担；可人公享祭田街亭炉古芜租一箩，可亲公享祭田街亭角背坑口坝上租一箩、湖背刘坑口租二担五斗，可育公享祭田正葩提篮前租一担；国善公享祭田桐角湾租二担；汝桂公享祭田街亭满坳租二担、罗塘排租三箩；

可佳公享祭田街亭布坑口租二担五斗；汝材公享祭田街亭下桥租
五担；可言公享祭田白羊良背峇租二担；可迪公享祭田街亭清禅
寺前租一担；三烨公祭田街亭下垄里租一担；国臣公享祭田社园
洞溪边租二担。①

将上列数字相加可知，敦本堂在康熙四十年时族田的田租收入总
共为 48 担。其他各房的情况：锡广堂拥有族田的田租收入为 173 担，
聚顺堂为 81 担，久大堂为 25.5 担，宝善堂为 133.5 担，共计
461 担。

这几百担租谷的族田，绝大多数为大房所购买，少数为族人贡
献，有一个特例，花园内虎行地的一块族田，被国柱等人偷偷卖掉，
后被族中发现，予以重罚。在清乾隆年间，夏府戚族由于一个偶然的
重大事故，使得该族族田丧失殆尽。据《府江戚族新置田租引》：
"迨至乾隆年间，漕运北上，船遭淹没，竟将祠上祭田运田变赔船米，
仅留祠前土及左边园内土数块，中村租三担。春秋祭祀数十年不能一
举……"戚氏在历史上迭出掌管漕运的官员，但在乾隆年间，戚氏负
责的漕运船队运气不好，在北上途中遭覆舟之难，致漕粮损失。这件
事非同小可，责任重大，戚氏不得不将族中祭田变卖赔偿，以减轻罪
责。这样，戚氏数百担田租的族田就易为他姓。祭祖活动也因此多年
无法举行。后来，戚氏苦心经营，在积蓄了一定的经济实力之后，又
购置了数百担田租的族田。与原来的族田相比，新置族田所在地离夏
府更远，有的还在十数华里之外，如蛇坑、坑尾、鸡爪坑等处。另
外，在所置的新族田中，有的还注明"便饭一席"、"东道一席"等
字样，对此笔者不解，遂向戚氏老人请教。他们告知说，戚氏所购族
田都是租给人家耕种的，戚氏收谷而已，表明"便饭一席"的租田，
意为每年戚氏去收租时，承租人要招待收租人一顿便饭，"东道一
席"的意思与此类似，所不同的是，招待收租人的这顿饭要做得更加
丰富、像样。及至民国期间，戚氏的族田又大为增加。20 世纪三四

① 《同治府江戚氏族谱》。

十年代时多达 1000 多亩，远至攸镇、沙地、石莞等地都有夏府戚氏宗族的族田，该族的经济实力不可谓不雄厚矣。戚氏族田是采取以房为单位轮流管理的形式来进行管理，戚氏五大房中，每房又分别有若干个支房，每个支房轮流管一年。族田平时租给他人耕种，所谓管理，主要是收取租谷的工作，这项工作一般要从秋收以后延续到冬至。据在民国期间参加过这项工作的戚修雍老人回忆说，那年秋收之后，他和另外两人代表聚顺堂的支房含光房去各地收族田的租谷。三人中，一人负责联系，一人管账，一人挑着秤和石灰斗子。每到一处，在核实好应缴纳的租谷数之后，就请承租人把应缴的租谷挑来，用秤称好，再用石灰斗子在这堆租谷上印上"戚"字，作为标记。如果在距夏府村近的地方收租，所收到的租谷就请人挑至戚氏祠堂的粮仓，如果在距离夏府村远的地方收租，收到的租谷就在当地卖掉，一般是卖给米行的收购者。几个被采访人都直率地对笔者说，收租谷这项工作很辛苦，但也能获得不少好处。依族中惯例，收租者在当年收到的租谷，除留开族中祭祖，办学、赈济所需等项开支外，其余的就归几位收租人所有。当然，这样的好事很难轮到，一个支房平均要几十年才轮到一次，而一个支房中又不可能人人都去收租，当轮到某一支房负责该年收租时，这一支房往往采取内部协商或抽签的方式，确定 3 至 4 人为具体的收租者。

　　族规　族田是一个家族的经济基础，而族规是一个家族的精神体现，夏府戚氏制定了较为严厉而系统的族规，其族规序言说："且父兄之督责不严，则弟子之放肆愈甚，况属在族党子姓繁多，尤约束匪易，究将何说以处此，由是特撰家规十二条，无精微义、无隐僻语，总期家喻户晓，代代相传，勿视此为具文也。"明确表示要通过制定家规来约束日益繁衍的家族子弟。戚氏族规共 12 条，其中，大多数内容强调的都是遵从封建的伦理道德礼俗，表现出较浓厚的传统的守旧思想。例如，第六条"遵正道"提出："礼义廉耻人所钦崇，娼优隶卒人所羞恶，而乃有不肖子弟舍正而务邪，舍贵而为贱者，礼义廉耻之心丧之无有矣，此尚得以为人乎？合族攻之，除送官外，永不许入祭。"这里把唱戏的、当仆隶差役的视为下贱职业且与妓女相提并论，把"舍贵为贱者"视为丧失礼义廉耻者、不可为人者，不仅要送官治罪，还要将他们摒逐族外，不许他们参加祭祀活动。当然戚氏族规中也非全是落后守旧的东西，有的族规也隐含着某些积极的因素，如"隆教学"条写到"学校本教养人才而设"、"嗣后宜隆师重道，延宿学之儒，择端方之品，朝夕追随，另期有获"，表现出重视人才培养，尊师重教的思想。

5. 宗族活动

在过去，夏府戚氏经常性地有一些宗族活动，其中，较为重要的有如下面的几个方面。

祭祀祖先　祖先是宗族之本源，也是联结宗族内成员之间的纽带，其卓越人物又是宗族的精神象征。因而，祭祀祖先活动就成为宗族最重大的活动之一。

夏府戚氏大规模的祭祖活动，每年两次，于清明日和冬至日在宗祠举行。举行祭祀活动之前，族中丁众要按尊卑次序在祠堂中、下厅站好，上厅则陈列放置祖先牌位的神台。神台前面摆着供桌，供桌上有十几碗食品。祭祀活动开始后，首先由礼生念祝词，接着，主祭官将一碗碗食品从供桌献到神台，每献一碗，他都要跪下，陪祭官与众人也要跟着跪下，叫"跟拜"，将所有的食品献完之后，礼生将祝词焚烧，祭祖活动即告一段落。接下来，参加祭祖活动的所有族众，都可参加祠堂出资举行的宴会，宴会很丰盛，每桌一般都有十几大碗菜，按戚氏规矩，妇女是不能参加祠堂祭祖及此后的宴会的，但也有一种情况可以例外；即抱着男孩的妇女，可参与祠堂的宴会。

编修族谱　编修族谱是为了"考古而论今"、"别同异而变亲疏"，以"明一族之世系，辨一族之尊卑，别一族之长幼，定一族之亲疏"①，因此，编修族谱也是宗族中的一件大事。夏府戚氏最早于何时编修族谱，具体年代已不可考，但可断定在明万历以前，戚氏就编修了自己的族谱，因为万历年间，戚氏已进行了族谱的重修工作

---

① 《同治府江戚氏族谱》。

（见《戚氏续修族谱述引》），此后的族谱重修工作具体可考的有康熙四十年、同治七年两次。时隔一百多年后，1996 年开始，夏府戚族在戚修朝老人的主持下，重新编修族谱，这次编修，打算将同治族谱的资料基本保留下来，再增添新的内容，这项工作将于 1998 年内完成。

兴学奖学　夏府戚氏对本族子弟的教育培养颇为重视，希望通过读书，造就出一批有出息的后代，以光宗耀祖、提高宗族地位。据几位年长的报告人介绍说，他们从其父、祖辈那里得知，在以前的很长时期中，戚氏宗族设立了一个供其子弟读书的地方，地址在村子靠江边的地方，名称叫"老书馆"。据说老书馆为一栋 4 扇 3 间的建筑，戚族子弟在厅堂读书，房间为教师生活、居住之处。那里树木茂盛，风声、树声、读书声为那里的一大特色。学生读的主要为启蒙读物以及《四书五经》，多少要交一点学费，教师的报酬为一年 8 吊钱，大概可买 20 多担谷子。后来在 19 世纪末（清光绪年间），该族又建起了一所小学，这所小学的名称是"瀹智小学"，"瀹智"意为长知识，通智慧，学校名称寓宗族期望。瀹智小学的校址就设在宗祠内，这既有经济上的考虑，也有"托祖宗洪福神佑，保子弟学有所成"的意愿，学校的学生基本上是戚家弟子，学生一律免交学费，学校经费由祠堂开支（主要为祭田的田租收入）。此外，戚家的外甥，经宗族同意，也可免费在该校就读。瀹智小学按学生年龄的不同分为初级班和高级班，所采用的教材，起初主要是"四书五经"之类，后来，采用国民政府教育部规定的课本，开设数学、国文、美术、音乐、军事等课程。学校聘请的师资，要求一般都比较高，例如：在民国期间曾长期担任该校校长的戚修辉先生就是著名的"两江师范"毕业的高材生。该校教学较为正规，教师教学认真，对学生要求比较严格，办学取得一定的成绩。在清朝末年民国初年，赣州府及赣县的官员曾亲临视察该小学，视察结果较为满意，并特此给该校的全体学生每人奖励一套衣服。20 世纪30 年代，以夏府戚氏牵头并作为主体联络其他几姓，共同创办了夏府中学。该中学建在距祠堂不到 1 华里的赣江之畔，校舍为崭新的砖木结构的两层楼房。在当时的历史条件下，一个村能拥有这样像样的中学，在赣南乃至在江西省，都是不多见的。夏府中学聘请了高素质的教师来校任教，其中有国内名牌大学的毕业生，如李文江先生等，学校采用政府教育部规定的教材，实行正规教学，严格管理，生源则不限于本村。当时该校在社会上已有一定的名气，远在他乡的如沙地、攸镇等地都有不少学生来就读，甚至连赣州城都有市民的子弟前来该校求学。除兴办学校外，戚氏还对本族学习成绩优秀的弟子采取奖励措施。例如规定：对县考入学的弟子一年给予12担稻谷的奖励；考中秀才的，一年奖励24担稻谷，中了举人的，一年奖励50担谷子；考上大学的，奖励100担谷子。例如，1947年戚齐震考取中山大学，族中当年即奖励他稻谷100担。通过这些措施，来激励弟子好学上进的精神，使本族造就出更多的人才。

议事"整伦"　夏府戚氏如遇族中大事要商议。一般是由族长召集各房头人到宗祠开会。会址在宗祠，这是因为一来宗祠宽敞明亮，桌椅齐全，便于开会；二来它是祖先神灵的安放地，是宗族的政治中心，在祖先神灵前议事决策，更具合法性、权威性。议事内容包括祭祖活动的安排，祠堂、祖坟的维修，族谱的重修，祠产的管理处置，族中教育、赈济、族内矛盾，本族与他族的纠纷以及突发事件的处理等等。开会时间是不确定的，有事则议，无事则散。

每年冬天，在族长的主持下，戚族要在祠堂进行一次"整伦"。

所谓"整伦"，即整治族中伦理纲纪，检查族人有无违背伦理、触犯族规的行为，如不孝敬父母，为盗为匪，淫荡乱伦等劣迹。对有上述行为者，轻的用板子打屁股，重的逐出祠堂，开出族籍，最严重的施以"沉塘"刑罚，即将犯者捆绑手足，装入一竹笼子，将之沉入塘中，不过，这种刑罚极少施用。在清朝末年，一族人因偷盗成性，激起民愤，被宗族"沉塘"处死。在民国后期，一族人被发现有乱伦行为，族长与头人已商定，对他实施"沉塘"刑罚，但因走漏了风声，那人畏罪潜逃，族长派人前去捉拿归案未获。

在过去，夏府戚氏由于其族人甚多，经济实力雄厚，又出了不少显赫人物，在政治上具有一定的势力，因而，该族成为当地名副其实的大族。其他姓的人不敢欺负戚姓的，甚至娶戚家女儿为媳妇都得小心，如果出现丈夫或丈夫家人欺负戚姓媳妇情况的话，就可能要惹麻烦。戚修雍老人给笔者说过这么一件事，在民国期间，戚家一位姑娘嫁给邹坪赖氏作媳妇，因受了这家人的欺负，她回到娘家向族长哭诉，族长听了大怒，带了几十人，背了十几杆枪来到这家，这家人见状吓坏了，赶紧大摆酒席，赔礼谢罪方了事。

（三）夏府谢氏宗族概况

谢氏是与戚氏齐名的夏府另一大族，也是笔者在夏府进行田野调查的另一个重点，下面是笔者通过调查所了解到的夏府谢氏宗族的基本情况。

1. 源流与分支

谢氏是何时、因为什么来到夏府定居的？带着这个问题，笔者采访了夏府村的谢先燕老人（70 岁，初中文化），他说，谢家是因为金兵南侵时从北边逃来的，当时是逃荒到夏府，后来见这块地方好，就在这里开基定居了。据康熙《浒江夏氏族谱》：

> 今浒江谢氏之初祖端卿也，独是端卿当金人南下，中原鼎沸之际，隆兴初举家南走，乱离播越，止居兹土，开垦基业，以贻子孙。

可知，谢氏是在南宋隆兴（1163—1165 年），因金兵入侵而迁到夏府定居的，其在夏府的开山祖是谢端卿，亦即谢氏所称的"端卿公"。那么，谢氏是从什么地方迁徙到湖江夏府的呢？笔者采访的不少人都认为，谢氏是从江苏迁过来的，其实，问题并不那么简单，据道光《浒江谢氏族谱》。

> 谢氏因申伯封于谢，自是申伯之子孙遂以地为氏，谢之得姓在此。余族于晋时世居江左，后有奉直大夫能轩公讳蕙致仕，卜居辛里，殁葬庐陵四十都马子岭乾亥山巽巳向……至八世孙廿二郎端卿公甫徙居赣邑浒江。号端卿公，为浒江之始祖。

又据乾隆《浒江谢氏族谱》：

余姓本金陵望族，分徙吉安，而赣邑浒江之有余姓，由端卿公于南宋隆兴元年自吉而南，卜居斯地也。

根据上引两条材料可知，谢氏是因申伯封于谢而得名，其最初的居住地就是谢（在今湖南省境内）。后来，谢氏的一支迁到金陵（今南京）成为望族，再后来，金陵谢氏的一支南迁到江西吉安，最后，谢端卿于南宋初年从吉安迁徙到湖江夏府定居。

端卿公开基夏府之后的前几世，子孙并不繁衍，端卿单传至谢实，谢实单传至谢仲云，谢仲云娶妻钟氏，生育四子，这四子中，三子朝叔又生四子，而朝叔第四子安仁再生七人，谢氏宗族渐渐繁盛。现在，夏府谢氏已传至 30 世。

2. 祠堂

夏府谢氏自元末以来，宗祠、分祠、支祠迭有兴建，数量繁多。

宗祠　夏府谢氏宗祠为报本堂，是其为祭祀共同祖先而建立的，也是夏府谢氏开基祖端卿公的后代人人都有份的祠堂。明末陈梦魁写了一篇《祠堂记》，对报本堂的情况做了比较详细的叙述：

　　谢氏自端卿于隆兴间来居浒江，更数世，历两朝，子姓虽繁而清宁无几，所以祠堂之制未有举行。至明正德十二年而英振，虬龙，崇质，茂兰辈始倡其谋，择地建祠，以妥先灵。然其时屋宇基址犹尚草创而狭隘，越嘉靖四十五年，族孙乔穆等见祠制未宏，历久将倾，乃将已制田产多方通易以全美景。于是乃纠合通族妥议捐助，鸠工贸工，鼎建厥祠。其祠以后一截为堂，更截后一架为五龛室，堂之前扁则礼序乐和也。由堂而下为阼阶为西阶，左右翼之以庑，中则界以红石栏杆，池径出则为中堂，堂之上横隔以宝壁，壁上则颜以荣膺鱼佩。东西各有户出入，此祠制也。祠成，名之曰"报本"，盖报本者，乃其宗祠之旧名，取报先人之义也。祠既成矣，祭祀宜举，于是乔穆乃与诸君稽拟著为谢氏春秋祭录，其祠中祭祀以端卿居中，以合族之高祖居右，祖居左，考居右，相向以次而南，考

或当昭，则妣之主从焉，考或当穆，妣之主亦从焉，所谓堂事
也。正龛中以端卿为始祖，百世不迁，以宗子之高祖居右，祖
居左，考居右，为小宗易世以次而祧左龛，则群昭之主在焉，
右龛则群穆之主萃焉，此所谓室事也。时祭之外，又定为月朔
焉新之礼，生子告庙之仪，正至释采之制而文公家礼约略举行
矣，若乔穆诸君子诚仁以率亲义以率祖者乎！后之子孙谨志之
不忘则幸甚，是为记。

　　崇祯十年

　　陈梦魁①

　　这篇记文，对谢氏宗祠的建祠时间及倡导者、祠堂重修情况、祠
堂的建制、结构，乃至祠堂中祖先神牌的摆设、荐新、告庙礼仪等都
作了记载，是研究夏府谢氏祠堂的重要资料，但这里有几点须引起注
意，第一，文中说报本堂之初建是明正德十二年（1517 年），而根据
《报本堂记》，报本堂的初建年代是明永乐二年（1404 年）是由端卿
公的 6 世孙定甫等人草创的。明正德年间的建祠工程，实为择地重
建。第二，文中所描述的祠堂建制规模，是明嘉靖四十五年再次重修
后的状况，此后，报本堂在清朝又数次重修，这几次重修，祠堂基址
再未改变，而祠堂的规模却越建越大。现在所见谢氏报本堂，是民国
初年的最后一次重修的产物，其建制规模宏大，蔚为大观。祠堂共分
为上中下三大厅，上厅陈放祖先神牌，中下厅为祭祖、议事、宗族聚
会的场所。祠堂宽约 25 米，长 40 多米，整个祠堂建筑面积达 1000
多平方米。该祠堂在抗日战争期间，曾被政府征用作为制作武器的兵
工厂，后不慎失火，祠堂的一部分被炸毁。现在的报本堂，人们尚能
见其建制规模而不能窥测其全豹。

　　分祠：夏府谢氏 4 世而分房，后来，这些房全部建立了该房的房
祠，亦即分祠，以祭祀本房的祖先。这些分祠分别是：毓秀堂，这是
仲云长子明叔房的祠堂，建成于明成化元年（1465 年），祠名取"山

---

　　① 《道光府江谢氏族谱》。

川钟灵，天地毓秀"之意。吉聚堂，这是仲云次子英叔房的祠堂，建成于明嘉靖二年（1523 年）祠名取"吉星聚于斯族"之意。立爱堂，这是仲云三子朝叔房的祠堂，建成于明崇祯七年（1634 年），祠名寓"立仁爱孝敬之心"之意，孝思堂，这是仲云四子文叔房的祠堂，建成于明成化十五年（1479 年），祠名寓孝敬父母，思念先人之意。

支祠：谢氏在分房之后，其各房的发展情况又不一样，有的房人丁兴盛，支派蔓延，遂于房之下再分房，是为支房，而支房发达了，又往往会建立支房的祠堂，以祭祀该支房的祖先，是为支祠。兹举朝叔房下的若干支祠为例，庆远堂，这是朝叔房下的支房桂林房的支祠，建成于明弘治十一年（1498 年），祠名取《周易》"积善之家，必有余庆"和《尚书》"唯德动天，无远弗届"之意，来燕堂，这是朝叔房下的支房安诚房的支祠，建成于明嘉靖四十三年（1564 年），祠名取自《诗经》"公尸来燕"句；思亲堂，这是朝叔房下的支房安仁房的支祠，建成于明嘉靖二十年（1548 年），取思念亲人之意。这三座支祠俱崇奉第 5 代。

在夏府谢氏祠堂中，有一个较为特殊的祠堂，这就是"敦五堂"。敦五堂是夏府谢氏所有祠堂中兴建最早的，它建成于元大德四年（1300 年），兴建者是端卿公的单传嫡系孙谢仲云。谢仲云不仅建构了该祠堂，还在该堂完工之后写了一篇《敦五堂记》。陈述他建该堂的目的和经过，他认为"五行者天地之运，五伦者人道之经，天地不离五行，人独可离五伦哉！"因此，他给这个祠堂取名"敦五堂"，寓维持五伦、不忘祖先之意。至明代，夏府谢氏建立了比较正规的宗祠，不少房和支房纷纷建立起分祠与支祠，敦五堂的性质就成了一个比较复杂的问题，它既不是宗祠，更不是分祠与支祠，后来，人们一般就视之为"月江公祠"（谢仲云，字月江）。

谢氏对其祠堂及其祠产的管理较为重视，尤其是宗祠，雇有专人在那里照管，管祠人要负责打扫卫生、上香、守护祠堂等事。谢氏在其"家规"中专列一条名曰"管祠事"，强调"凡祠上业产，每年公签 4 人管理，上交下接务要急公忘私，毋许侵肥入己，用一呼十，庶积有余，祠宇得以随时修葺，钱粮不至延迟，祭祀不至缺失，产业渐升而家声日振……"然而，这些基本上都是过去的事，现在，其分祠、支祠已不复存在，总祠被炸塌后尚未修缮，唯敦五堂保存得较为完好。

夏府谢氏祠堂表

宗祠	分祠		支祠		其他
	祠名	建祠时间	祠名	建祠时间	
报本堂（建于明永乐二年）	毓秀堂	明成化元年			敦五堂（建于元大德四年）
	吉聚堂	明嘉靖二年			
	立爱堂	明崇祯七年	庆远堂	明弘治十一年	
			来燕堂	明嘉靖二十三年	
			恩亲堂	明嘉靖二十七年	
	孝恩堂	明成化十五年			

3. 人物

从源流来看，夏府谢氏乃两晋南北朝著名的江左士族谢氏的分支后裔，夏府谢氏的被调查人都口口声声称他们为东晋宰相谢安的后代，其族谱世系亦如此记载。夏府谢氏是否是谢安的后裔，实际上已难以考证。不过，夏府谢氏崇文重教，传承了读书的风气和传统倒是事实。赣南谢姓派衍甚繁，"其最称人文蔚起，科甲并盛者，尤莫如居赣之浒江谢氏"，[①]从南宋后期起，夏府谢氏不断地涌现科举人物，可说是无代不有。

在上述科举人物中，最令谢氏自豪的是该家族在元明清三代各出了一名进士，他们依次是：谢芳，字景昌，元天顺年间进士；谢少南，字应午，明嘉靖壬辰年进士；谢重毅，字超卿，清道光庚子科进士。在夏府谢氏中，至今还流传着这几位光宗耀祖的进士少年时是如何聪明、如何好学的故事。

除科举显赫外，在历史上，夏府谢氏还出过不少当官人，其中，有的人还身居要职。例如，谢氏三进士中，谢芳，任朝廷兵部主事，又任永州知府；谢少南，任侍御督学；谢重毅，以吏部主事兼考功司

---

① 《道光府江谢氏族谱》。

行走，顺天乡试同考官敕授承德郎；此外，谢仲云，宋留守三军卫；谢明叔，四川荣昌县训导；谢英叔，在宋国子监任职；谢朝叔，在宋盐运司任职；谢文叔，宋国子监助教；谢孟良，元国子监助教修职佐郎；谢信，元代南京兵部员外郎；谢振英，明吏部知事授工部营缮所丞；谢高木，陕西咸阳县讯导，洪雅县教谕；谢高璋，奉直大夫，吏部主事加一级；谢任岱，奉直大夫，吏部主事加一级。

　　谢氏自迁居夏府之后，总起来看，家族人丁兴旺，人才迭出，成为赣县望族。但也有一些老人提及，在清朝初期，夏府谢氏遭遇过一次大灾难。至于这次大灾难因何发生，具体情形怎样？它们也说不清楚。带着这个问题，笔者首先查阅了清进贤县教谕郭耀谦写的《浒江谢氏重修族谱序》，这段序文中有一段关于这场灾难的重要资料。康熙年间，郭耀谦来到夏府，耳闻了这次灾难幸存者的倾诉：

　　　　国朝定鼎丙戌开赣巅末，诸公乃潸然曰，斯时也，合邑尽惨锋镝，吾族当冲，被害尤甚，我祖卿公避基浒江，历隆、万、启、祯间，子姓繁衍，春秋祭奠，祠为之隘焉，讵期王师克城，遂成土旷人稀，至今元气稍复，百不及前，言罢咽呜不已。

　　关于这场灾难，《康熙府江戚氏族谱》中沈开进的一篇记文可作佐证，他写道："我清定鼎丙戌大兵压虔而土贼环发，府江处赣水之浒，非乐郊矣……十月，良伯公潜走，觅见不得，入家祠，无所见，入己宗聚顺堂，亦无所见，至族侄国宗之锡广堂，左则白骨狼藉，父衣冠俨然堆椅上，祖主杂骨中四人衣冠亦在。呜呼！公之罹于冰刃也，不知于何月日也，或云七月廿八，未知其然否也。"又，据《同治赣州府志》："国朝顺治二年五月，南都破，大清兵下江西诸郡，所存者惟赣州。三年，十月初四日，大兵用向道夜登城，乡勇犹巷战，黎明兵至，城遂破。"根据调查采访所获以及上所引三条资料，可得出如下认识：第一，造成这场灾难的原因是清兵南下及其大屠杀政策；第二，这次灾难发生的时间，当在清顺治三年（1646 年）即丙戌年清兵围困赣州城期间，具体发生时间，可能在七月二十八日；

第三，这场灾难的程度非常严重的，造成"白骨狼藉"、"土旷人稀"的惨景，并且，夏府的被害者非谢氏一家，而是"合邑尽惨锋镝"，但在夏府各族中，因为谢氏所居地当要冲，所以该族受害最为惨烈。因此，在此次灾难发生后几十年的康熙年间，夏府谢氏宗族的兴盛情况，尚远远不能与明代时相比。

清朝中期之后，夏府谢氏家族元气逐渐恢复，在人口、经济、科举、入仕等方面又再现兴盛局面。

4. 宗族活动

祭祀祖先　谢氏重视祭祀祖先的宗族活动，这种活动在过去每年都要举行两次，即"春、秋两祭"，祭祖地点是在谢氏宗族。具体时间是每年的清明节与中元节，整个活动可分为三个阶段。

首先是准备工作。在祭祖仪式举行的前几天，族长等人就要开始忙碌起来，为了族人有思想准备，高度重视这件事，他们一般会事先张贴一张公告，其内容是："报本堂为春秋祭事，照得清明（中元）节届正儿孙祭祀拜扫之期，雨露既濡（霜露既降），动人子报本追远之念。本祠举行祭典，千百年如一日，务期仪文习熟，登临适宜，今择某月某日某时习仪，次早黎明正祭，凡我子姓，各宜整肃衣冠赴祠，随班行礼，毋得临期参差，致乖祭典，庶祖灵歆格而孝思少慰矣，特论"。① 同时，他们还是要张贴一份名单于宗祠内，上面列有主祭、陪祭、通赞、引赞、读祝、司香帛爵馔等人的姓名。此外，还有许多诸如置办祭品，洗涤并陈列各式祭器等工作，都要在事先做好。

第二阶段是举行祭祖仪式。次日早晨，族人穿戴整洁，来到宗祠，参加者以房为单位，按照尊卑顺序依次排列好，然后，祭祖仪式开始。先是把祖先的神牌从神台上请下来，放在供桌上，之后，由礼生读祭祖祝文，其文曰，"敬宗尊祖，规例可循；崇德报功，渊源宜溯。我谢氏支繁南国，挺松获之钟英；绪衍东山，挹芝兰之毓秀。德隆先世，垂百代之典型，泽庇后人，荐千秋之俎豆。聊尽追远之礼。粢盛既洁，黍稷惟馨。伏冀神灵不昧享格斯粢，尚期基业长绵，贻谋

---

① 《道光府江谢氏族谱》。

勿替。用伸虔告，实式凭之。尚餐"。接着，由主祭官代表全体族人
向祖先牌位跪献祭品，与祭者也要跟着跪拜、磕头。献完祭品以后，
各房要推举一个有文化的人，把该房所有祖先的名字都要念一遍，表
示对祖先全部祭献到了。再接着是焚烧祝词，祭祖仪式基本结束。

第三阶段是举行宴会。祭祖仪式结束之后，人们就在宗祠大厅中
摆开桌子，端上酒菜，举行公费宴会，宴会气氛很热烈，参加祭祖仪
式的族人全部都可参加，在宴会上，族人饮水思源，缅怀祖先，与会
者之间交流思想感情，其乐融融。

编修族谱　定居夏府之后，随着人丁的滋盛，宗族的壮大，谢氏
遂着手族谱的编修，其最早编修的族谱为何年所成？已难以考证，现
在所知的有确切时间记录的最早族谱，修于明嘉靖癸卯年（1543
年），但此谱已被称为重修族谱，可见，它实际上并非最早的。据
《乾隆浒江谢氏重修族谱记》："端卿公于南宋隆兴元年自吉而南卜居
斯地也，是端卿公为浒江之初祖，厥后支分派别渐渐行盛，元、明以
来，谱皆相继重修。"由此可判断，谢氏最早编修族谱的时间当为元
代。清代是谢氏重修族谱次数最多的朝代，重修时间分别为康熙五十
七年（1718 年）、乾隆六十年（1795 年），道光二十一年（1841
年）。时隔一百多年之后，从 1995 年开始，夏府谢氏再次重修族谱，
这次重修族谱的资金来源，一是捐助，这部分所占经费的比重比较
大，二是不足部分，由该族所有男丁分摊。重修工作由谢应登先生主
持，已于 1997 年编修好，装订成 4 大册。

谢氏对族谱的修订非常重视，视为宗族的一件大事，同样，对族
谱的保管工作，该族也非常重视，并制定了一些具体的规定。例如，
乾隆六十年，谢氏在新修族谱将成时规定，该族谱共印 10 部，编号
为五言二句"馥郁芝兰秀，芬芳玉树荣"，每字即为一部族谱的编
号，该族的十房每房领取其中的一部，并登记在册。每年春秋二祭
时，各房首领需将所领族谱送至宗祠对验，如遗失，则将失谱者及其
子孙逐出祠堂，不得参与祭祖。谢氏还规定，族谱不得损坏或篡改，
如发现损坏或玷污一字，罚银五钱，一页，罚银一两；增减字样者加
倍处罚。谢氏还特别规定，本族族谱不得外传，不可借与异姓，甚至

也不可借与非本族的同姓传阅抄录，如一旦发现这种情况，就要将所抄录之稿当众焚毁，并将私借族谱与人者及其子孙"黜出久远"再不许入祠与祭。

在夏府采访时，笔者还听到了这样一个故事，谢氏在道光年间，重修了族谱，但在将该族谱印制时却遇到了麻烦，印板老是往上跳，无法印出字来，大家都无可奈何，只得暂停印制。当天晚上，族长在睡梦中见到一位女子，她向族长诉说，她是谢氏的儿媳妇，后来，丈夫早逝，为了生计，她不得已再嫁人了，但她并未变心，还是谢家的人，为什么编族谱把她的名字不列上去？族长醒来后，第二天，他吩咐人们将女子的名字列入谱中，结果，再印族谱时印板再也不会跳起来，相当顺利地印成了族谱。

兴学、奖学　夏府谢氏重视族中子弟的教育，在历史上曾长期设立私塾，作为子弟接受启蒙的场所。在清朝末年，该族在其宗祠设立小学，聘请文化水平较高的族人任教，族中子弟可免费入学，经费由族田所收租谷开支。为鼓励子弟努力读书、学有所成而为族争光，谢氏特制定了一系列具体的奖励政策，如规定：肄业应考者岁科县府文武童发正场，每人贶仪钱四百文，列入十名内一千文，凡考上文乡榜花者，奖红钱六十千文，中副榜的奖四十千文；中武举四十千文；参加举人会试三十千文；中文进士花红钱八十千文，中武进士五十千文，拔贡三十二千文。除家族奖励外，谢氏各房还要对学有所成的子弟予以奖赏，例如，谢氏立爱堂规定：本房子弟中文乡榜花者奖给花红钱四十千文，副榜三十千文，武举三十千文，参加会试三十千文，中文进士四十千文，武进士三十千文，拔贡二十五千文等。上述奖励政策，不可谓不优厚，从中我们可发现，读书者成就功名越大，奖励越重；奖赏数额中文重武轻。这实际上反映出谢氏重文轻武的传统观念。谢氏在长期的科举中，人才迭出，这与该族崇文重教的举措有着一定的关系。

赈济、养老　过去，夏府谢氏置有许多的族田，这些族田的田租收入除用以祭祖、奖学等活动之外，还有一部分用于赈济族中困难者，优抚老人。族人如遇天灾人祸或青黄不接时，可获族中资助，其中，有的属借贷性质，到时就偿还，有的是对特困者的救济，则免于偿还。中国历来有尊老养老的传统，夏府谢氏不仅继承了这一传统，还有一些具体的规定，如对族中年满 60 岁的人，每年给予一千二百文的赡养费；满 70 岁者，一年给予两千文；80 岁者三千文；90 岁者六千文；100 岁三十千文。这种做法，为族中众人所拥护。

5. 族规

为了规范族人的行为，谢氏制定了严厉而系统的族规。它共分12条，其内容：勉孝弟、隆教学、输国课、序昭穆、崇祭祀、遵正道、戒匪僻、息争讼、谨婚姻、修祖茔、严死葬、管祠事等。其中，讲伦理道德礼仪的 5 条，讲崇祖祭祀类的 5 条，有关教育和纳税的各 1 条，可见，伦理道德、崇祖祭祀是该族族规的重点。在整部族规中，传统的守旧思想较为浓厚，但也不尽如此，有的规定中也有一些积极的思想因素，例如"谨婚姻"条规定："妆奁无论厚薄，惟娶女之有贤德者，聘金毋论多寡，惟视郎之有贤才者，而后琴瑟和而家室宜矣，倘拘于习俗之所为则陋甚。"这就表现出婚姻重人品而不重财产的进步思想。

6. 谢戚关系

在夏府的调查过程中，笔者发现夏府谢氏与戚氏两大姓的关系是一个很有意思的现象。在探讨谢、戚关系之前，让我们先对谢、戚两姓为什么能发展成夏府最大的两姓这一问题略予分析。在夏府现有五姓中，肖姓来得最早，在北宋中期就来到夏府开基，后来，欧、李、谢陆续从外地迁入夏府，而戚氏来得最迟，于南宋后期迁入。这五个宗族的发展情况是后来居上，谢、戚发展成夏府人口和势力最强盛的两个宗族。造成这种状况的原因是多方面的，其中较为重要的一点是，谢、戚两族具有良好的政治和文化背景。夏府谢氏是金陵望族谢氏的一支，戚氏在夏府的开山祖重四郎本身就是宦海中人物，与此有关，在历史上，夏府谢氏与戚氏官吏迭出，当然，科举方面也是重要因素，拿谢氏与李氏做比较：夏府谢氏在 8 世时就出了进士，而李氏到了 13 世才出登仕郎，戚氏在科举方面也与谢氏相距不远。谢、戚两族在科举方面的成功，就更增加了其族人中的任官者，任官者多，宗族权势就大，与其他姓氏在空间和资源的竞争中就处于有利地位，因而，也就有利于族丁的繁衍，天长日久，遂成为强宗大族。

谢氏与戚氏都是南宋时到夏府定居的，且两姓人口都比较多、宗族势力较大，是典型的大族。《周易》说："物莫能两大"，两个势均力敌的大族，同居住一村，如何相处呢？我们知道，有不少同处一地的大族之间，明争暗斗，矛盾不断，甚至两姓互为仇家，长期结怨发生械斗流血事件。反顾夏府的谢、戚两大族，在夏府共处近千年的时间，鸡犬之声相闻却一直能够做到大体上相安无事，不用说大规模的流血械斗未发生过，就连较严重的两族的矛盾冲突也基本未出现过。笔者所采访的谢、戚族的人都说："我们两家的关系一直是很好的。"到过夏府且待过一段时间的人都会对谢、戚这两大族之间的和谐关系留下深刻的印象。

为什么夏府谢、戚这两大族之间能有如此良好的关系，究其原因，一是这两族的老家都是江苏，又都是于南宋迁来，老乡之间，自然有一种乡亲之情；二是这两族有着密切的婚姻关系，戚家的姑娘许多都嫁与谢家，谢家的女儿也大量地嫁与戚家，这样，双方以婚姻为纽带，利益更趋一致，矛盾也大为减少；三是这两族有着共同的信仰，这一点是很重要的，宗族组织以及祠堂等宗族建筑，使不同宗族的人之间产生隔阂，而共同的神明信仰又能使不同宗族的人趋于同一，加强联系，心理上更为宽容，在一定程度上消除不同宗族之间的偏见、隔阂，成为不同宗族之间的润滑剂。

（四）夏府的神明信仰与民俗风情

1. 神明信仰

在漫长的时期，夏府人的神明观念颇为浓厚，他们在村里建寺筑庙，信仰着许多神灵，下面，对这方面的情况，根据作者的调查、采访的结果予以叙述。

（1）太尉庙

在夏府村南面距赣江不到1华里的地方，建有太尉庙，太尉庙为两层楼阁建筑，其中供奉的主神是雷万春。该庙是夏府香火最盛的庙宇，太尉庙的庙会不仅是夏府，也是附近方圆十几里影响最大且最为热闹的庙会。雷万春是夏府村各姓公认的"福主"。在夏府，笔者听到许多关于雷万春的传说与故事。关于太尉庙的兴建，村长戚齐杰先生讲了这样一个故事：在很久以前，夏府一带人口还非常稀少，许多土地尚未开垦出来，现在的良田在当时大部分还是长着齐腰深野草的荒地，时常还有动物出没。夏府村沿江边的小路旁，长着茂盛的樟树、榕树以及其他树。有一天，村里的一位老人沿着江边小路，往村北方向走去，打算到桥头庵去烧香敬神。当老人走到半路时，突然发现路旁的一棵樟树下斜靠着一个人，这个人背着弓箭，好像睡熟了似的，脚旁还蹲伏着一只高大雄壮的猎狗，样子很凶猛，似乎是在虎视眈眈地盯着他。他怕被狗咬，但又要赶去烧香敬神，只得小心翼翼地一面缓慢前行，一面注意着这条狗，提防它扑过来咬人。好不容易走过了猎人与狗待的地方，心里的一块石头才落了地，但他马上又产生了疑问，为什么这只狗一动也不动，也不吭声，犹如木偶似的。想着想着，他壮着胆子往回走，向那条狗和猎人走去，直走到猎狗的跟前，狗仍然是一点动静也没有，他鼓起勇气轻轻地踢这条狗，没想到，猎狗竟如同没有骨头似的地倒在地上，原来是条死狗。老汉吃了一惊，他又注视着那个"睡"了的猎人，也感到有些异常。一摸猎人的脸，如凉水般的冷，再把手放在他的鼻孔下，竟没有丝毫气息，原来也是具死尸。老汉这一惊非同小可，心里非常害怕，香也不去烧了，赶紧往回跑。回到村子里，把这情况一说，族长闻此信息，就率领一伙族众，赶到猎人与狗的所在处。族长仔细观察这具"猎人"尸体，发现他身上还带着一个袋子，袋子上绣着三个金黄色的大字："雷万春。"于是族长就对着这具尸体叫嚷道："雷万春呵，雷万春，你大老远跑到夏府来干什么？你来这里是想成为神呢还是想成为鬼？如果你想成为神，你就在这里香三天，如果你想成为鬼，你就在这里臭三天，这样，我们心中就有底了。"族长话音刚落，"雷万春"的身上就散发出阵阵香气，香气扑鼻而来，并随风飘散，据说当时方圆几里都能闻到，并一直保持了三天三夜。于是，族长就请风水先生在附近选择了一块地基，并联合村里各姓各户，捐款集资，出物出力，不到一年，修建成了夏府太尉庙，用以供奉祭祀雷万春。太尉庙建成之后，据说很灵验，香火很旺，甚至外乡都有不少人来此烧香敬神。80岁的戚修朝老人给笔者讲述了这样一个故事。古田乡一位妇女，年轻丧夫守寡抚养着她唯一的儿子，含辛茹苦20年，而当她的儿子好不容易长大成人，在20岁时却忽然得了一种怪病，发高烧，说胡话，并且到处访医求药都治不好。母亲心急如焚，就来到夏府太尉庙烧香敬神，并在烧香时许下愿说，只要儿子的病能治好，他就是变卖家产也要提着香油、果品等物品来庙里还愿。当天晚上，在熄灯之后，这位母亲难以入眠，神情恍惚，似睡非睡，似醒非醒。在蒙眬中，她看到一位身穿长袍的人进了房间，来到她儿子的床前，为她儿子治病。她顺手摸到一枚针，别在来者的长袍上以作记号。不一会儿，"郎中"飘然而去。母亲赶紧点亮油灯，一看，儿子醒了，全身大汗淋漓，但精神似乎好多了。到第二天，儿子的病奇迹般地痊愈了。母亲想起自己在庙中的许愿，果然买了许多食品到太尉庙去还愿，在庙中，她烧香叩头，感谢不已，而当她在大殿敬神时，发现雷万春神像的长袍上别着一枚针，是谁治好儿子的病，这下她心里明白了。回去之后，她把这件事给人们说，一传十，十传百很快流传开了。此后，太尉庙的香火就更加旺盛了。75岁的戚齐孟老人给笔者讲述了另一个有关太尉庙及雷万春的故事。他说，在几百年前，夏府有一个戚姓的押运漕粮的官员，率领着一支满载漕粮的船队顺赣江而下，船队经万安、樟树等地抵达鄱阳湖，打算继续北上，但这时突然乌云翻滚，电闪雷鸣，一场暴风骤雨顷刻而至，鄱阳湖波浪翻滚，漕船在风浪中上下颠簸，随时都有颠覆的危险。此时，押粮官想起了家乡的太尉庙及福主雷万春，立即焚香许愿，祈求神灵保佑，渡过此难关，到时定重修庙宇，饰新神像。一会儿，风平浪静，一场眼看就要发生的灭顶之灾消除了。押粮官甚为感激神灵的救济之恩，返家乡之后，他果真出资重修了太尉庙，并把神像油漆一新。类似这些传说故事还有不少，个人所述，略有不同，但有一点是众口一词的，即夏府的各族各姓都把雷万春都当作保佑人们平安的本村的福主。对于这座庙的名称问题，起初笔者有些不解，因为民间的太尉庙一般都用作祭祀张巡的，为什么夏府奉祀雷万春的庙宇叫做"太尉庙"呢？带着这个问题，笔者走访了该村的一些老人。不少人认为，夏府最初太尉庙确是祭祀张巡的，张巡手下有一位大将，名叫雷万春，据说勇猛无比，在民间传说中威望很高，后来人们就更信奉雷万春，而把张巡的神像换成了雷万春的神像。因为人们已经习惯于称这座庙为太尉庙了，因此，尽管换了神主，但对此庙的称呼相沿成习，没有改变。

过去，夏府太尉庙的庙会于每年农历六月初一至初六举行，庙会隆重、热闹，是夏府各姓共同的大节日，该庙会从筹备到结束共分为四个阶段。

筹备阶段　最初夏府的太尉庙会是由夏府各姓合办的，这是由于当时人口少，财力有限，因而各姓合办，每人按丁出钱若干。演出的地点就在太尉庙前的大坪上，整个过程相对后来较为简单。后来随着村里各姓（尤其是戚、谢两姓）人口的滋长、财力的雄厚，大姓就提出要单独主办的要求，这样，夏府太尉庙会就由各姓合办、全体参加的形式改变为各姓轮流主办、全体参加的形式。庙会的整个过程也变得更为复杂。在庙会举行的一个月前，就要开始筹备工作。筹备工作包括如下内容。首先是抽签，以决定当年由哪姓来主办庙会。过去，在夏府的戚、谢、李、萧、欧、刘 6 姓中，萧、欧、刘因人口少，财力薄无法单独主办，只得放弃主办权，而戚、谢、李三家都想由本族来主办，乃至发生争吵，后来采用抽签的办法来决定，较为公平因而为各姓所接受。据说抽签的结果很有意思，基本是三家轮流中签，三年一个周期，很少出现哪家连续中签的情况。人们说是"雷万春有眼，公平又合理"。至近代，随着李家的衰弱，人丁的减少与财力的不济，也无力单独主办庙会，遂形成戚、谢两大姓轮流主办庙会的格局。第二是捐款，每年的庙会都要花费不少的钱财，这笔钱从哪里来？戚、着两家与李家的经费来源不同。李家主要是采用集资的办法，即由每户每丁出一定数额的钱来维持庙会的开支；而戚谢两家则族产雄厚，各有几百乃至上千亩的族田（公尝田），每年从这些租田中可得到大量的租谷，这些租谷除了用于祭祖等事项外仍有不少结余，因此，在主办庙会时，这两家的经费来源主要就从族田租谷中开支。另，每次主办庙会，戚家和谢家总有人捐款资助。捐款者或有添丁之喜，或有子弟科举入第、入仕之贺。这当然是自愿捐助的，因而这两家主办庙会的经费还是较为充裕的。另，萧、欧、刘等小姓，虽然无力独资主办庙会，但在每年的庙会期间，也往往会捐助1本甚至1天的戏。这几小姓所捐助上演的戏，有时就在当年主办庙会的戚、谢、李家的祠堂中演出；有时，则将菩萨抬到自家的祠堂门前，因这几家的祠堂小、没有戏台，就在祠堂门口的坪上搭一临时戏台，在那里演出。此外，在庙会期间，夏府一带赣江的船主有时也会捐助1天的戏，有时，赌博场因在庙会期间生意好，赚了钱，也会捐助演出。第三是人员准备。在通过抽签决定了庙会由哪姓主办之后，这一姓就要确定若干参与办事人员。由谁负责去联系、接待唱戏班子，谁负责请神、游神、送神，谁负责物资筹备等，都要事先具体落实到人，然后分头负责办理。这些人员的选择标准一要责任心强，二要办事能力强。第四是物资准备。在庙会开始之前，有关人员要准备好抬神像用的轿子，还有旗帜、乐器等物，若原有旧的还能用，则将它们洗干净备用。若已损坏不能再用，则须置办新的。另，太尉庙的神像要整理得焕然一新，安置神像的祠堂也要打扫得干干净净，布置得整整齐齐以迎接神像的光临。

请神、游神　六月初一凌晨，上百人的队伍浩浩荡荡地来到太尉庙，道士穿着法衣，神态庄严，拿出一张告文大声诵读。诵读完毕，即将它焚化。迎神队伍中有请来的戏班子演员装扮成吕洞宾、张果老、铁拐李、蓝采和、汉钟离、韩湘子、何仙姑、曹国舅等八位仙人，每人都要在神像前表演一番，说些吉利的话，如"紫日东升"、"福星高照"、"祛邪驱妖"、"保佑一方平安"等，并请神像上轿，这就是"打八仙"。接着人们将雷万春和九子娘娘的神像抬入轿中，用红布绑牢，然后，游神活动开始。游行队伍声势浩大，前面是几位手持铁铳开路的人，每走一段距离，就要鸣放几铳。后面是十几面旗帜组成的旗队，旗队后面是神游队伍的核心：由十几人抬着、安置着雷万春和九子娘娘的轿子（九子娘娘据说也是能驱邪赐福的神灵，又被称作"九天圣母娘娘"、"太婆"，但她的神像比雷万春的神像小得多）。再接着是若干座"故事台"组成的队伍，故事台上有一些人扮演历史人物和历史故事，例如刘邦、项羽，刘、关、张桃园三结义，岳飞等。故事台后面是吹吹打打，由唢呐、锣鼓等组成的乐队。神游队伍从太尉庙出发，要绕村庄一周。此时，各姓的村民大多都出来在路边看热闹，有的则在家门口恭候，神游队伍每经过一家时这一家都会点燃鞭炮，以示欢迎，并祈求神明赐福。最后，人们将神像抬入当年主办庙会的那家祠堂，神游活动遂告结束。游神活动，当地人称作"yang 神"。"yang"含有"热闹高潮"的意思。"yang 神"结束之后不久，戏剧的演出活动拉开帷幕。戚、谢、李三家的祠堂内部建有戏台，设在下厅，因而一年一度的庙会，也就成为祖先神与各姓共同信仰的神明友好相处的时期。最初，太尉庙庙会的戏台演出是在庙前的坪上举行的，为什么后来改在祠堂举行。关于这个问题，笔者向一些上了年纪的人请教，他们说，人们认为，不仅祖先的神灵保佑子孙后代，雷万春和九子娘娘等神明也保佑村里的芸芸众生，并能驱邪驱妖，是村里的福主。把它们供奉在祠堂，与民间同乐，共同观赏六天的戏剧表演，能从它们那里得到更多的福祉。老人还说明，把演戏的地点改在祠堂也是实际的需要，因六月初一到初六，正是酷暑天气，在露天的坪上演出，演员和观众都太辛苦，而改在祠堂内演出，则暑气不侵、风雨无阻，白天、晚上都可尽情地演出和观赏。在初一至初六的庙会期间，一般是上午和晚上都演出，有时甚至上午、下午、晚上都演出。演出的剧目为传统剧，内容有三国、水浒、西游记的故事，也有其他一些历史剧、神话剧、才子佳人剧，如《一箭仇》、《二度梅》、《三气周瑜》、《四进士》、《四郎探母》、《五丈原》、《六月雪》、《七星灯》、《八阵图》、《九更天》以及《打金枝》、《打渔杀家》、《武松杀嫂》、《辕门斩子》等。但有一条禁忌：采茶戏（又称为三角班）不能在祠堂里演出，因其中一些情节较庸俗，若在神灵面前演出，会被认为是亵渎神灵。据老人回忆说，当时演员演得很投入，很辛苦，而报酬也较高，观众人很多，经常是很拥挤，但男、女必须是分开的，男的坐在左边，女的在右边，祠堂设有二楼包厢，供年纪大的或地位高的人在此观赏节目。在庙会期间，从太尉庙到祠堂一带熙熙攘攘，热闹非凡，商贸活动也很红火，卖香烛的、卖油条、卖米糕、猪肉的、卖布匹等日用品的小商小贩人数都很多，生意也很好。此外，赌博活动在平时是偷偷进行的，而在庙会期间却是几人一伙地公开赌了。据老人说，在过去，庙会期间的热闹气氛不亚于过年。

送神　六月初七凌晨，祠堂的演出降下帷幕，差不多还是请神的原班人马，又把雷万春和九子娘娘的神像抬入轿内，一路上乐队吹吹打打，又回到太尉庙。此时，演员还要"打八仙"，道士也念祝文并焚化之，人们恭恭敬敬地将这两尊神像安置回原位。自此，历时六天的庙会遂告结束。该庙于20世纪40年代被当地政府拆掉，至今未修复。

（2）戒珠寺

戒珠寺坐落在夏府村濒临赣江的一座小山上，背西北、朝东南。据《同治赣州府志》：戒珠寺"敕建于唐朝"。可见它历史悠久，并且是"敕建"，即奉皇帝的诏令所建，无疑是赣南的一个重要寺庙。由于戒珠寺的名气很大，长期以来，不仅有许多人来此烧香拜佛，也有文人学士慕名前来观览，苏东坡被贬岭南，途经夏府时，特地下岸到戒珠寺游览。在他兴致勃勃地游览了该寺之时，意犹未尽，挥笔为戒珠寺题诗一首，诗曰：

十八滩头一叶舟，清风吹入小池流，
三生我复来游此，莫把牟尼境外求。

该寺已于40年代战乱时被毁。据当地老人回忆说，该寺建筑很有气派，供奉有释迦牟尼、观音、弥勒等佛和菩萨，还有罗汉。庙中有和尚住持，会为人做超度。其中，一个和尚善于为人治病，因而戒珠寺的香火非常旺盛，甚至几十里之外的人都有来该寺烧香敬佛的，至于本村和邻村来此寺烧香的人就更多了。

（3）恬静庵

恬静庵建在夏府村北面回龙角上面的山上，住尼姑。恬静庵的历史也很悠久，是座古庵，并且也有一定的名气。据说，明代有一位皇帝还为该庵的大门题了字。以前，此庵建筑规模较大，有三座大殿，还有不少的房间，有一口水井，清水清甜，恬静庵内也供奉不少的佛和菩萨像，香客甚众。后在"文革"中被毁。

（4）回龙角

回龙角在夏府村的最北面，濒临赣江。这里地形奇特，宛如龙头，赣江流经这里时江水会迂回入内，再流出来，所以人们称这里为回龙角。回龙角上面的山上原来的三座庵庙，现只剩下桥头庵，其余两座已倾圮。回龙角被夏府人认为是本村的风水所在，据当地老人介绍说，回龙角一带原来是树木茂盛、松柏参天的地方，有野生动物出没，风水保护得很好，因此，夏府长期人才辈出，说到此，老人深为感慨。据说，在过去，回龙角的树是严禁砍伐的，唯一的例外是道士或者和尚做道场时，可以适量砍伐一点。就连回龙角树上的干枝，一般人也不可以拿去当柴烧，只有两种人可以采一点：一种人是来夏府唱戏的，另一种人是外地来逃荒的。违禁砍伐树木的行为，一经发现，除了要遭到众人的谴责之外，还要处以罚款。有一次，一村民偷偷地砍了回龙角的一棵树，事后被查获，所伐树被没收，并被罚谷一担，不过这种事在以前极少发生。

（5）土地庙及其他

夏府的土地庙在村口，约有半人高，外涂红色，内有土地公公像。此庙现尚在。据说，村里曾经有一个小孩捉迷藏时躲进了土地庙，后又朝着土地庙撒了一泡尿，回家之后，肚子疼痛起来，痛得不得了，服了药也止不了疼，家长问他这几天到什么地方了，干了些什么，小孩如实回答。家长听了之后，赶忙领着小孩到土地庙烧香、谢罪，不久，小孩肚子就不疼了。后来，此事相传，小孩一般都不再敢到土地庙淘气。以前，在桥头庵附近，还有一座社官庙，该庙有一副对联耐人寻味，其联曰："社令通天达地，官司保境安民。"夏府有一家姓戚的，世代为道士，据说传了十几代，名气很大，不仅本村人请他打醮、做法事，沙地、五云等几十里以外的地方，都有人来请他打醮。夏府还有一个姓锺的"仙婆"，擅长治小孩的受惊、出神，人们认为她有手段，能把小孩被妖魔夺走的魂魄再夺回来。

夏府的神明信仰与宗教活动相比，具有明显不同的特点。宗族活动，囿于本宗族的范围之内，是血缘性、封闭性、排他性的，也是伦理的、功利的与强化的。它还以维护宗族利益为宗旨，因此，一旦宗族之间发生矛盾时，宗族活动往往就充满着火药味并导致宗族之间的斗争乃至械斗。神明信仰则不一样，它是跨宗族跨血缘的，不同姓氏，不同宗族支派都可在自愿的基础上参加，因而它又大体上是公平的，并体现出宽容、开放性的特点。一个传统社会如夏府，宗族活动与神明信仰互为补充，相互调节，宗族活动强化人们的宗族意识，使宗族更为壮大，神明信仰则犹如润滑剂，减少不同宗族之间的摩擦和纠纷，使得同处于一地域的不同宗族能和平共处地长期生存下去，使宗族之间的关系由排斥性的倾向转为和谐。夏府戚谢两大姓之间的关系即为其中的一个典范。

2. 民俗风情

夏府的民俗风情，大体上表现出客家民俗的特点，但也表现出一些本地的特色。

（1）婚丧节日礼俗

婚俗　夏府的男婚女嫁，一般要经过提亲（或说媒），访家风（女方到男家去了解小伙子的人品及家庭、经济等情况）、行聘（男方给女家送求婚礼物）、择日（根据男女的生庚八字等选择某吉日作为举行婚礼的日子）、迎亲、入门、举行婚礼仪式等程序。其间，又有一些具体规定，例如：男方去迎亲的人数一定要逢单，回来则逢双，新娘上轿时，要由其兄长或其他亲人将新娘背出祖屋，不能由新娘自己走出来，否则会带走娘家的风水和财气；出嫁时，寡妇、二婚者不能上前，要由父母双全、婚姻美满的、子女健康的妇女来帮忙；新娘的嫁妆中，须有"四子"，即橙子、花生、枣子、莲子四物；新郎新娘入洞房之前，要由健康的小男孩滴几滴尿在新郎新娘的被子上等。

丧事　人死之后，在丧事的处理方面，夏府有一些规矩。例如：人死了以后，不能抬进祠堂，须在断气之前抬进祠堂；若是已婚妇女死了要及时到妇女的娘家报丧，否则会引起女方娘家的不满；女方娘家来人，子女们要到门外几十米处跪迎；要请道士念经、打醮；入葬前，要给抬灵柩者一人一个红包，还要给他们煮"满碗"；送丧回来时，不能走原路即回头路，否则，就不吉利，会被人指责。

节日　一年的岁时节日，如春节、清明、端午、中元、中秋、冬至等，与其他客家地区大同小异，但有一点，夏府与周边地区不大一样，即夏府人在过年那天要吃两顿年饭；早上吃一顿，下午吃一顿。为什么早上要吃年饭呢？笔者访问了一些当地老人，他们解释说，这是由于两个原因：一是出嫁了的女儿，要与全家团圆，但因下午的年饭是一定要在丈夫家里吃的，因此就在早上吃一顿团圆年饭，吃了之后，就回到丈夫家；二是在过年前，很可能还有一些事没有完成，如借出去的钱还未归还，账目还未结清等，而早上吃了年饭，据说办事更吉利，更顺当，能尽快把未完成的事情办好。

（2）风水

夏府人相信风水，建房、选坟等都要请人看风水。据报告人说，过去，在夏府一带曾经有一个名气很大的风水师，因他给人看风水多有灵验，人们比之为"杨救贫"。他的真实名字后来反而被人遗忘了，关于被采访者所述这位风水师的事迹数例如下。

事例一：某某连生了五个女儿，极欲生一儿子，便慕名找到"杨救贫"。"杨救贫"说，你家祖坟的朝向不对，并告诉他如何移坟，他即按照"杨救贫"的话去做，不久，其妻生下一子。

事例二：一天，这位风水师到某家转了一圈，然后对这家人说，你家应增开一后门，这样，多年不来往的亲戚就会上门，这家于是就新开了一后门，果然，第二天，一位近20年未见面的亲戚从远处来走访了。一个月之内，几位多年不见的亲戚连续登临了此家。

事例三：一孕妇将产，风水师说，小孩生下之后，要买一只公鸡，杀了，将它的血淋在小孩周围，否则小孩未满月就要出问题。那家人听了，却舍不得买公鸡，未按风水师的话去做，结果小孩出生后不到一个月，大病一场，差点死去。

事例四：一次，风水师路经一镇，经观察后他对葬坟的这家人说，棺材内出现了变化，有烂泥巴和食尸鱼，这家人把坟内棺木打开，果真见馆内尽是烂泥，烂泥中有几条三四两一条的塘虱鱼。

事例五：某甲与某乙长期不合，某甲正在建新房，某乙就故意对着某甲的新房打碓臼米，对着正在建的新房打碓，这是很不吉利的，预示着建新房的这家将要家破人亡。某甲恐惧，遂请来这位风水师，风水师来了之后，劝阻某乙停止打碓，某乙不听劝阻，风水师就对着一个方向，连声说："愈打愈发、愈打愈发……"说完之后就走了。新房建成之后，某甲一家平安无事，而在新房建成的当年，某乙得暴病而死。

（3）其他礼俗、禁忌

在夏府，哪家生孩子后，亲戚要送鸡、鸡蛋、布、红糖、豆腐等物贺喜，这一家则以姜丝、葱花、花生、芝麻、茶叶等烧成三灶擂茶来款待亲戚。

过去，孩子在祠堂内读书，入学的第一天，父亲要在天还未亮时，将孩子从家里背进祠堂，然后，举行拜师等仪式。

小孩若不慎掉入茅坑，要到村里讨三天饭，还要焚香敬神辟邪。

正与初一，忌扫地、挑水，"芹菜"要说成"富菜"。

逢农历初七、初八忌做客，有句话叫做："七不出，八不归。"

女儿与丈夫回娘家时须分开睡，忌同房也忌在娘家生孩子。

招待客人不能上八个菜，也忌上七个菜，六、九较宜。

盖房子忌与木匠争吵或闹意见，否则，木匠可能在建房子过程中做手脚，使房主以后居住不吉利，据说有的木匠会在墙上装上小小的风车，把屋内的财气、运气全吹走，有的木匠则做几个小偶像装在房中的隐秘处，夜晚，这些小偶像会出来作祟。

上述夏府的民俗风情，大多与某些信仰或观念有关系，有的虽然其中信仰或观念的成分已淡化，但因天长日久，已经形成了一种习惯，因而也就很自然地流传、保留下来。

后　记

　　《先秦民俗典籍与客家民俗文化》有幸成为"客家与民俗研究丛书"的一部分，对于我来说，此书多一层意义，即，它实际上是我20多年来研究"先秦民俗典籍"、"客家民俗文化"的心得荟萃及心路历程。伴随着我这方面的行程一路走来的有许多的良师益友，首先我最应该感谢的是我的博士生导师吴怀祺先生。为了学术追求，我从1987—2004年曾经三入吴门。记得其中第一次，当年才20多岁且如此浅陋的我，竟然被先生所接纳，有了这难得的第一次，以后的第二次、第三次入吴门就顺理成章了。吴怀祺先生是我国著名史学大师白寿彝先生的高足，他主编的10卷本《中国史学思想通史》曾获得教育部优秀科研成果奖（人文社会科学）二等奖，他秉承了白先生严谨的学风和关心、提携后学的高风亮节，对我的学术生涯以及本书的影响是非常深刻的。

　　此外，与本书的调研、思考、写作、出版有关的学术界朋友还有法国远东学院院士劳格文教授，以及叶涛、万建中、余悦、罗勇、刘劲锋、万幼楠、钟俊昆、周建新、陈文红、李晓方、邹春生等等。他们中，有的比我年长，有的年纪比我小，但就学术而言，都是我的良师益友，在此一般表示感谢。夫人戚莎莉长期以来对我从事学术的支持，是本书得以完成的精神支柱和后勤保障。

　　这里，还要特别感谢中国社会科学出版社的宫京蕾副编审，她对本丛书的出版付出了大量的心血，她的敬业和专业，是本书得以顺利出版的关键。

林晓平

2016 年 3 月于赣州